U0098095

維吾爾雄鷹
伊利夏提❶

中國殖民統治下的
「東突厥斯坦」

伊利夏提——著

自序

　　有人說，我寫的文章，有太多的情緒。我不否認。

　　尤其我早期的文章，確實滿腔怒氣、盡情宣洩。但是身為一個弱勢的維吾爾民族知識份子，承受中國高壓，我們維吾爾民族的信仰、文化、傳統和語言，無時無刻都遭到極權中國的攻擊，眼看著自己的民族，慘遭強權圍剿，日漸虛弱、呻吟掙扎，我情緒起伏，難以自制。

　　我和大家一樣，我也是一個有血有肉、有感情的普通人。我有父母、兄弟姊妹、鄰里朋友。但隨著時間的流逝，年齡的增長，正當我在流亡中，最需要他們的時候，我的親朋好友，卻一個一個消失了。有的，永遠告別了；有的，失蹤了，完全失去聯繫。

　　殘酷的世界，使我學會控制自己的情緒。我開始冷靜地，敘述維吾爾人每天面臨的殘酷真相；敘述維吾爾人稍一不小心就會遭遇的每一個慘案；敘述中共政權為了「維穩」，製造每一個維吾爾「恐怖案件」的前因後果，及這些編造「恐怖案件」的拙劣手段和前後矛盾之處。

　　集中營不是突然出現的一個暴行。可以這麼說，集中營是中

國殖民政權，針對維吾爾人，長期軟硬兼施的同化政策失敗之後，最後的解決方案！

本書中的文章，敘述的是遭到圍剿的維吾爾人，如何被中國殖民者，以各種政治名義，一步一步將他們關入集中營，而面臨種族屠殺的悲劇。

我寫文章的過程，即是在敘說一個古老民族最後的悲哀，這也是我——作為這個悲劇民族的一個知識份子，認識民族悲劇的前因後果，及歷史教訓的過程。因而，我的文章也反映我的學習認識過程。如：我前期文章，沿用了中國有意而為之的「東土耳其斯坦」，作為我家園的名稱。

但後來，經過我自己研究發現，「東土耳其斯坦」之名稱，其實是中國殖民政權，為了將東突厥斯坦獨立運動，和泛突厥主義捆綁在一起，用來恐嚇世界之陰謀的一部分。而且，「東土耳其斯坦」，是對原地名徹頭徹尾的錯誤音譯。因而，我在專門寫文章指出之後，開始使用正確的名稱——「東突厥斯坦」，而不是錯誤的「東土耳其斯坦」。但本書編輯時，為忠實原文，對前期文章寫作時使用的「東土耳其斯坦」，未作更正，敬請讀者理解。

最後，借此機會，我想對本書主編邱斐顯女士，表達我深深地敬意和謝意，沒有她夜以繼日的修訂和考證，這些文章很難成書面世。

前衛出版社的林文欽社長，我自幾年前認識他之後，就感覺他是個真誠的朋友。在他出版第一本有關維吾爾人的書《維吾爾

人的眞實世界：東突厥斯坦》之後，他更是成了我們維吾爾人在台灣的朋友和支持者。沒有他勇於承擔風險的精神，出版這本「站在維吾爾人立場，討論維吾爾人危機」的書，在台灣想出版這樣的書，也可能是天方夜譚。「謝謝他。」是我目前能夠眞誠表達的。

　　我爲了完成這些書稿的修訂與補充，很多時間，我只管吃飯和工作，其他照顧女兒和家務的重擔，全部都落到了妻子身上。尤其是小女兒，每次她想和父親玩兒一會兒，我都是忙、忙、忙，想起來就令我內疚。辛苦了，妻子！對不起了，女兒！謝謝你們，始終不渝地全力支持我！

伊利夏提 於 2021 年 1 月 12 日

目次

1 20個「維吾爾恐怖分子」是怎樣「煉成」的？

日前，中國又聲稱破獲一起恐怖組織案。這是中國公安部上週末，高調宣布中國受到恐怖主義威脅的「強有力」證據！中國媒體以幾張不知來龍去脈的圖片，與不知何時何地拍攝的短片，指控維吾爾人。但中國政府或《環球時報》完全提不出具體證據。我是救援維吾爾人的參與者之一，以下請聽我來講述我方的事實。

維吾爾人A的故事

現在我來談點我方的故事，我相信讀者的智力，讓讀者自己去得出結論。我不用別人的話，來證明我所說的話為真。我只談我和這二十二個維吾爾人[1]的一段短暫，但永遠難忘的交流。

這二十二個維吾爾人根本不是同時出境的，大多數在此前根本互相不認識。最早的一位維吾爾人（為了方便，我稱他為A），據我的調查，他在2009年5月中旬就已到達泰國。

1　2002年起，美國政府在「關塔那摩監獄」，關押了22個維吾爾人。關塔那摩灣拘押中心（Guantanamo Bay detention camp）是2002年美軍在關塔那摩灣海軍基地所設置的一座軍事監獄，座落於古巴的關塔那摩灣沿岸。

A，他根本不是非法出境，他用的是「自治區」公安廳頒發的護照出來的。是「自治區」安全廳讓他到東南亞的（這是他親口在電話裡跟我說的，有其給聯合國的申請政治避難聲明為證）。A在上海讀書時，就被迫為上海國家安全局工作，主要是收集上海維吾爾學生及維吾爾商人的言談、舉止，監督他們的動向。他在上海上學幾年，上海安全局胡蘿蔔加大棒，連哄騙帶嚇唬他，讓他工作到2007年畢業為止。

A 在7.5之前，也就是2009年的5月底，就已離開泰國到柬埔寨了。A 是合法進入柬埔寨的，他有進入柬埔寨的簽證。他從泰國到柬埔寨，是因為在泰國的聯合國難民署告訴他，柬埔寨是唯一一個在聯合國難民保護公約上簽字的國家。所以比較安全。他在7.5慘案發生前，就已經向聯合國駐柬埔寨難民署申請政治避難。

A在6月初與我們聯繫，問我們能否給予他經濟幫助，因為柬埔寨不允許難民打工。我們朋友間湊了一些款，分次寄去給他。他告訴我們他的背景真相：在他上大學期間，因為他家鄉的政府無理拆遷他們家的房子，他就事實真相，發了個電郵，給自由亞洲電台。過了幾天，上海國家安全局就找上門來，將他帶到一個賓館，進行了十幾小時的審訊。最終在威脅利誘下，他被逼為中國上海國家安全局工作。

A在柬埔寨協助三個維吾爾人

2007年，大學畢業後，A回到了東土耳其斯坦[2]。在烏魯木

齊，他因為再一次向自由亞洲電台，通報一件惡性的、公安在大庭廣眾下開槍，槍殺維吾爾人的事件，而再一次被安全局抓捕，審訊。最後以向敵對電台提供情報等罪名，被判勞動教養一年。

勞動教養結束後，A回到原籍父母身邊，但他無法找到工作。不得已，準備出國尋找出路。在更新護照時，他遭到員警刁難，最後他在答應為員警及安全部門工作之後，才得到新的護照。他到東南亞去，是「自治區」安全局安排的。

如果A是恐怖分子，那麼，中國國家安全局，就是最大的恐怖組織後台！是中國國家安全局策劃並組織了這個恐怖組織。武和平如果努力的話，應該能夠從中國國家安全部內部，再發現這個恐怖組織的成員，但他不敢，也不會，因為他也是這個恐怖組織的一員。

7‧5慘案發生時，我在土耳其。7月底我回到美國。到10月底，有人告訴我，有幾位維吾爾人逃到越南，需要幫助。我們急急忙忙湊了點錢，想找人去接濟一下他們（後面我將談這個問題）。

他們一共四個人，護照都是花錢買來的。護照上的名字，是漢人的名字。所以當他們第一次試圖進入柬埔寨時，因他們長得不像中國人，在柬埔寨一方關口被遣送回越南。越南警方將他們關進一個收容所之類的地方。

2　編者註：伊利夏提早期的文章裡，寫的是「東土耳其斯坦」，但是之後，當他完全清楚、認同「東突厥斯坦」之後，行文便改用「東突厥斯坦」。這篇文章，是早期發表的文章，此處予以保留原來文辭。

我們知道情況後，幾個人商量一下，在電話裡告訴他們，如能逃跑的話就跑。最後三個人成功地從越南收容所跑出來。很快，他們休息一下，就又出發到柬埔寨邊境。這時，早先來到柬埔寨的那位維吾爾人A，找了幾個柬埔寨黑社會的人，連夜將這三人接到柬埔寨。這樣，到十月初，在柬埔寨就集中了四位逃難的維吾爾人。

22個人到柬埔寨前互不相識

等11月中旬，我從島國普勞[3]回來時，又有幾名維吾爾人，通過越南，逃難到柬埔寨。

這樣分批分次，到11月底時，柬埔寨的維吾爾人，人數達到了二十二個。這二十二個人裡面，除A外，還有一個維吾爾人，是11月底從老撾[4]到泰國的。然後，他聽泰國的維吾爾人說，柬埔寨是唯一在聯合國難民公約上簽字的國家；他又聽說柬埔寨有很多維吾爾人，因此他就從泰國來到柬埔寨的。他是第二個從泰國進入柬埔寨的維吾爾人。

在這個過程中，我們總共失聯了五個人。這五個人都是在越南失蹤的。兩個是在越南收容所失去聯繫的。另外三名是在越南逃亡時，和我們失去聯繫。我始終懷疑，這五個人已經被越南警方交給了中國警方，而被中國警方槍殺了。

3　即帛琉。

4　即寮國。

帛琉，Republic of Palau，離菲律賓很近的太平洋島國，2009年接受了6個「關塔那摩監獄」關押的維吾爾人，伊利夏提以世維會代表、維吾爾美國協會副主席的身分前往慰問。伊利夏提和時任帛琉總統的陶瑞賓（Johnson Toribiong）會晤相談。

伊利夏提在帛琉召開記者會，和曾被關押在「關塔那摩監獄」的維吾爾人在一起。

記者會一角，伊利夏提致詞。

伊利夏提和六名曾被「關塔那摩監獄」關押的維吾爾人在一起。

這些維吾爾人集中到柬埔寨有三個原因：第一，柬埔寨是唯一在聯合國難民公約簽字的東南亞國家。此前，柬埔寨一直配合聯合國難民署工作。第二，維吾爾人A已經在柬埔寨，他的英語很好。在接運後來的維吾爾逃難者的過程中，他出力很大，使我們不必派人去幫助逃難者。第三，我們過分信任聯合國難民署的承諾，過分信任美歐國家在柬埔寨的影響力。

　　這二十二個人，到柬埔寨之前，大多數互相不認識。他們在柬埔寨時，也是分散居住，根本不存在「出境後，宣誓加入『東伊運[5]』」的問題。即沒有條件，也沒有時間。

　　在越南逃亡時，他們疲於奔命，連吃飯都成問題，哪有時間宣誓？而且在進入柬埔寨前，他們根本不知道有維吾爾人在柬埔寨，更不知道會碰到誰。

　　他們到柬埔寨後，我們每天和他們通話，安排他們去見聯合國官員，以及準備難民署所需材料，以儘快將他們轉移到第三國。因為儘管我們相信聯合國難民署，相信美歐在柬埔寨的影響力；但我們還是非常擔心他們的安全。柬埔寨畢竟曾經是中國的附庸！畢竟洪森[6]是前赤棉的人，他改邪歸正也只有幾年。難免

5　**東伊運**：按中國政府的說法，是指東突厥斯坦伊斯蘭運動。這是一個非常模糊的命名，以便中國政府隨時可以指控任何組織和個人。有時指東突厥斯坦伊斯蘭黨，有時指東突厥斯坦解放組織，甚至包括了世界維吾爾代表大會。這個名稱，沒有準確定義，沒有有關組成的詳細內容；因而國際社會一些研究恐怖主義的專家懷疑，是否有這麼一個組織存在。

6　**洪森**：前紅色高棉高官，參與紅色高棉對柬埔寨奪權和屠殺；後因紅

狗改不了吃屎。

中共避談基督教會的幫助

在那種情況下，若有人認爲，這二十二個維吾爾人會在柬埔寨，宣誓加入「東伊運」，那是無稽之談。是我們在幫助他們，是我們從美國寄的錢。我們每天都在和他們通電話，如有任何事，我們應該是知道的，不可能二十二個人在這麼短的時間內，就變成了一個我們都不知道的組織的成員。更何況他們還沒有逃離虎口呢！他們自己都知道，危險隨時可能降臨。

還有一個當時媒體上非常熱門，但這次武和平非常奇怪地避而不談，一概沒提的焦點——地下教會的幫助。我想，武和平大概也知道，如果他提了這個基督教會的全力幫助，他的恐怖指控會顯得無法自圓其說。

基督教會，是在我們的要求下，來到越南的。我們在美國認識的兩個傳教士朋友，當時都在東南亞。所以當我們聽說，四個逃難的維吾爾兄弟被越南警方抓了，我們就打電話四處找人，看誰最近，可以去幫助他們。當時，正好這兩位朋友中的一位就在香港，所以他自告奮勇去幫助我們去救這四個維吾爾人。一直到這二十二個維吾爾人，被中共強力從柬埔寨抓走爲止，這些基督

色高棉高層內鬥，遭排擠後逃亡越南。1979年，洪森在越共軍隊支持下，長驅直入柬埔寨，佔領金邊，驅逐了波爾布特爲首紅色高棉。自此，洪森成立了由紅色高棉分離出來、改頭換面的柬埔寨人民黨，至今擔任柬埔寨首相。

教傳教士，都和這些維吾爾人在一起！有一個還和他們住在一起！

好可怕，基督徒和這麼危險的伊斯蘭恐怖分子住在一起，武和平應該早一點警告這些基督教傳教士！

如果武和平再能順藤摸瓜，將調查延伸到這些基督教傳教士，我是說，把他們帶到中國，讓中國的公安，安全人員審訊上一星期，說不定還能發現這些恐怖分子，準備炸聯合國難民署駐柬埔寨辦公室的一些手製原始炸彈。

被指控者是7.5慘案見證者

畢竟，在柬埔寨，一開始這些維吾爾人可以自由地進出商店買東西，不像在東土耳其斯坦，維吾爾人買化學肥料都要在政府監督下，更不要說買化學原料要公安局審批！在東土耳其斯坦，賣化學原料的商店都是漢人開的，不是沒有原因的。（便於中國警方在需要時破獲恐怖案子。）

從柬埔寨抓捕後，送回中國的維吾爾人只有二十個。逃跑的兩個人，是最後從越南來到柬埔寨加入他們的。如此一來，中國公安部的手裡，扣除婦女、孩子，實際上只有十七個維吾爾人，而不是二十個！先到柬埔寨的A和其餘的人，根本不是一夥的。另一個從泰國到柬埔寨的維吾爾人，此前也從未和他們謀面。

這些人裡面，只有三人親眼目睹過7.5慘案。那一天，這三人是在烏魯木齊，他們參加了遊行。當遊行隊伍被中共軍警開槍鎮壓時，他們跑散了。第二天，他們看勢頭不對，就分別連夜坐

出租車逃到哈密，然後坐火車回到他們做生意的深圳。

　　他們接獲家鄉來的電話，確定員警在找他們之後，他們開始尋找出境的辦法，後來他們找到了漢人黑社會的人。黑社會的人告訴他們，可以幫他們辦護照，並將他們送入越南。黑社會的人也這麼做了。

　　現在我來談我的觀點，為什麼中國僅指控這二十個人中的三個人，是恐怖組織的重要成員呢？因為這三個人見證了7.5慘案，他們見證了中國軍警是如何對手無寸鐵的維吾爾人開槍的，他們見證了中國軍警對維吾爾人的大屠殺。他們有中國軍警向維吾爾人開槍、屠殺維吾爾人的證據！儘管我們沒有來得及拿到這些圖片、拍攝的短片。但重要的是，他們自己就是活的見證者！現在有了「恐怖分子」罪名的指控，中國可以判他們死刑，他們的證據就可以永遠地埋入地下了！

中共就是恐怖組織

　　另一個原因是，當中國使用胡蘿蔔加大棒政策，說服柬埔寨，將這些維吾爾人抓捕給中國後，中、柬兩國都遭到聯合國難民署及美、歐等西方世界的強力譴責。中國雖然嘴上硬，但骨子裡是欺軟怕硬的。所以將這些個維吾爾人編進恐怖組織裡，也會使中國擺脫國際社會的指控。這也是中國給國際社會的一個交待，他們告訴國際社會，這些維吾爾人是恐怖分子，別再追究了。但在這點上，中國是永遠的失敗者，因為國際社會只相信事實，而不是編造的指控！

第三個原因，選在7.5之前宣佈，是中共的殺雞儆猴政策的再現；是中共要警告東土耳其斯坦的維吾爾人：任何的不滿、反抗，結果都將是殺頭、蹲監獄。

這也是張春賢[7]給東土耳其斯坦各族人民的一個警告！是張春賢、公安部，給中共主子的生日禮物！也再一次證明，中共並未改變對維吾爾人的「鐵血」政策！根本不存在什麼「新政」。

前一段時間，有人鼓噪，張春賢來到東土耳其斯坦，是要實行「新政」。我當時就寫了篇文章，告訴大家〈善者不來，來者不善〉。在文章裡，我預言，很快會有恐怖案子破獲，為張春賢的政治仕途鋪平道路。不幸，被我言中。中共這個恐怖組織不除，東土耳其斯坦不會有安寧。中國也不會有安寧：因為掌握中國政權的中共，就是恐怖組織，所以他們知道怎麼去製造恐怖組織、恐怖分子！而且主政者都善於在需要的時機，破獲恐怖案子！邀功請賞！

（本文發表於 2010 年 7 月 3 日博訊新聞網）

7　**張春賢**：2009年的7.5慘案之後，中共將號稱「新疆王」的王樂泉，以明升暗降調離，任命當時任湖南省委書記的張春賢，接替王樂泉。在其任上，以所謂「柔性治疆」，期望上任的張春賢，開始了維吾爾自治區的警察化、軍事化。也是張春賢公然提出對所謂「三股勢力」──「要掐死在萌芽中，露頭就打，就地正法」等的極端非法鎮壓手段。習近平上台之後，張春賢被清洗，於2016年8月，以同樣的明升暗降手段，被調離維吾爾自治區，由現任的陳全國接任。

2 在「雙語」枷鎖下掙扎的維吾爾教師！

維吾爾老師只能用漢語教課

最近，一位從祖國東突厥斯坦來的朋友，告訴我一個發生在東突厥斯坦某高校維吾爾老師身上，有關「雙語」教育的真實故事。

我很早就想寫篇有關「雙語」的東西，但一直以來不知如何下筆。今天就從敘述這個故事開始。

在東突厥斯坦，現在很多維吾爾中、小學，不允許維吾爾老師和學生講維吾爾語，是再正常不過的現象了。維吾爾老師之間，也不允許用維吾爾語交流，只能用漢語。想講維吾爾語，只能等到下班後，走出校門後。一旦發現有人老師在課堂上，或在教室裡講維吾爾語，學校可以停止老師的工作，直至開除教師為止！

烏魯木齊某高校，有一位維吾爾老師的課，非常受歡迎。每學期，總有很多學生報他的課。他的課，堂堂爆滿。

去年，有幾位漢人學生也報了他的課。但是，過了幾天，這幾個漢人學生要求退掉這位維吾爾老師的課。當教務處詢問學生

退課的理由時，漢人學生的回答，令教務處的領導們大驚失色。據說，這位老師在每堂課的最後十來分鐘，要給一些漢語理解能力差的維吾爾學生，進行維吾爾語解釋。

這還了得？秘密使用維吾爾語——在教學中被禁止的語言，那是要負責任的！

教務處很快地組織了秘密的聽課安排。在這位維吾爾老師不知情的情況下，校方的人聽了他的課，確認他用最後的十來分鐘時間，在課堂上，給維吾爾學生用維吾爾語解釋。

這位維吾爾老師的「罪證」得到了確認！很快，學校召開了大會，作出了決定：把這位老師調離教學崗位。學校嚴重警告其他民族老師，任何時候不得在教室使用維吾爾語，只能用漢語；就算民族學生聽不懂，也不得使用維吾爾語解釋。學校內的唯一教學語言是漢語！

這就是中國共產黨在東突厥斯坦實施的「雙語」教育。

用雙語政策逼走維吾爾教師

「雙語」教育，如果我的理解沒有錯的話，應該是維吾爾語和漢語同時進行，而不應該是漢語對維吾爾語的絕對排斥！

這不是「雙語」教育！這是典型的滅絕維吾爾文化、語言的殖民同化教育！

應該說，「雙語」教育實施以來，遭受最嚴重歧視、最大打擊、損失最重的是，維吾爾教育的棟樑、維吾爾文化的傳承者——維吾爾教師。

伊利夏提的講師聘書。（圖中，因漢人行政人員書寫之便，就把伊利夏提的名字，寫成了伊力夏提。殖民行政官員不尊重維吾爾人，擅自更改維吾爾人的名字，由此可見一斑。）

維吾爾教師，是第一個遭到中共這一用心險惡政策，最嚴重衝擊的群體。

記得「雙語」政策剛開始，有點苗頭之時，我還在東突厥斯坦，還在教師崗位。當時我任教的學校——「自治區」技工教師進修學校，停止了對民族學生的維語授課。

首先受到衝擊的是兩位維吾爾女老師，一位維吾爾男老師。一個去了招生辦[1]（丈夫有點門道），另一個去看女生宿舍。另一位維吾爾男老師因禍得福。他因學校需要一個「一切以漢人校

1　**招生辦**：中國每一個大中專都有一個招生辦，專門負責招生、登記新入學學生學籍等事項。

長、書記點頭爲是」的維吾爾花瓶領導，而榮任學生科副科長。

但他的離開，是這個學校教學一線[2]維吾爾語授課正式終結的象徵。

至此，這個學校也就理所當然地，停止了接收、安置民族老師的工作。對維吾爾大學生來說，則失去了一個就業的去處！

我印象最深的，是「自治區」供銷學校的「雙語」政策的事實。「自治區」供銷學校坐落在石河子。一開始，是石河子僅次於民族中學民族老師最多的學校。石河子本身民族人就不多，所以我幾乎認識供銷學校所有的民族老師。

學校政策，拿錢擺脫民族老師

開始時，供銷學校的政策還比較柔和，開出了看似非常好的條件：凡是想離開教學一線的民族老師，學校一次性給一萬多塊錢，保留工齡，每年自己交養老保險金什麼的，到年齡轉退休。一少部分民族老師頭腦發熱，拿上錢就走人啦。因此，供銷學校很快就擺脫了十幾名民族老師。

一年後，政策稍有變化：給的錢，沒有了；要收的錢，沒有

---

2 一般中國大中專學校有很多不同類別的工作人員，都被稱爲老師。教學一線，是指專門從事上課教學的老師。不上課，但也被稱爲老師的：有指導員，專管學生思想，不負責上課；生活指導教師，專管學生是否按時睡覺、起床等瑣碎；實習老師，專管學生實習期間動手能力培養；班主任老師，專管一個班（約45人左右）學生日常生活、學習、思想等。所以，一線教師，專指每天給學生上課教知識的老師。

變。可以停薪留職去進修或經商，由自己決定；但必須在規定時間內通過漢語水準考試八級，否則不能上講台且工資停發。

年齡較大的民族老師，可以提前「假退休」，等到退休年齡再轉正式退休。這樣的政策，又迫使一部分年齡較大的民族老師，無奈地離開講台，被迫選擇提前「退休」。

年輕的、有膽兒的，選擇停薪留職，離開學校，離開自己熱愛的教學職業。沒膽兒的，自己聯繫地方去學漢語，通過八級去了。如此一來，「自治區」供銷學校也很快、很輕鬆地，擺脫了大部分的民族老師。

而學校空缺的教師崗位，全部由新招漢人老師來填補。供銷學校完全沒有招收一個民族老師，來填補這些民族老師空出的職位。結果，民族人又丟失了一個就業的去處。

同時，石河子民族中學的「雙語」教育，也在快馬加鞭、轟轟烈烈地實施。這是石河子唯一的一個民族中學，也是唯一一個民族人口最多的事業單位（這裡我講的民族，包括維吾爾族和哈薩克族）。

這裡，有一個小插曲。石河子民族中學的校長職位，曾長期被漢人壟斷。後來，好不容易等到漢人校長退休後，由民族老師來擔任。但很快隨著「雙語」的實施，書記又由漢人來擔任了！聰明的共產黨，漢人最終奪回了領導權！

中共刻意清除維吾爾民族教師

民族中學的「雙語」教育，開始由調入的漢人教師，來教數

學、物理、化學開始。這樣，逐漸有一部分民族老師，變成多餘的勞動力了。學校開始執行「以各種藉口，打發民族老師」的政策。很多民族老師，看到形勢對自己不利，又無力改變局面，所以就接受了那些充滿歧視性條件的離職政策，無奈地放棄了付諸自己終身心血的教學崗位。

於是，在我2003年底離開石河子前，石河子民族中學在全校教職員工總人數沒有改變的前提下，實現了漢化轉變，漢人幾乎占了教學崗位的一半。

現在我不知道，在這些學校的教學一線上，還剩幾名我所認識的民族老師？這種教學徹底漢化的轉變，名義當然是實行「雙語」教育，以幫助各民族人民提高文化水準，再借此提高生活水準！

但實質上誰的生活水準提高了，誰的降低了，大家不難做出判斷。

在這幾所學校，早期被迫出局的教師中，以中老年的維吾爾老師為最多。他們曾經為維吾爾文化的發展、傳承，做出過巨大的貢獻。他們曾經是維吾爾文化的瑰寶，但他們被共產黨當廢品賤賣了；他們曾經是維吾爾文化的參天大樹，但被共產黨連根拔起，扔到火裡當柴燒了！

這些維吾爾的民族老師們，他們在無奈中，離開了自己最熱愛的職業；他們在痛苦中，放棄了自己最神聖的職業！他們在困惑中，被迫放棄了自己賴以生存的職業！原因只有一個，因為他們無法用侵略者的語言——漢語，去教自己民族的後代——維吾

爾的孩子們！

維吾爾教師，在東突厥斯坦，成了中共漢化教育的絆腳石。中共在有計劃地、使用各種藉口，清除維吾爾教師！今天是年齡稍大的維吾爾教師，明天將是看不順眼的維吾爾教師。

再往後將是那些，今天在幫共產黨漢人推銷這用心險惡「雙語」教育的維奸奴才們，王白克力、胡爾肯江[3]們。因為奴才的使用價值完了，對主人將是負擔；將用完了的東西扔進垃圾堆，是再正常不過了！

（本文發表於 2010 年 12 月 8 日阿波羅新聞網）

3　**王白克力**：努爾・白克力當自治區主席時，一切聽從自治區黨委書記王樂泉的，一點權力都沒有，也不敢行使權力，所以人們嘲諷努爾・白克力，稱他爲「王白克力」。當時，維吾爾人給努爾・白克力起了個外號，王白克力，諷刺他一切都聽王樂泉的；因當時的總書記是胡錦濤，人們也把正在培養的爾肯江（時任自治區黨委常委，副書記。）戲稱爲「胡爾肯江」。

3 ‖ 做維吾爾人，難道錯了嗎？

（譯自一匿名維吾爾短文）

老師叮嚀，不要說維吾爾語

濃眉大眼，高鼻樑、高個子的維吾爾族老師阿地力，拿著他的上課書本走進教室。班上有52個6至7歲的維吾爾族孩子，齊刷刷站起來，用稚嫩的、不是很順暢的漢語說道：「老師好！」阿地力老師深情的掃視著同學們，用漢語回答道：「同學們好！」接著繼續用漢語說：「同學們，請坐。」

阿地力老師繼續用漢語，對這些孩子們說：「今天『自治區』領導，要來我們學校視察，校領導決定要帶著『自治區』領導到我們班來。」

「如果領導問問題的話，」阿地力老師強調說：「孩子們，一定要記住！要用漢語來回答！要面帶笑容。只簡單回答問題，不要說太多話。」

阿地力老師似乎又想起了什麼，很嚴肅地說道：「同學們，記住，千萬、千萬不要說維吾爾語！」

阿地力老師的課正在進行。突然，門被推開了，一大群「自

維吾爾學生在上課。

「治區」領導在校領導的陪同下魚貫而入，後面還跟著另一大群拿著答錄機、攝像機[1]、相機的記者。閃光燈頻繁的亮光，使教室裡的空氣有點緊張。可以看出，這突然出現的不速之客們，使得孩子們也非常緊張。

孩子們、阿地力老師、校領導的眼睛，都緊張地跟著走在最前面、表情嚴肅的小矮個子領導。這位小矮個子領導，五短身材、肥頭大耳，一看就是今天的最高級別。但他似乎看起來不是那麼自信，有點局促不安、神情緊張，似乎怕出現什麼意外。

矮個子領導掃視一下全班，突然來到雙胞胎孩子之一的 Tughluhjan 的課桌前。看了一下孩子，矮個子用跑了調的漢語問道：「你叫什麼名字？」

「我叫圖格魯克。」孩子小心翼翼地回答說。

1　即攝影機。

啊，原來你是維吾爾人啊

領導滿意地拿起孩子的書，翻到某一頁，繼續用跑調的漢語對孩子說：「讀一讀這一頁。」孩子拿起書，嫩聲嫩氣地用漢語讀道：「中國共產黨好，社會主義好，民族團結好。」

小矮個子的臉上開始有了笑容，校領導們也好像鬆了一口氣。捕捉到這歷史性時刻的記者們，開始對領導和孩子進行拍照、攝像。領導也很滿意地拍著孩子的肩膀，連連用蹩腳的漢語說道：「很好、很好！」

孩子們似乎也開始適應這緊張的氣氛了，小Tughlukjan似乎也放鬆了警惕，擺脫了緊張。在矮個子領導笑容的鼓勵下，小Tughluhjan自信地用漢語問道：「你叫什麼名字，叔叔？」矮個子繼續用他蹩腳的漢語回答說：「我叫司馬義·提力瓦爾地。」可以看出來，孩子的自信，給了這位矮個子領導一點自信。他的笑容更燦爛了。

突然，天真、可愛的小Tughluhjan看著小矮個子，非常自然地用維吾爾語說道：「Siz Uyghurkensizde！（啊，原來你是維吾爾人啊！）」

小矮個子領導臉上表情，剎那間晴轉雲，還有點抽搐。校領導、記者們都木呆呆地，看著小Tughluhjan，不知該說什麼，該幹什麼！小Tughluhjan似乎也感到了不對勁，他用祈求的目光看著老師。而阿地力老師，也正在木呆呆地看著小Tughluhjan。阿地力老師的眼光，流露出無奈、迷惑、悲憤。

小矮個子領導氣呼呼地來到黑板前，揮舞著顫抖的手，對著校領導、阿地力老師，用他彆腳的漢語，訓斥道：「你們都不合格，校領導、老師必須換掉。」然後看也沒看一眼嚇傻了的孩子們，急匆匆地走出了教室。

　　小Tughluhjan一下子哭著撲到阿地力老師的懷抱中，阿地力老師緊緊地抱著孩子，深深地嘆了口氣。阿地力老師的表情，仍然是茫然、悲憤！他一句話也沒有說！班裡其他的孩子，一個個也是嚇得表情木然，不知所措；有幾個小女孩早已嚇哭了！

無自信矮個子領導惱羞成怒

　　矮個子領導來到學校會議室，繼續揮舞著顫抖的雙手，用漢語訓斥校領導：「你們是這樣對黨的嗎？黨給你們工作，你們卻這樣騙黨嗎？剛才你們都看到了。那個小騙子，居然用維吾爾語問我問題。他有這麼大膽子？他是哪個恐怖分子的孩子？他是一個分裂分子！」他繼續用漢語道：「今天開始讓他退學！然後，那位老師停止工作。民族校領導全部批評，並停止任務！一定找出今天發生嚴重問題的原因！學校的漢族領導，你們注意，今後千萬不要發生這樣事！」

　　小Tughlujan回到家，看到等在家門口的爸爸、媽媽。他一下子就撲到爸爸懷抱裡，非常、非常傷心地哭起來。媽媽在旁邊焦急地看著他，不知該說什麼。過了一陣子，Tughluhjan小心翼翼地問爸爸道：「爸爸，你們知道今天學校發生的事，是嗎？」爸爸點點頭說：「是，孩子，我們知道。學校領導給我們打電話

了。」

Tughluhjan急急地解釋說：「爸爸，我真的不是故意的，我也不知道怎麼啦。我無意中說了維吾爾語。」

「孩子，沒事，我明白，那不是你的過錯。」

「但是，爸爸，學校裡都說是我的過錯呀！為什麼他們不明白！」

「爸爸，與其做維吾爾人，我們還不如作漢人，不是嗎？」

啪！

要不是媽媽伸手快，恐怕小Tughluhjan早被爸爸的這一巴掌，打得摔倒地上去了。媽媽滿眼淚水地，抱著驚恐的小Tughluhjan，跑進了家裡。

爸爸痛苦地看著衝進家裡的孩子和妻子的背影，悲憤地仰天長歎道：「真主啊！難道做維吾爾人錯了嗎？」

（這是一件真實故事，發生在東突厥斯坦首都烏魯木齊的一個小學。除了矮個子領導的名字外，為保護當事者，原作者對其他人的名字，都進行了修改。）

（本文發表於 2011 年 1 月 12 日博訊新聞網）

4 ‖ 你是分裂分子！？

（本文是根據一篇維吾爾語的短文改寫而成的。在東突厥斯
坦的土地上，在每個大、中城市，每天都不斷重複地發生這種
事。）

我的玩伴娜孜姑姆

吃完了午飯，我實在是不想再寫作業了。我幫媽媽洗完碗
筷，看看沒有什麼事了，我就對爸爸說：「我出去玩一會兒，好
嗎？」

爸爸問道：「那首維吾爾語詩，你背會了嗎？」我驕傲地回
答：「早背會啦！要我背一段給你嗎？」還沒有等爸爸回答，我
就開始背誦那首傳唱百年的英雄沙迪爾的詩了：

「我是好漢沙迪爾，
　　名震四方殺敵威。
　　想知山路找我來，
　　不屈唯我維吾爾。」

「好好！背得不錯嘛！真是我沙迪爾的乖女兒。」爸爸高興地抱了抱我說：「去吧，乖女兒，到外面玩一會兒。記住，別走出院子，就在院子裡玩兒。」我有點失望。不出院子，我和誰玩呀，不知娜孜姑姆會不會來。

9月的烏魯木齊，依然驕陽似火，依然是像夏天，又悶又熱。院子裡僅有的幾棵樹蔭下，幾位退休老人正在下象棋。圍觀的幾位老人，似乎比下棋的人還急，正在大喊大叫，爭得臉紅脖子粗！

院子裡沒有其他的孩子，我就在地上畫方塊兒，準備自己一個人玩跳方塊兒。突然，我聽到了皮球拍擊地面的聲音，「砰！砰！」。啊，娜孜姑姆來了！我有伴兒啦！

娜孜姑姆和我一般年齡，和我同年級，但她在維吾爾中學上初中。她瘦小，但很精幹，膽子也大。她梳著很多小辮子，有時戴個小花帽，可漂亮啦！

她家就住在離我們院子不遠的小巷子，那裡住的都是從外地來烏魯木齊打工的維吾爾人。我去過她家幾次，他們一家六口人，擠在兩間租來的房子裡；父母一間，娜孜姑姆和她的兩個弟弟、一個妹妹擠另一間小房。

我爸爸不是很高興我去她們家。她們那兒的街道擁擠、髒、亂；好像沒有人打掃衛生。一下雨，她們那巷子的路就走不成啦！滿地泥巴！

她也來過我們家。只有一次。

娜孜姑姆會唱維吾爾語兒歌

那次她來到我家，似乎被我家的裝飾、我小屋的擺設所吸引。她一一仔細看過了我的書架、電腦；她似乎更羨慕我的枕頭小熊、小狗，她戀戀不捨地撫摸著、抱著。我想過要送一隻小熊給她，但我怕母親會不同意！

她看到掛在客廳牆上的都塔爾、彈布爾、熱瓦普[1]，情不自禁地走過去，輕輕地取下獨塔爾剛彈兩下，聽到聲音的母親，急急走進來說：「別動，別弄髒啦！那是藝術品。」自那次以後，她再也沒有來過我們家。

我喜歡娜孜姑姆，因為她能給我講好多的維吾爾童話、寓言故事。我可喜歡她講的那些故事啦，而且她還會唱好多的維吾爾語兒歌。我跟她學會了好多維吾爾語的歌呢！

儘管我爸爸、媽媽總是要求我，在家講維吾爾語，但他們一忙就忘了，自己就開始講漢語啦，而且爸媽喜歡看漢語電視。爸爸說維吾爾語台的節目，總是晚於漢語台，而且除了維吾爾歌舞外，維吾爾語台的節目，都是漢語節目的翻譯！

我覺得娜孜姑姆講的童話、寓言故事，比電視上的少兒節目有意思多了！我和她在玩的過程中，不知不覺，我的維吾爾語進步很大。所以儘管父母不是很贊成我和她玩，但也沒有特別反對。

1　都塔爾、彈布爾、熱瓦普，都是維吾爾樂器。

都塔爾，維吾爾樂器。

彈布爾，維吾爾樂器。

熱瓦普，維吾爾樂器。

「熱孜婉姑麗。」娜孜姑姆看到我喊道。「哎，娜孜姑姆，我們一塊玩跳方塊兒吧。」我招呼道。

「我們還是玩籃球吧。」娜孜姑姆邊說、邊拍球、跳躍、投球。「哐！」

漢人叫娜孜姑姆「小老維」

娜孜姑姆的性格，像個小男孩，她喜歡籃球。她們那小巷裡，什麼都沒有！我們小院子裡有籃球架，所以她經常過來，和我們院裡的小孩子玩籃球。我們院子裡大多數是漢人孩子。儘管娜孜姑姆漢語講得不怎麼樣，但她和漢族孩子一起玩籃球時，玩得可好了。那些漢族孩子們也喜歡和她玩籃球！當孩子們分成兩隊玩對抗賽時，她會變成雙方爭搶的人物。她加入的那個隊，肯定會贏！

「砰、砰、砰，哐！」娜孜姑姆手一甩，球進了！

我羨慕地看著她，拍著球跑前跑後。我不喜歡籃球及大多數的球類。所以每次娜孜姑姆和院子裡的孩子玩籃球時，我都是站在球場邊，作娜孜姑姆忠實的觀眾。每次看著她，把那些小男孩們甩到後面，縱身一跳，將球準確無誤地投入籃中，我會情不自禁地拍起手來，我為她的勇敢、潑辣而驕傲！

娜孜姑姆，可以說是除我父親外，我所崇拜的第二個心中英雄！

「砰、砰，哐！」球沒進，打到籃球板上，發出了極大的聲音。我低頭撿起彈到我面前的球，準備扔給娜孜姑姆，突然，聽

到有人用漢語喊：「喂！小老維。別在這玩了，出去，出去！」我抬頭看，是我爸單位裡的張書記，張叔叔。他住我們隔壁。

我肯定張叔叔不是在說我。張叔叔好像看到了我滿臉的疑惑。「我說她呢，熱孜姑姆。讓那小老維出去，她不能在這兒玩！」張叔叔說。但張叔叔怎麼能說娜孜姑姆「小老維」呢？

「為什麼我不能在這兒玩？我就在這玩兒！我就不出去！」娜孜姑姆倔強地回答，並繼續蹦、跳、跑。

勇敢潑辣，反罵漢人是盲流

張書記感到被冒犯了，像是要吃人似地衝過來吼道：「沒有聽見嗎？小老維，滾出去，這是單位的院子，你們這些黑戶[2]老維不能進來！再不出去，我就叫保安把你扔出去！」

「我是維吾爾族，不是老維！我就在這玩兒，看你能把我怎麼樣！」

「他媽的！沒有教養，這些黑戶老維就是不懂什麼是文明！從小就這麼沒大沒小。你父母怎麼教育你的，啊！」

「Kafir，Hitay！（異教徒，黑達義！），你是盲流[3]。」娜孜姑姆也憤怒地回敬道。

「什麼、什麼！你這個小老維敢罵我『卡非兒』、『黑達義』！你、你，分裂分子！看你這樣子，長大肯定就是恐怖分

2　**黑戶**：沒有戶口本。
3　**盲流**：什麼身分都沒有的流浪者。

子！」、「保安，保安在哪兒哪？」張書記臉紅脖子粗，四處張望著喊道。

聽到嚷嚷聲，下象棋的老漢也都過來了。大家圍過來，將娜孜姑姆圈在中間。大家跟著張書記指指點點，你一言、我一語地，在指責娜孜姑姆怎麼沒有教養啦等等。我嚇壞了！我不知道該怎麼辦，我想幫我的朋友。但他們這麼多人，而且都是大人！

娜孜姑姆似乎一點都不害怕，但因為緊張，她的漢語變得更不標準，她用她那發音不準的漢語，繼續和張書記爭論著。「我就要在這兒玩，我是維吾爾族，我不是老維！你沒有文明！你是黑戶。」她一點都不示弱！

「怎麼啦、怎麼啦？是誰在這兒嚷嚷啊？」儘管是漢語，但我從聲音知道這是爸爸。我心裡鬆了一口氣。爸爸肯定會站在娜孜姑姆這邊，站在我們這邊，肯定會訓斥張書記的粗暴。張書記怎麼能叫娜孜姑姆「小老維」哪！是張書記不對，這院子裡每天都有孩子玩，娜孜姑姆玩一會兒又怎麼啦！

爸爸嚴厲質問娜孜姑姆

「沙局長，你看這小老維，她跑到我們院子裡來了，我好言勸她離開！他居然罵我kafir，hitay，還說我是黑戶、盲流。這還了得，這小小年齡就有這分裂主義思想，長大不成恐怖分子嘛，啊！這維吾爾學校的民族團結教育搞得不好啊！你好好教育、教育她！讓她學會文明！向我們的小熱孜婉姑麗一樣，文明、禮貌，講一口流利的漢語，多好！」

娜孜姑姆看到我爸爸，眼圈開始紅了。她和我都在用祈求的目光，尋求爸爸的幫助！爸爸是我心中的英雄，就像我背誦詩裡反抗滿清的英雄沙迪爾！

娜孜姑姆極力控制住快要掉下來的眼淚，用維吾爾語對爸爸說：「叔叔，這個漢族他罵我老維，他罵我是黑戶，他不讓我在這玩兒！」

沒有等娜孜姑姆講完，爸爸粗暴地打斷了她的話。爸爸嚴厲地用跑調[4]的漢語，質問娜孜姑姆道：「娜孜姑姆，你罵張書記Hitay了嗎？你罵他kafir了嗎，你罵他盲流了嗎？」

娜孜姑姆似乎要哭了，但她沒有哭！她用顫抖的聲音用維吾爾語說道：「是，我罵他Hitay啦！但是是他……」娜孜姑姆似乎還想說什麼。

小女孩對沙迪爾的絕望

但爸爸沒有等娜孜姑姆把話說完，就用非常嚴厲口氣，用漢語訓斥道：「娜孜姑姆，你真是沒有教養！黨給你們新生活，漢族同志來幫助我們，你怎麼能罵漢族同志Hitay。他們是來幫助我們的，他們怎麼會是黑戶！啊，是誰教你的！這是民族分裂主義！你知道嗎？我可以叫員警把你抓起來！」

娜孜姑姆，她的身體在激烈地顫抖，她滿臉通紅，眼眶紅紅。但她緊緊咬著嘴唇，她在極力忍著，避免哭出聲來。最後，

4　跑調，指「走音」的意思。

她看了我父親一眼，那眼神是深深的失望！不，是一種絕對的絕望！她轉身，默默地低著頭、推開人群，向外面走去。我看到她拿球的手抖得很厲害！她沒有看我一眼，我知道她不會再來我們的院子了！

爸爸還在吐沫星子滿天飛地用漢語說著什麼，張書記不時地指著娜孜姑姆的背影在忿忿地說著什麼，似乎意猶未盡。

我的眼淚像斷了線的珠子在流，我的身體在激烈顫抖；但我極力控制自己，不想哭出聲來。我不想讓我父親，讓張叔叔看到我在哭。

我父親是沙迪爾，但不是詩中的英雄沙迪爾！我擦著眼淚，無意識地默誦著沙迪爾的詩，往家裡走：

「伊犁河谷是我家，
　來去自如我不怕，
　清軍槍彈崩石花，
　我送清兵閻王家。」

（本文發表於 2011 年 2 月 9 日博訊新聞網）

5 | 做賊的喊捉賊
——記2011.7.18和田槍殺維吾爾人慘案

中共侵略政權對維吾爾人的長期壓迫、剝削、屠殺，是和田維吾爾人這次反抗的直接原因！事情的起因，據我們所得到的可靠消息，自2011年六月底起，共產黨的紅色恐怖，再次籠罩和田地區！時不時地有維吾爾人失蹤，這些失蹤的維吾爾人都是因為遭到非法拆遷，被奪去房屋、土地，而對政府、對漢人移民發表過不滿言論的維吾爾人。因為這些被開發的房地產，一轉手就變成了官商勾結漢人的家園！這令很多失土地、失去家園的維吾爾人，對漢人官員、商人、中國來的移民非常不滿，甚至痛恨！

維吾爾人以生命保衛自己的家園

2011年7月18日，和田又響起了槍聲！又有二十多個無辜的維吾爾人，大白天被當眾槍殺！

中共「偽自治區」宣傳部的侯漢敏又開始背書，指控和平示威的維吾爾人為恐怖分子，指控死難者為恐怖分子！反正，維吾爾人在中共的魔爪下，共產黨怎麼說都行！

歷來都這樣，侵略者——中共定調子，無恥漢人學者、媒體

人士幫閒，維吾爾奴才幫腔。可憐的維吾爾民眾，任這些屠夫們宰割，還無處申冤！

「哪裡有壓迫，哪裡就有反抗！」這是中共的祖師爺——屠夫毛澤東說的話。

中共侵略政權對維吾爾人的長期壓迫、剝削、屠殺，是和田維吾爾人這次反抗的直接原因！如果這是恐怖主義的話，那也是維吾爾人在用弱勢者的武器——按中共所說的斧頭、鐵鍬，反抗中共侵略政權武裝到牙齒[1]的紅色恐怖主義，對付手持長短槍，有坦克、飛機、大炮作後盾的侵略政權的公安、武警、野戰部隊！

維吾爾人的反抗是正義的，是在維護自己的正當權益，是在以生命保衛自己的家園！

事情的起因，據我們所得到的可靠消息。自六月底起，共產黨的紅色恐怖再次籠罩和田地區！

和田地區，時不時地有維吾爾人失蹤。這些失蹤的維吾爾人，都是因為遭到非法拆遷，被奪去房屋、土地，而對政府、對漢人移民發表過不滿言論的維吾爾人。因為這些被開發的房地產，一轉手就變成了官商勾結漢人的家園！這令很多失去土地、失去家園的維吾爾人，對漢人官員、商人、中國來的移民非常不滿，甚至痛恨！

1　**武裝到牙齒**：中國慣用語，意指政府使用暴力機構全副武裝對付民眾。

探詢失蹤親人，員警竟又再抓人

2011年七月初，每天失蹤的維吾爾人，開始變成十位數的人數增加！人們先是猜測，繼而詢問這些人的去向。有人透露，是市公安局及市區各個派出所在抓人，但沒有人說明原因。更沒有人知道，這些維吾爾人被關在什麼地方。

尋找丈夫的女人們，在焦急中感到無助；

尋找兒子的父親們，在心急如焚中絕望；

尋找父親的孩子們，在失望中走向極端。

失望、絕望，把維吾爾人引向對侵略者的仇恨、對奴才的蔑視！更是把維吾爾人引向反抗！

七月十八日，大約一百多名失去親人的維吾爾人，聚集在離和田市公安局很近的一個派出所前，有老人、有婦女、有小孩。他們準備去市公安局要人。當局得到維吾爾人聚集的消息後，下令最近的派出所去鎮壓，去抓所謂的「領頭人」，並要求強力驅散聚集的維吾爾人。

員警來到人群中，不分青紅皂白就開始抓人。群眾憤怒了！失去的親人還沒有消息，又要抓人，這世界還有沒有公理？維吾爾人連尋找、詢問親人的權利都沒有了嗎？

維吾爾人拒捕、推擠，據理力爭。惱羞成怒的員警，居然拔槍，對著維吾爾人群開槍！當場就有人被打死！維吾爾人憤怒了，他們衝進了派出所。

這正好中了無恥侵略政權的圈套！這些嗜血的屠夫，就等著

維吾爾人因憤怒而失控，因絕望而奮起反抗！因為這樣，共產黨獨裁政權的官員們，可以血腥鎮壓，威嚇其他的維吾爾人，更可以利用反恐的名義，聚集政治資本，得一高升機會；還可以讓那些吃反恐飯的漢人學者、媒體閒人，有些殘羹剩飯去咀嚼，讓那些吃反恐飯的維吾爾奴才，有幾塊剩骨頭去啃。

受難的輪迴，和田已成恐怖地獄

果然，共產黨出動武裝員警、兵團預備役部隊、野戰部隊，又一次大開殺戒！

至少有二十多名維吾爾人被當場打死，有七十多人被打成重傷。各家醫院裡躺滿受傷的維吾爾人！據我們得到的可靠消息，派出所附近的一家醫院，就有二十多名傷者，其中有三名是婦女；還有一位十一歲的維吾爾族姑娘，名字叫Hanzohre！此外，還有很多人失蹤！

婦女、十一歲兒童都是恐怖分子？照此發展下去，恐怕很快，維吾爾人都會被逼成恐怖分子！

在潘志平、李衛、姜俞、侯漢敏之流的御用學者、官僚眼中，只要是維吾爾人，不管是襁褓中的嬰兒、剛剛學步的兒童，還是十一、二歲的姑娘，都是恐怖分子。這恐怖主義的標籤一貼，失蹤的維吾爾人，也就永遠失蹤了。政府就可以名正言順地，把他們的土地、房屋，轉讓給新來的移民！

這不僅是一箭雙雕，是一箭多雕！更是「做賊的喊捉賊」！

現在，和田市已被封鎖，處於戒嚴狀態！手無寸鐵的維吾爾

人，處在高壓恐怖中！

員警在武警的協助下，正挨家挨戶地抓維吾爾人！和田上空出現直升機、戰鬥機，街頭上的坦克、裝甲車，不知是要示威還是幹什麼！進出和田的道路到處都是關卡！

對維吾爾人來說，現在，和田已變成恐怖的地獄！兩年前是烏魯木齊，今天是和田，明天將是喀什噶爾、伊犁、阿克蘇。

東突厥斯坦的大小城市，不停地在這種受難的輪迴中煎熬！維吾爾人不停地在其苦難的日曆中，添加2.5、4.5、7.5、7.18……等血腥的維吾爾受難日！實際上，整個東突厥斯坦，早就被共產黨把它變成維吾爾人恐怖的地獄！

但賊永遠是賊。賊，可能因為強大、高嗓門而一時得勢，但不可能得勢一世！

（本文發表於 2011 年 7 月 19 日博訊新聞網）

6 自相矛盾的新聞報導？
——再說7.18和田屠殺維吾爾人慘案

2011年7月18日，中共出動武裝軍警，殘酷鎮壓手無寸鐵的、和平示威的維吾爾群眾，製造文明世界震驚的和田慘案，讓維吾爾人在的苦難日曆中，又添加一個被屠殺紀念日。

中共為了掩蓋其屠殺手無寸鐵維吾爾人的罪行，開始大外宣新聞戰，妄圖以「中國製造」來欺騙世界！

中共出動其全部喉舌力量，開始編造恐怖分子襲擊公安派出所的故事。

中共媒體 編造恐怖分子襲擊故事

新華網、天山網及中央電視台等都不甘落後，粉墨登場。還有那些道貌岸然的共產黨紅男綠女記者，他們似吃了威而鋼，非常亢奮；馬不停蹄地進行現場報導，採訪當事人。

其中，當然更少不了蟹據[1]香港的，中共出口轉內銷的喉舌——《環球時報》。

而且，這些中共喉舌都不約而同地，似被丈夫拋棄了的怨

1　蟹據，是寄住在別人的家裡。有霸佔的意思。

婦，不忘埋怨、指責西方媒體，沒有按照他們的共產黨主子提供的新聞線索報導，沒有採納他們的說法。

但這些媒體也好、記者也好，他們從來沒有問過自己一個問題：為什麼西方媒體不信任中國媒體的報導，不採納中國記者的報導？

這些中共豢養的媒體、「妓者」，只想讓付他們錢的主子高興，他們沒有太注意主子們發言內容的矛盾，更沒有想過是否合乎邏輯的問題。

讓我們看看中共喉舌——人民網、新華網對慘案的報導。

「新華網」北京7月18日電：2011年7月18日12時許，新疆和田市一公安派出所遭一夥暴徒襲擊。暴徒衝進派出所襲擊民警，劫持人質並實施縱火。我公安、武警迅速趕赴現場，當場擊斃數名正在行兇和負隅頑抗的暴徒，成功解救六名人質。

截至13時30分，事態已得到有效控制。事件中，一名武警、一名聯防隊員犧牲，兩名人質被害，一名聯防隊員受重傷。後續處置工作正在進行中。

記者從公安部獲悉，國家「反恐辦」已經派出工作組，趕赴新疆，指導處置工作。

這裡，沒有維吾爾人死亡人數的報導，也沒有講「暴徒」持何物器。只有中共方面的死傷數目！注意：是「『暴徒』衝進派出所，劫持人質並實施縱火……事件中，一名武警、一名聯防隊員、兩名人質被害，一名聯防隊員受重傷。」

西方媒體 引用世維會發言人說法

第二天，當西方媒體都報導此事件時，各大媒體都同時引用世維會[2]發言人就此事所瞭解到的事實。

世維會的消息（大致）：7月初，開始有員警挨家挨戶抓捕維吾爾人，還有一些維吾爾人在此前被抓捕，但一直沒有消息。18日這天，有大約一百多名維吾爾人，聚集在離市公安局很近的派出所門前，準備去市公安局要人。這些人之中，有男有女、有老有少，手無寸鐵。

市公安局下令派出所前去鎮壓、驅散人群。因員警粗暴地打壓、抓捕和平示威的維吾爾人，憤怒的人群開始反抗，引發衝突。員警開槍打死了二十幾個維吾爾人，打傷七十多人。傷者中有三名婦女，還有一名十一歲的小姑娘。（世維會的說法自始至終沒有變）

共產黨發現，屠殺維吾爾人事件的眞相沒有被掩蓋住，已經洩露了，於是開始緊急行動！

19日中共在香港的喉舌《環球時報》，以「新疆和田事件細節」爲題，進行了較大篇幅的報導。《環球時報》先是指責西方媒體，說他們在報導「和田慘案」時，引用了世維會的報導。發洩完後，爲了給自己壯膽，《環球時報》引用了「維吾爾自治區」宣傳部侯漢敏對事件的發佈。

2　世界維吾爾代表大會的簡稱。

據《環球時報》，「這種說法完全是胡說八道！」侯漢敏惱羞成怒，他大概是在說世維會發言人迪利夏提的發言。然後侯漢敏指出，這起事件，是一夥恐怖暴徒、有組織、有計劃的、明顯針對公安派出所的攻擊。

注意：「有組織、有計劃」。緊接著侯漢敏說：「暴徒們持爆炸裝置和燃燒瓶，先衝進派出所旁邊的工商局和稅務所，行兇傷了兩人。在發現目標有誤後，轉而攻擊派出所，從一層衝到二層，並打出標榜分裂主義的旗幟。」

目標有誤！這是恐怖分子嗎？

有組織、有計劃，目標有誤！這是恐怖分子嗎？有組織、有計劃，卻不知道派出所在哪兒？

20日，天山網報導說：「初步查明，十八名暴徒，於16日先後潛入和田市，購買、製造各種施暴兇器。18日12時許，暴徒按照預先計畫，衝進和田市公安局納爾巴格街派出所，手持斧頭、砍刀、匕首、燃燒瓶、爆炸裝置等，瘋狂進行打、砸、燒，殺害一名聯防隊員和兩名人質，重傷兩名無辜群眾，劫持六名人質，在派出所樓頂懸掛極端宗教旗幟，縱火焚燒派出所。公安、武警經過多次法律宣傳和警告無效，果斷採取措施，擊斃行兇和負隅頑抗的暴徒十四人，抓獲四人，成功解救六名人質，繳獲大量斧頭、砍刀、匕首、燃燒瓶、爆炸裝置等作案工具。事件處置過程中，一名武警戰士犧牲，一名特警、一名聯防隊員受傷。」

有組織、有計劃，而且是外地來的維吾爾人！不是和田人！（有組織、有計劃的恐怖分子，不選自己熟悉的地方作案，卻選擇外地作案？）準備了兩天，就準備了幾把刀、幾把斧頭、燃燒瓶、爆炸裝置；在和田市轉悠[3]了兩天，按照預先計畫，衝進和田市公安局納爾巴格街派出所，襲擊目標很清楚！

　　但是這夥恐怖分子，似乎不是侯漢敏描述那夥恐怖分子！因為這夥人目標清楚！或許是兩夥人？但「爆炸裝置」還在！

　　20日，新華網有了詳細報導，圖文並茂：「和田市公安局副局長白合提亞說，事件發生後，公安、武警擊斃兇犯和負隅頑抗的暴徒十四人，抓獲四人，成功解救六名人質，繳獲斧頭、匕首、砍刀、折疊刀等暴力械具三十件，未燃燒的汽油瓶三個，石塊四十八塊，彈弓一把，辣椒麵三十克。」

用彈弓、石頭、辣椒麵搶槍？

　　注意！副局長的戰利品裡，沒有爆炸裝置（和侯漢敏及其它報導對比）。

　　18個「暴徒」總共攜帶了三十件砍刀、斧頭、匕首、折疊刀，外加比三個多的燃燒瓶、四十八塊石頭（不知大小如何）、辣椒麵30克，還有彈弓一個。這是一個有組織、有計劃的恐怖組

3　閒逛。

織?按「反恐專家」潘志平[4]的說法,這還是海外「疆獨」組織策劃安排的,是到派出所搶槍的?用彈弓、石頭、辣椒麵搶槍?

我不知道他們帶著這些東西,是怎麼在和田街頭大白天晃悠到12時許的?佈滿和田大街小巷的員警、密探們,居然沒有發現這十八個「全副武裝的恐怖分子」?

新華網繼續指出:「這夥暴力恐怖分子早有預謀,發動襲擊之前,他們就已經在派出所周圍等待時機,納爾巴格派出所所長阿不來提·買提尼亞孜說:『星期一10點派出所開會,開完會大概11點多,我帶領民警到社區去開展流動人口排查[5]工作,出門後不久他們就衝進派出所,發動了襲擊。』」

發動襲擊前,他們就已經在派出所周圍等待時機。不是侯漢敏那夥恐怖分子,這夥恐怖分子知道派出所在哪兒!

繼續看新華網報導:「趙根林[6]說,暴力恐怖分子準備了寫有『真主至上,以真主名義開始』字樣的黑色聖戰旗幟,在派出所樓頂囂張懸掛,意在擴大社會影響。」

穆斯林旗幟上寫什麼都不知道,還好意思胡說八道!

問一下任何一個穆斯林,他們都會告訴你「真主偉大」是穆斯林喊的口號,不是寫的!沒有任何的穆斯林會將「真主偉

4　**潘志平**:維吾爾自治區社會科學院民族及地方史研究員,為中共「新疆自古以來是中國一部分」提供證據的御用學者。同時也為中共鎮壓維吾爾人反抗殖民侵略辯護,被中國政府冠於「反恐專家」的稱號。

5　**排查**:盤查之意。

6　**趙根林**:維吾爾自治區政府發言人。

大」、「以眞主名義開始」寫到旗子上！趙根林「完全胡說八道」！或者這可以理解爲「中國製造」！

黑色聖戰旗，這麼有力的、可以證明維吾爾人是恐怖分子戰利品，卻沒有出現在任何一處圖片報導中！大概是「中國製造」還沒有製造完畢！

撒謊沒有打底稿！漏洞百出！

再看一段報導：「參與處置行動的武警支隊介紹說，這夥有預謀、有準備的暴力恐怖分子，突然襲擊旁邊的稅務所，造成兩名稅務所幹部受傷。暴徒又趁著派出所民警[7]接警[8]和巡邏警力空虛之際，突襲派出所，焚燒警車，劫持人質，並殺害協警員[9]和在派出所辦事的無辜群眾。」

很像是準恐怖組織，聲東擊西！

但是請注意！派出所所長說的是：「星期一10點派出所開會，開完會大概11點多，我帶領民警到社區去開展流動人口的排查工作。」看樣子，這是另一個派出所？不是武警支隊介紹的那一個！

到現在爲止，不僅恐怖分子變成了兩夥，連派出所也變成兩個了！

7　**民警**：人民警察之簡稱，正式警察。
8　**接警**：接受報警趕往現場處理。
9　**協警**：警察臨時雇用幫忙人員，不是正式警察，但比警察更兇惡，更肆無忌憚。

撒謊沒有打底稿！所以漏洞百出！

派出所都安裝有監視器，將錄影片段放到電視上，不是就更有說服力了嗎？為什麼到今天，中共還拿不出讓國外媒體啞口無言的、「暴徒」襲擊派出所的錄影片段來？

我們在國外，當天晚上就知道，被打死的維吾爾人數遠多於中共的報導，為什麼中國政府卻用了兩天才搞清楚？為什麼等到世維會報導後，中國政府才再糾正他們剛開始的說法！

「暴徒」手上沒有槍，持槍前來支援的武警是怎麼死的？「暴徒」是在派出所內打、砸、搶、燒。武警在外，且手上有槍。是暴徒用石頭打死的、辣椒麵嗆死的、還是彈弓打死的？

12時許，「暴徒」聚集、衝擊工商所、稅務所，打傷兩人；發現錯誤後，再衝擊派出所、放火、殺死兩人、打傷多人。這夥「暴徒」似乎受過訓練！速度非常的快！但偵查了兩天，還是沒有搞清襲擊目標——派出所？

13點半，局勢基本得到控制。即在支援武警的幫助下，十四名「暴徒」被擊斃、四名被抓、派出所被奪了回來。一個半小時！暴徒錯誤地襲擊工商所、稅務所，重傷兩人；發現錯誤後，衝擊派出所，打、砸、搶、燒，打死兩人、打傷多名。公安、武警經過多次法律宣傳和警告無效，擊斃十四名暴徒，抓捕四名。只有「中國製造」可以創造這種速度！

屠夫們真的是神速！

建議中國政府將這夥「『暴徒』襲擊派出所案」申請吉尼斯

世界[10]「中國製造」恐怖主義案例！一定能被紀錄在案！

（本文發表於 2011 年 7 月 22 日萬維讀者網「天下論壇」專欄）

---

10 即台灣所謂的「金氏世界記錄」。

7 是「援疆幹部」？還是「開拓團」？

最近和一位朋友談起，中共所謂的「援疆幹部」在東土耳其斯坦的問題。因這位朋友曾經接觸過高層，他跟我講了很多有關「援疆幹部」的事，以及東土耳其斯坦各地民族幹部群眾，對他們的反應、看法。

名為援疆，實為掠奪資源

今天就和各位朋友談談，這些打著「援疆」名義，來到東土耳其斯坦，實為中共「開拓團」的「援疆幹部」。讓各位讀者來評判，這些所謂的「援疆幹部」真的是在「援疆」呢？還是在幫中共掠奪東土耳其斯坦資源，順道中飽私囊、尋找升官發財的捷徑？

首先，讓我們看看這些「援疆幹部」享受的各項優惠政策：

19省市來的「援疆幹部」，名義上停發原單位工資，但實際上這19省市都給予「援疆幹部」每月補助金，多則幾千元，少則千元，如上海給予每位「援疆幹部」每月2,000元補貼金，外加年底獎金。

到東土耳其斯坦後，這些「援疆幹部」除拿職務工資外，還

拿所謂的「邊疆艱苦補貼」。多則幾百元，少則一、二百。在「疆」，他們也同樣拿年底獎金。他們的年底獎金，是兩頭拿！

「自治區」各地區、縣市大員，為表達對「援疆幹部」的感謝之意，發放給他們的獎金、補貼沒有準確數目，視各地情況而定，有多有少。

全部加起來：原籍每月補貼，加每月在「疆」職務工資，加每月「邊疆艱苦補貼」，加每月各地發放獎金補貼，加兩頭年底獎金。公開的、加隱性的，「援疆幹部」的收入頗豐，遠遠高於當地幹部群眾的收入。

「援疆幹部」的住房，基本上是兩室一廳的新房，配基本傢俱。不但住房免費，而且連水電費都免交。

「援疆幹部」可以帶家室。老婆沒有工作但想工作的，安排工作；不想工作的就發補助，可以待在家裡。子女上學全免費，高考加以特別關照。

「援疆幹部」醫療費全額報公帳，包括子女家室。

「援疆幹部」享受一年一次的探親。交通費全額報公帳。坐飛機可以憑「援疆幹部」證明優先訂票，座位靠前，進出機場享受貴賓待遇，還可以額外多帶二十公斤的行李重量。

援疆幹部大念「反恐」經

「援疆幹部」的「援疆」期結束，如果返回原籍原工作單位，幹部級別必須升一級。願意留在東土耳其斯坦工作的給予提拔重用。

那麼，各地民族幹部群眾，對他們是什麼態度呢？

　　朋友用一個小插曲概括了。他說有一次，他送一批援疆幹部到喀什噶爾，那裡的民族幹部見到他，就悄悄對他用維吾爾語說：「你們又送來一批吃喝拉撒，個人致富的掠奪者。」朋友說，他當時無奈地聳了聳肩，悄悄回答說：「向眞主祈禱吧，但願這批，比上一批好點。」

　　朋友告訴我，這是東土耳其斯坦人民普遍的反應，包括一些漢人平民百姓。

　　至於這些「援疆幹部」，他們的能力又怎麼樣呢？

　　朋友還是給了我一個例子。他說有兩位所謂的「科技援疆」者，被分到了一個大學。但他們既不願意代課，也不願意執行科學研究。只是整天坐在辦公室裡，一下班就往市區跑。只有開會非常積極。混了兩年就回去了。不僅是民族老師有意見，甚至漢人老師也滿腹牢騷！

　　大多數的黨政「援疆幹部」，掌握了在東土耳其斯坦升官發財最好的捷徑，是像王樂泉一樣，吃「反恐」飯。所以這些「援疆幹部」來了之後，大念「反恐」經，大抓「反恐」事；想盡一切辦法發現「反恐」事件，如發現不了，就盡力製造「反恐」故事。所以呢，手持刀具、石頭、彈弓、辣椒麵的維吾爾人，也成了「國際恐怖組織」的成員！

漢人官員花錢作援疆幹部

　　這些「援疆幹部」，以援疆的名義，幫自己的省份，在東土

耳其斯坦圈地，劃分勢力範圍。他們以招商引資的名義，幫自己的七大姑八大姨及狐朋狗友，壟斷一些東土耳其斯坦特有原材料的銷售，壟斷礦產資源開發等等。

朋友說，他始終也沒有搞清所謂「棚戶區改造」中，「棚戶區」的定義。到底什麼樣的房子屬於棚戶？

朋友說，看起來是當地漢人領導說了算！漢人領導說哪兒是棚戶區，那兒就要改造了！然後就有「援疆官員」，引進所在省份的房地產開發商來開發！大家狠狠地各撈一把不說，還幫共產黨政府，奪得了維吾爾人世代居住的土地。共產黨當然要以進官加爵來獎賞了！

所謂的喀什噶爾「老城區改造」，就是一個最為典型的例子。漢人官員，不管是本地的，還是「援疆」的，都通過自己的開發商漢人朋友，來撈足了金錢。而且他們因摧毀了體現維吾爾人千年文化底蘊的居住文明活「化石」，而獲得中共的加官進爵賞賜！

朋友告訴我，根據自治區組織部得到的可靠消息，現在一些所謂的「援疆」省市，出現了漢人官員花幾萬至幾十萬人民幣，來買「援疆幹部」名額的現象。

原因？當然是利益、官欲驅使！

「援疆」的大多數省份，是中國相對發達地區，所以稍微有門道的，或有後台的官員，是不太願意來的。只有那些像王樂泉那樣，被淘汰的，或沒有升官希望的酒囊飯袋、不學無術的官僚，才會花大價錢、削尖了腦袋，往「援疆」靠攏，以求得升官

捷徑，或發財機會。

　　這些官員來到「新疆」後，第一步就是將帶來的貴重禮物，送給「自治區」官員，因為「自治區」領導及區黨委組織部，決定他們的前程和利益收入。

　　這些「援疆幹部」都送什麼禮物呢？

援疆幹部考察，遊山玩水

　　朋友給我舉了幾個例子。他說，一位上海來的「援疆幹部」，經這位朋友的手，一次就送給自治區組織部領導，一大箱「蘋果」I-Pad，至少10台。另一位援疆幹部，送給一位自治區領導一部「蘋果」筆記型電腦。

　　朋友還告訴我，每次「援疆幹部」到來之前，派「援疆幹部」的省份，就會派省府官員來考察東土耳其斯坦對口地區。

　　怎麼考察呢？遊山玩水、吃喝嫖賭！

　　朋友告訴我，一次，遼寧省打著考察的名義，第一批派了四十多位官員來考察。這四十多位官員，坐飛機去對口支援地區，待了不到兩小時，然後再坐飛機返回烏魯木齊。第二天開始了伊犁、喀納斯、天池、吐魯番等的旅遊。

　　送走這批考察官員不久，遼寧省政府又送來第二批考察官員約二十人。這二十人也同樣，在應該考察的對口地區，只待了約兩小時，然後飛回烏魯木齊。

　　考察官員前往地區的大小地方官必須迎來送往，安排吃、喝、住，而且待遇必須夠級別。臨走了還要送一些土特產品

等等。

　　朋友說，有些考察官員只願意住烏魯木齊的賓館，所以早上坐飛機去喀什噶爾，晚上飛回烏魯木齊住；第二天再飛和田，晚上再飛回烏魯木齊。這就是考察！考察時間，還沒有坐飛機的時間長！

　　優惠的經濟報酬，外加稍稍動動腦子、走走門子、花花腸子，讓維吾爾人流一流血，就可以加官進爵。如今中國不願意的人，大概不會太多！

　　但這能叫「援助」嗎？有這樣往自己口袋裡大把撈錢；犧牲當地人利益，進行資源掠奪；以「反恐」名義，爲加官進爵，血腥屠殺當地人來援助的嗎？

　　這些「援疆幹部」，和二戰時日本派到東北來的「開拓團」，有什麼區別嗎？當然沒有！他們是中共派到東土耳其斯坦的新「開拓團」！

（本文發表於 2011 年 8 月 31 日博訊新聞網）

8 ‖ 維吾爾「恐怖分子」名單?

名單上沒有你的名字

法爾哈德正在電腦前伏案疾書。門開了,老婆下班回來了。

法爾哈德回頭看,妻子臉色有點陰沉,趕緊站起來迎向妻子:「老婆下班了!我剛煮了點咖啡,你要來點嗎?」

「不要,你自己喝吧!」老婆肯定是有氣。

法爾哈德想緩和氣氛:「老婆,中午我做了點抓飯,很好吃。我給你熱熱。你肚子肯定餓了,吃點吧?」

「不想吃,沒有心情吃飯。」法爾哈德的老婆不依不饒。

法爾哈德訕訕地:「那好,你休息、休息。我趕緊把那篇文章再修改、修改。我想抓緊時間這個星期完成、週末發表!」

顯然,法爾哈德是哪壺不開提哪壺。一聽到「寫文章」法爾哈德的老婆似乎找到了發洩的突破口,斜眼看他一下,接著、以調侃的口氣問道:「今天的新聞,你應該是看了吧,親愛的老公?」

這,似乎觸到了法爾哈德的痛楚。他略帶尷尬地說:「看了,你是在說中共今天發佈的第三批維吾爾『恐怖分子』名單

吧？」

「是呀！還是沒有你的名字嗎，我親愛的老公！」法爾哈德的老婆來勁兒了：「看看你，流亡國外幾十年，說不上出生入死，也忙活了幾十年；人都老了，這名字還是沒有上去？」

「你不停地參加各種會議，呼籲、吶喊；參加了組建世界維吾爾青年大會、東突厥斯坦歐洲聯盟、世界維吾爾大會等等的事宜。一會兒德國，一會兒美國。今天土耳其、明天荷蘭、後天哈薩克、吉爾吉斯。錢花了不少、大小官職也不少。文章，白天連著黑夜，不停地寫，也寫了幾十年，可以出好幾本大部頭的書了。可為什麼，每次中共公佈維吾爾人『恐怖分子』名單，你就是上不去呢？！我不服呀，你也沒有比別人少幹什麼呀！」

恐怖分子親友的榮耀

法爾哈德的妻子越說越來氣：「我和孩子，跟著你東奔西跑，在這裡受苦、受累；父母、兄弟姐妹，在東突厥斯坦吃苦遭累。到頭來，你連個中共『恐怖分子』名單都上不去，丟人不丟人？我也知道，祖國東突厥斯坦不可能在一兩天內就會解放。但是你幹了這麼幾十年，至少應該被中共點個名吧！憑啥這榮譽總讓別人給拿了？」

法爾哈德的妻子似乎不打算停下來。她繼續道：「去年，中共《中央電視台》編的『7.5真相』紀錄片，點了那麼多出來才幾年、加入世界維吾爾大會也才只有一兩年新的維吾爾人的名字，可就是偏偏沒有你的名字。你說我能不失望嗎！到今天，中

共已經發佈了前後三批維吾爾『恐怖分子』名單，你仍然是榜上無名，真窩囊！想一想就來氣。」

法爾哈德的老婆不無羨慕地繼續道：「你看，埃爾肯的妻子，走到哪兒、人家一介紹她是中共『恐怖分子』名單二號人物埃爾肯的妻子，大家都用羨慕的眼光看著不說吧，還每次都把她敬為上賓、問寒問暖，整個就像是美國第一夫人，風光極了。」

法爾哈德的老婆繼續道：「聽國內來的朋友們講，埃爾肯的家人，儘管受到了中共的各種打壓迫害，但是每次去參加鄉鄰親人朋友的婚喪嫁娶，維吾爾人默默地將他們視為嘉賓，連當地的一些維吾爾官員也暗示敬意。家裡有個事、總有人默默地幫忙。」

法爾哈德的老婆喝了一口法爾哈德端過來的水，繼續道：「據另一位國內來的朋友講，埃爾肯的小弟弟有事求助於人，找了幾個埃爾肯過去的朋友幫忙，大家都哼哼哈哈，沒有給明確承諾。埃爾肯的弟弟本來以為希望不大、想著要湊點錢送去。然而，錢還沒有湊夠呢，事情卻很快就辦成了，但誰也不承認是自己幫的忙。埃爾肯的弟弟搞不清是誰幫的忙，就決定請大家一桌。請客那天，埃爾肯的弟弟點了好多飯菜。吃完了飯去結帳，發現飯菜帳單早就被人結了，也搞不清是誰付的！多令人感動！維吾爾老百姓知道誰是好人、誰是壞人！真讓我羨慕！」

故意不將他列入名單

法爾哈德的老婆越說越激動：「聽祖國來的另一位朋友講，

中共『恐怖分子』名單中的肖開提，他父母在喀什噶爾市場買東西時，突然一位年輕商販走過來問：『你們是肖開提大哥的父母吧？』沒有等到回答，商販就說『大伯、大娘，你們還沒有吃午飯吧？走、我們一起去吃個午飯！』

　　不管肖開提父母的反對，幾個年輕商販，硬是把他們請到了一個很高檔的飯館。飯吃完，小商販們帶著他們來到市場，幫他們買完所需物品，還買了一些水果禮品，把他們送到了車站。多好的年輕人，祖國的維吾爾老百姓真的是太好了！」說到這，法爾哈德的老婆聲音有點哽咽，眼淚也簌簌地順著臉頰流下來了。

　　法爾哈德心存愧疚，一邊給老婆遞紙擦眼淚，一邊安慰說：「老婆，不說這些了，好嗎？我知道你和孩子們都很辛苦，我也知道祖國親人也因為我遭了殃。」

　　法爾哈德不無怨氣地繼續道：「老婆，我不也一直在努力嗎？怎麼辦呢？這共產黨，他媽的，就是有眼不識泰山。和我一塊兒搞復國獨立運動幾十年的戰友們，幾乎都上了共產黨的『恐怖分子』名單，後來加入世界維吾爾人大會的好多戰友，也都後來者居上、上了中共的『恐怖分子』名單，有的還上了中共的央視紀錄片。我一直和這些兄弟、戰友們一起奔走呼號，可這共產黨就硬是不把我放上去！你讓我怎麼辦？」

　　法爾哈德轉換口氣，以祈求的口氣對老婆說道：「老婆，再給我點時間。我現在正在寫的這篇文章，非常重要，一定會讓共產黨侵略政權、維奸奴才們坐立不安的。我再多寫幾篇這類的文章。我還要再辦個網路電視台，痛罵共產黨侵略政權、維奸奴

才；號召東突厥斯坦人民起來反抗中共侵略政權；揭露中共在東突厥斯坦實施的種族滅絕政策。我相信，不過幾年，中共再公佈維吾爾『恐怖分子』名單，一定會有我的名字！相信我。」

妻子支持是最大動力

法爾哈德的老婆似乎也發洩完了，深深嘆口氣說道：「不給你時間，還能怎麼樣呢？祖國東突厥斯坦維吾爾人的處境越來越糟，共產黨侵略政權高舉屠刀、血腥鎮壓維吾爾人的任何反抗。我們在國外的每一個維吾爾人看在眼裡、急在心裡；大多數時候能做的也就是揭露共產黨侵略政權的邪惡、殘暴。」

法爾哈德的老婆堅定地繼續道：「你能寫，你就多寫。網路電視台，咱們也辦！將那些在窒息的環境中掙扎的維吾爾人，他們的聲音傳到文明世界！向世界揭露：共產黨法西斯侵略政權，對維吾爾人的殘酷鎮壓、血腥屠殺。上不了共產黨的維吾爾『恐怖分子』名單，是令人有點失望。但我們畢竟不是為了上共產黨的『恐怖分子』名單、爭名譽，而做這些事。榮譽、名望畢竟是身外之物！老公，你盡力，繼續努力，我堅決支持你！」

「再說，你已經做了那麼多，寫了那麼多的文章；大多數的維吾爾人知道你，也很尊重你，年輕人佩服你。其實，我跟著你，也沾了不少光呢！只是和你一起的好幾個人，都上了中共的『恐怖分子』名單，你卻一直上不去，我有點不服氣。」

法爾哈德趁機以玩笑地口氣說：「老婆，共產黨不讓我上維吾爾『恐怖分子』名單，不點我的名字，說不定是害怕讓我一下

子就出了名，你不適應！」

　　「走、走，先吃飯！我一定努力，爭取下次上中共維吾爾『恐怖分子』名單，讓你也過一回被維吾爾大眾當第一夫人接待的感覺！」說完，法爾哈德拉著老婆的手，進廚房了。

　　　　　　　　　　（本文發表於 2012 年 8 月 3 日〈東土之鷹〉部落格）

9 ‖ 阿克蘇阿依庫勒鎮
警民對峙事件報導

薛赫萊提・吾守爾報導／伊利夏提譯／2013年8月11日

阿克蘇阿依庫勒（Aykul）鎮，警民對峙：3死20傷

根據自由亞洲電台維語部記者薛赫萊提・吾守爾
（Shohret Hoshur）報導，東突厥斯坦阿克蘇地區阿依庫
勒鎮開齋節（2013年8月8日）前一天，發生嚴重警民對
峙，員警公然對手無寸鐵的維吾爾民眾開槍，造成維吾
爾民眾3人死亡，其中一人為婦女；20多人受傷。

阿克蘇市阿依庫勒鎮開齋節前一天，發生嚴重警民對峙，結
果造成三位維吾爾民眾死亡，12人受傷，警方10人受傷。對峙原
因是「民眾阻止警方在開齋節前夕抓人」引起的。

據阿依庫勒鎮派出所副所長，阿卜杜艾尼・烏斯曼
（Abugheni Osman），對記者的陳述，開齋節前一天晚上8點左
右，阿依庫勒鎮派出所出動22名警力，前往阿依庫勒鎮派山拜巴
榮（Peyshenbe Bazar）村，抓捕4名嫌疑人。對員警開齋節前夕

抓人感到不滿的（維吾爾）民眾，很快地圍住警方及警車。

　　警民對峙、圍堵持續近4小時過程中，由於周圍禮完齋月晚禱告（Tarawe）群眾加入得很快，人數增加到500人左右；而警方，也因為前來支援武警、特警部隊的人數增加到500左右，警民對峙最終演變成警民衝突，凌晨12點30分中共軍警便向（維吾爾）民眾開槍。

　　以下，為伊利夏提原文翻譯，資料來源為自由亞洲電台記者薛赫萊提‧吾守爾，對阿依庫勒鎮派出所副所長阿卜艾尼‧烏斯曼，所做的採訪報導：

　　記者：阿依庫勒鎮事件是什麼時間開始、什麼時間結束的？

　　副所長：節日前一天，8月7日，大約晚上8點（左右）開始，凌晨1點結束。

　　記者：事件中，有多少人死亡，多少人受傷？

　　副所長：我方有10人受傷；對方3人死亡，12人受傷。

　　記者：參加圍堵的（維吾爾民眾）人數有多少？

　　副所長：五六百人左右。

　　記者：事件是怎麼引起的？

拒被帶上警車，對峙開始增溫

　　副所長：那天，我們準備抓捕4名（嫌犯）進行審訊。嫌犯以「節日後我們會自己去派出所報到」為藉口拒絕被帶上警車。與此同時，周圍聚集民眾也以「今天是開齋節前夕，你們為什麼抓這些人」等質問圍堵我們員警。一開始我們是8名員警，後來

派出所長又帶人前來支援；這樣，我們總共是22名員警。圍堵員警的民眾人數也因為晚禱散場，民眾的加入（很快）增加到500至600人左右。我們向阿克蘇市請求支援，阿克蘇派來特警、武警，這樣，我們的警力人數也增加到500人左右。我們發出警告，要求民眾撤離；但民眾以石頭、磚塊向我們發動襲擊。12點30分我們接到上級命令後開槍；現場打死3人，其中包括一名婦女，另有12人受傷。我方有10人受傷送醫院。

記者：參加事件500多人是否全部被抓捕？

副所長：沒有，他們當中有一部分是參與圍堵看熱鬧的；我們只抓捕那些特別囂張，手拿石塊、磚頭襲擊我們的。

記者：那麼，有多少人被抓捕？

副所長：（我們）抓捕落入我們警車監視視頻[1]的90多人，他們現在都在監獄。

記者：被打死婦女是誰？

副所長：我不知道名字，她頭上有麗挈柯（Lichek，一種蓋頭）。

記者：事件中受傷的婦女有多少？

副所長：除了死亡的（一位婦女）之外，受傷的有3名（婦女）；她們在事件中非常囂張，都是手拿石塊、磚頭的，都是蓋頭的婦女。

記者：參與事件500至600名民眾當中有婦女參與嗎？

1　視頻，中國用法。台灣稱之為影片。

副所長：有，婦女、小孩都有。

民眾子彈致死，員警磚塊受傷

記者：有沒有孩子死亡或受傷的？

副所長：我不知道；有關事件的專題報告還沒有出來；我告訴你的都是根據當天事件之後我們派出所所長給我們所作緊急報告內容。

記者：警方受傷的都是哪些人？

副所長：我們派出所的有：玉山江‧阿卜杜熱依木（Hosenjian Abdureyim）、田奇（Tianqi音譯）、楊磊（Yanglei）、艾合買提（Ehmet）、奴如拉（Nurulla）、買買提江（Memetjan），我不知道受傷協警的名字。玉山江‧阿卜杜熱依木是我們派出所負責國保事務的副所長。

記者：員警是如何受傷的？有沒有受刀傷的員警？

副所長：沒有受刀傷的；全是由石塊、磚塊所致；有骨折的。

記者：死亡民眾死因是什麼？

副所長：子彈致死。

記者：使用的是什麼樣的武器？

副所長：手槍。我們是瞄準那些手拿石塊的（維吾爾民眾）才開槍的。開槍後，民眾開始四散逃跑，我們在四周設卡抓捕。

記者：開槍的，是派出所員警，還是武警？

副所長：根據命令，主要是由武警開的槍。

記者：事件中執行任務的員警總數是多少？

副所長：除我們派出所（員警）之外，加上參加執行任務的托普魯克（Topluq）派出所等附近員警，總數達90多人；武警加特警大約400多人，我方總數達500人左右。

記者：你說的死亡數字是否準確？

副所長：我所說的是現場發生的（死亡）；可能有現場沒有發現或沒有報的；過後，可能就此（死亡補充）還會有報告（出現）。

（本文發表於 2013 年 8 月 11 日博訊新聞網）

10 ‖ 由「殺漢滅回」口號的演化，看中共對維吾爾人的妖魔化宣傳

殺漢滅回的口號沒有任何出處

上週末，我去多倫多參加「第六屆全球支持中國和亞洲民主化論壇」會議，我以「由『殺漢滅回』到『殺漢滅回趕哈薩』，看中共對維吾爾人妖魔化宣傳的邪惡目的及其後果」為題，做了一場專題演講。

沒有想到演講結果令我非常滿意，而出乎我預料之外。演講完後，在場幾位回族朋友，立馬跑來告訴我，他們一直對這口號信以為真，一直不理解為什麼維吾爾人要「滅回」！他們不知道，實際上這口號只存在於漢文資料、沒有任何出處！

我在選擇題目時，還猶豫過半天，想著這題目是否合適？是否適當？當天的演講，為了生動、直觀，我用的是PPT（演示文稿）。很多聽眾提出，能否將此編寫成文章發給他們，我答應了。

「殺漢滅回」，及其衍生體「殺漢滅回趕（驅）哈薩」的說法，在中文媒體上，可說是氾濫成災、甚囂塵上！只要在任何一個中文網站上，打出這四個字，立即躍入眼簾的是，成千上萬有

關這口號詞條的導引，有文章、跟貼、解釋等等。引用這口號的，有官方檔、有學者文章、有五毛跟貼[1]，而這口號的指向，毫無例外地都是維吾爾人！

官方檔、學者文章、五毛跟貼，都認定是維吾爾人提出了「殺漢滅回」的口號，而且也這麼做，也做過！但沒有一篇文章，給出口號、出處、來歷、背景解釋等等！

讀過這些文章的人，很快會得出一個非常可怕的結論：維吾爾人非常地、毫無道理地仇恨漢人、仇恨回族人、也不喜歡哈薩克人；維吾爾人要把漢、回都斬盡殺絕！維吾爾人不僅要殺光漢人、滅了回人，還要將哈薩克族人趕到山上、趕出東突厥斯坦！

真的是這樣嗎？維吾爾人真的提過，這麼一個帶有很深種族主義色彩的口號嗎？維吾爾人真的在歷史上，無辜屠殺過漢人以及回族人嗎？否也！

維吾爾史料未有殺漢滅回的口號

「殺漢滅回」這口號要準確地考證，什麼時間，在什麼地方，誰第一個提出，還是有一定的難度。但這口號只存在於漢文資料，是不爭的事實！而且沒有一篇漢文資料，給出「殺漢滅回」口號的出處、時間、地點，也沒有背景資料解釋；只是每一位漢文作者在武斷地、重覆指控維吾爾人，曾經在歷史上實施過

---

1 **五毛跟貼**：五毛，中國政府豢養的一大批網路輿論控制、導向人員，因為他們每發一個貼文就能拿五毛錢，因此被稱為五毛。跟貼，就是跟著原始網站上的文章發文，引導輿論至政府要求引導方向。

吳藹宸回憶錄封面。（Turkistan Tumult / Aitchen Wu）

吳藹宸回憶錄扉頁。（Turkistan Tumult / Aitchen Wu）

「殺漢滅回」，且一直在延續使用這一口號！

　　最早「殺漢滅回」的口號，出現於上世紀八十年代末的漢文資料；九十年代開始氾濫、演化發展。但奇怪的是，國民黨時期的任何有關東突厥斯坦漢文資料，都沒有提到此口號。共產黨統治初期、也即上世紀五、六十年代的漢文資料，也沒有出現「殺漢滅回」的口號。

　　我對國外（土耳其、沙烏地阿拉伯、巴基斯坦）出版的各類維吾爾文書籍，進行了非常仔細的搜索研究，也對國外出版的有關東突厥斯坦上世紀初歷史研究的英文書籍，進行了徹底研究。我沒有發現有任何一本維吾爾文的，或者英文的書籍，提到過這

個口號（如斯文・海丁[2]、吳藹宸[3]等的回憶錄）！

即便是那些被人們認為非常極端民族主義的維吾爾領袖的講話、文章、回憶錄中，也未發現有「殺漢滅回」這口號。

我通讀了一些維吾爾前輩們（參加過東突厥斯坦第一共和國建國者），所書寫的大多數回憶錄，如：默罕默德・伊敏・柏格拉（Muhammet Imin Boghra）的《東突厥斯坦歷史》、埃敏・瓦西迪（Emin Wahidi）的《回憶錄》、穆沙・圖爾克斯塔尼（Musa Turkistani）的《東突厥斯坦悲劇》等，但都未發現有「殺漢滅回」的口號！

但與此形成鮮明對照的是，近代（共產黨時代）漢文資料中，不管是官方文件、學者文章中，「殺漢滅回」的口號，卻引用得幾乎可以用氾濫成災來形容！

只在漢語中押韻，是漢人製造的

不加考證、堂而皇之的引用此口號的學者當中，不乏名人大家：如維吾爾自治區社會科學院民族問題研究學者馬大正、潘志平，中國現代國際關係研究院軍控與安全研究所學者、博士郭曉

2　**斯文海丁**：Sven Hedin，亦譯為斯文赫丁，瑞典探險家，上個世紀初幾次到東突厥斯坦，勘探調查、考古，也是樓蘭古城準確位置的確定者。他寫了很多有關東突厥斯坦人文地理的書籍。

3　**吳藹宸**：留學英國的中國歷史學家。上世紀初的三十年代，他被國民政府派往東突厥斯坦考察民情時，正是東突厥斯坦各族追求獨立運動烽煙再起之際。當他到達烏魯木齊時，正值盛世才和馬仲英激戰。他寫了一本回憶性質的英文著作《Turkistan-Tumult》.

默罕默德・伊敏・柏格拉的
《東突厥斯坦歷史》封面。

默罕默德・伊敏・柏格拉的《東突厥斯坦歷史》
內頁，右頁為默罕默德・伊敏・柏格拉，1948
年在烏魯木齊。照片是由《紐約時報》記者
Frank Robertson 拍攝。

默罕默德・伊敏・柏格拉的《東突厥
斯坦歷史》，於1940年，第一次在
喀布爾阿富汗出版。

默罕默德・伊敏・柏格拉的《東突厥
斯坦歷史》，於1998年再版。

埃敏‧瓦西迪《回憶錄》

穆沙‧突厥斯塔尼《東突厥斯坦悲劇》封面。

穆沙‧突厥斯塔尼《東突厥斯坦悲劇》扉頁。

穆沙‧突厥斯塔尼《東突厥斯坦悲劇》作者圖片頁。

兵，中國國家反恐中心反恐專家李偉等。引用「殺漢滅回」口號的官方文件有：中共編發《新疆的發展與進步》白皮書等。

中文網站「殺漢滅回」的口號，那更是甚囂塵上。我簡單做了個測試，在中國最大搜尋網站百度、搜狐，打入「殺漢滅回」四字進行搜尋，結果成千上萬條。內容五花八門，但都是藉此口號，對維吾爾人惡意中傷、誣衊、謾罵。仇視維吾爾人、要滅絕維吾爾人的跟貼，更是比比皆是。

我對中共官方網站，進行同樣的測試，結果也一樣。不管是維吾爾自治區，人民政府的中國新疆網，還是中央電視台的央視網、人民網等等，到處都是引用此口號，指責維吾爾人的文章、跟貼。至於其他的各類中文非官方網站，那就更不堪入目了。處處充斥著引用這口號謾罵、藝瀆維吾爾人文化、信仰等等，各類民族仇視內容的文章、跟貼。

最為有意思的是，這口號的演化，先是簡單上口（漢語）的「殺漢滅回」，到九十年代末演化為「殺漢滅回趕哈薩」或「殺漢滅回驅哈薩」。這口號的製造者，為了使其繼續押韻，將哈薩克族名中的最後一個字「克」略去了，這反而留下了狐狸尾巴。這句口號只在漢語中押韻，和「殺漢滅回」一樣，在維吾爾語中非常的拗口。因此，也就更進一步證實：這口號是由漢語使用者製造的！

更為有趣的是，這口號已經開始翻山越嶺，進入了藏區！儘管藏人朋友，為避免背上恐怖分子的帽子，極力想和不斷進行絕地反抗的維吾爾人，保持些許距離，但中共政權在妖魔化維吾爾

人的同時，也沒有省略藏人，而且用的，還是同樣的方法、同樣的口號！

殺漢滅回輪不到維吾爾人背黑鍋

我在進行「殺漢滅回」搜尋時，發現在一些網站上，也有一些「糞青」中國人指斥藏人「殺漢滅回」，而且說：「『殺漢滅回』，『是藏區的傳統』。」我猜大概是張慶黎——由維吾爾自治區生產建設兵團司令，升任西藏自治區書記時，帶過去的口號！

維吾爾人和漢人、回人之間，發生過激烈武裝衝突的時間，應該是上世紀二十年代至四十年代末；也就是東突厥斯坦第一共和國（1933年11月12日於喀什噶爾）、第二共和國（1944年11月12日於伊犁）建立期間。

第一共和國建立期間，先是以各路維吾爾人為首的，東突厥斯坦各民族的起義軍，和侵佔東突厥斯坦南部各城市的中國駐軍作戰，然後是和馬仲英[4]的馬家軍[5]混戰。

4　**馬仲英馬家軍**：馬仲英，民國時期甘肅回族軍閥之一，號稱尕司令。一九三〇年代初，受維吾爾起義領袖霍加尼亞孜阿吉邀請，來到東突厥斯坦，後因意見不合雙方分手。和霍加尼亞孜分手後，馬仲英孤軍圍攻烏魯木齊。此時，盛世才請求蘇聯紅軍，進入東突厥斯坦，幫助解圍，並打擊馬仲英。蘇軍在解救盛世才之後，將馬仲英一路追打至喀什噶爾。走投無路的馬仲英，不得已投降蘇聯，帶一部分人馬繳械進入蘇聯，自此消聲匿跡退出了歷史舞台。

5　馬家軍，此處指馬仲英自甘肅帶來的回族武裝。

坦率地講，當時的武裝各方，都曾經屠殺對方，哪一方都逃脫不了屠殺罪的指控！但相對於這幾方的混戰武裝，維吾爾起義軍是最弱的一個。他們的武器裝備落後，未經任何軍事訓練，是一群農民起義軍；武器不多不說，大多數還是最老式的武器，而且武器數量也不是很多。農民起義軍，很多人還不會使用武器！

　　所以要指責誰犯下了屠殺罪，還真輪不到維吾爾人去背這個「殺漢滅回」的黑鍋！

　　要指控誰是「殺漢滅回」的罪魁禍首，誰犯下了民族屠殺罪？根據歷史事實（斯文‧海丁記述，及其他漢文資料），首先應該指控的是，擁有相當現代化的槍炮、坦克、飛機的盛世才政府軍、「歸化軍」，以及前來支援盛世才的、擁有當時最先進作戰武器的、中共老大哥——蘇聯紅軍！再其次，是國民黨政府在編的、受過相當軍事訓練、武器精良的馬中英的馬家軍！

國民黨給漢人槍支並屠殺維吾爾人

　　當時，瑞典探險家斯文‧海丁，曾在東突厥斯坦和馬仲英打過交道，並留下中文歷史資料的記述，可以佐證這血淋林的事實。在東突厥斯坦東部、南部戈壁灘上，用飛機轟炸、屠殺馬仲英馬家軍回族人最多、最殘酷的，首先是盛世才的幫兇——蘇聯紅軍，其次是盛世才的政府軍，而不是維吾爾義軍！

　　第二共和國建立期間，在伊犁附近的各縣各民族（維吾爾、哈薩克、柯爾克孜、烏茲別克、錫伯族、蒙古族、回族等）人民，共同舉行起義，和當時侵佔東突厥斯坦伊犁地區的國民黨駐

軍作戰。

　　伊犁武裝起義過程中，首先是國民黨伊犁當局，向漢人居民發放槍支，埋下了民族仇殺的隱患。但英明的東突厥斯坦共和國政府領導人，很快發現問題，以強力制止了民族仇殺。

　　我以中共最新出版書籍摘錄爲證：

　　　　值得注意的一個問題是，因國民黨軍政機關，曾給在伊犁的漢族老百姓，發放過槍支彈藥……

　　　　1945年1月1日，臨時政府特別法庭，判處在惠遠城內殺害多名無辜漢族群眾的遊擊隊員拉普桑死刑，立即執行。（引自《回憶阿合買提江》6，該書由全國政協文史和學習委員會所編，阿合買提江‧哈斯木之妻——瑪依努爾‧哈斯木所著。）

　　至於當時國民黨軍警當局，屠殺手無寸鐵、無辜的維吾爾等各民族人民的民族屠殺罪行，可以用罄竹難書來形容！這些事實，也已由中共自己出版的史書摘錄爲證：

6　《回憶阿合買提江》，2011年10月，中國文史出版社。作者，瑪依努爾‧哈斯木，是阿合買提江‧哈斯木之妻。

《回憶阿合買提江》一書封面。此書為阿合買提江·哈斯木之妻－瑪依努爾·哈斯木所著。

《回憶阿合買提江》一書扉頁。此書為阿合買提江·哈斯木之妻－瑪依努爾·哈斯木所著。

死到臨頭的劊子手，將抓來的無辜百姓集體屠殺，有些還被活埋，有些甚至被扔進水井或廁所裡憋死。這些無辜百姓，有的嘴裡還塞著布團，有的雙手被反捆，帶著手銬腳鐐，還有的被剜出了眼睛，割掉了舌頭，有的被開了腹部……一個名叫穆尼爾的16歲少年，雙手被反綁，頭部被刺刀刺穿，腹部被刺刀刺破，被扔進了水井。僅從警察局的坑道裡，就發現有238具屍體。人們將從幾處收集來的557名凍僵的屍體，排列在一起，供家屬辨認時，大地頓時被烏雲籠罩，人們哭聲連片。（引自《回憶阿合買提江》）

維吾爾人沒有屠殺回族人民

關鍵問題是：第二共和國建立期間，維吾爾人到底有沒有屠殺回族人民？答案是斬釘截鐵的：沒有！

在此，我也以中共出版史料摘錄爲證：

> 克里木·阿吉，回族，1885年生，伊寧人，經商。在回族人民群眾中，有很高的威望。三區革命武裝鬥爭時期，他積極參加革命，被任命爲民族軍騎兵「回民團」團長。
>
> 克里木·阿吉、馬國義兩位回族人，是參加南京國大會議24名新疆國大代表中的兩位。（引自《回憶阿合買提江》）

如果回族人，被以維吾爾人爲首的民族義軍所屠殺的話，回族知名人士會參加民族軍、和其他東突厥斯坦各民族義軍並肩戰鬥、流血犧牲嗎？一位德高望重的回族伊斯蘭學者，會擔任回族騎兵團的團長嗎？根本不可能！

而且，到目前爲止，我沒有發現任何一本，有參與過東突厥斯坦第二共和國建國鬥爭的回族人，所寫的回憶錄，提到當時有過針對回族人的屠殺行爲！

下面引用的另一段話，是廣泛傳播於中文網站、媒體，且有很多中國著名學者，如：馬大正、秦暉等人，未經考證就廣泛引

用過的、直接和東突厥斯坦第二共和國有關的所謂民族仇殺描述：

> 1945年1月，伊寧被攻克後，大批極端維吾爾族民族主義者，手持木棒大刀，四處殘殺漢族人……「三區革命」中被殺害的漢族平民數量，至今沒有準確的統計，一般的估計是在二萬至七萬之間。

這段話沒有出處不說，人口資料也有問題，但還是有很多漢人學者、五毛等、還在不問就裡地、不斷地在所寫文章中、在網路上，重覆傳播，以訛傳訛，煽動民族間的仇視、仇恨！

據我收集到的，有關民國期間，東突厥斯坦的人口資料：

> 根據中華民國內政部1928年的國情調查，新疆當時的總人口為2,551,741人，其中維吾爾族人口占70％，漢族人口不到10％。（曾問吾：《中國經營西域史》）

> 但實際上維吾爾族的人口可能更多一些。根據崛直的計算，1940年維吾爾族人口總數為2,941,000。如果利用崛直給出的計算資料做進一步測算的話，當時的漢族人只有234,715人。（崛直：《一八至二〇世紀人口試論》，《史林》第60卷，第4號（1977））

> 盛世才登記造冊時期（民國31年）全省民族成分

如下：維吾爾72.1%、哈薩克8.4% ⋯⋯漢5.4%。（瑪
依努爾・哈斯木：《回憶阿合買提江》）

中共炮製邏輯不符的殺漢滅回口號

根據這兩份資料，我推測，當時在伊犁的漢人，總人數大概
不會超過三萬人，要殺「兩萬到七萬漢人」，大概需要將全東突
厥斯坦的漢人，提前集中到伊犁來！

我再查第二東突厥斯坦共和國歷史（漢文史料），東突厥斯
坦共和國成立之後，很快地，東突厥斯坦共和國政府，就允許在
伊犁出版發行漢文報紙！如果伊犁的漢人，都被屠殺淨盡的話，
這漢文報紙，由誰來編輯出版？有誰來訂閱？

漢文報紙能夠出版發行，說明東突厥斯坦共和國建國初期，
伊犁仍然還有很多漢人居住！此現象，明顯否定維吾爾人屠殺漢
人之說的虛假！

另一個疑問是：如果存在過這麼一個民族大屠殺，為何這些
存活的伊犁漢人，有時間、有精力出版漢文報紙，時至今日，卻
仍然沒有任何一人，寫下伊犁維吾爾「暴徒」屠殺「兩萬到七萬
漢人」的罪證？

再者，東突厥斯坦第二共和國政府，內務部長阿卜杜克裡
木・阿巴索夫（Abdukerim Abbasuf），其夫人是伊犁漢人——
呂素心。阿卜杜克裡木・阿巴索夫是在東突厥斯坦第二共和國建
立之後，和呂素心結婚的；其岳父是伊犁漢人商會的會長。如果
維吾爾人進行了「殺漢滅回」的大屠殺的話，這位漢人商會會

長，還會將其女兒，嫁給一個東突厥斯坦共和國政府的維吾爾領導人嗎？呂素心會願意嫁給一個曾經帶著維吾爾遊擊隊參加過伊犁起義的維吾爾人嗎？

這一切不僅證實「殺漢滅回」口號，是中國共產黨一手炮製，是中共用於製造民族仇視、民族仇殺的最大歷史謊言，且是中共為維持其在東突厥斯坦殖民統治，而用於煽動一般漢人極端民族主義情緒的邪惡工具！而中共御用學者，正是一群不學無術、毫無學術道德的，「助紂為虐」的中共法西斯幫兇！

（本文發表於 2013 年 10 月 29 日博訊新聞網）

11 ‖ 中共引火焚身

編者按：根據中國《環球時報》報導，北京警方在2013年10月28日中午，北京天安門前，發生一起汽車撞人起火事件，北京警方在事後指出，此事件的違法嫌疑人，為維吾爾族人士。本書作者因而於10月30日寫下這篇評論文章。

混球時報的編造能力

從昨天開始維吾爾人和中國權力的象徵——天安門，又成了世界媒體的焦點！當然，在中國媒體，事件只是在網管[1]還未反應過來之前的瞬間，短暫地成為了焦點。很快，按中共一貫的做法，事件進入了撲朔迷離、猜測、謠言紛紛的階段！

今天，這一事件，還繼續停留在撲朔迷離、猜測、謠言階段。各類小道消息、猜測已經開始流傳，如：是上訪絕望[2]的維吾爾人所為、恐怖的自殺行為等等，不一而足。但有一點很清楚，根據北京市公安局下發的通知，車裡有兩個維吾爾人！

1　**網管**：中國政府委派的網路管理員，負責監控網路輿論。
2　**上訪絕望**：指因上訪無路而絕望者。

玉蘇普・艾合買提（Yusup Ehmet），男，維吾爾自治區和田皮山縣皮山農場人，玉蘇普・吾買爾尼亞孜（Yusup Omerniyaz），男，維吾爾自治區鄯善縣魯克沁鎮三個橋村一組人。據消息，吉普車裡應該坐的是三個人，第三位的身份還未發佈，有待中共員警披露！

　　因為這次事發北京，我猜，應該不需要，再由維吾爾自治區人民政府發言人侯漢敏，來編寫後續細節了。侯漢敏老太，這回應該可以安息一會兒了！但胡錫進[3]的《環球時報》，這回應該是可以大有作為了。

　　胡錫進的《混球》記者們，近水樓台先得月，現在大概正忙於編寫，第三位姓名未披露的維吾爾人，是何時在東南亞某國受訓，又如何在某時刻，進入土耳其參加某組織，又如何被派遣到敘利亞參加內戰，最後被派遣回來，組織實施天安門爆炸的恐怖故事！這一切，都需要時間，需要一些天才記者的編造能力；所以給胡錫進及其《混球時報》一些時間！

　　中共當局為了使故事更為可信，還需要反恐「磚家」李偉、民族問題專家潘志平[4]等人的一些高談闊論、不著邊際的論證；所以大家要耐心等待，給這些專家一點時間！

3　**胡錫進**：中國政府喉舌媒體《環球時報》主編，替中國政府唱讚歌的御用文人。

4　**潘志平**：維吾爾自治區社會科學院民族及地方史研究員，為中共「新疆自古以來是中國一部分」提供證據的御用學者。同時也為中共鎮壓維吾爾人反抗殖民侵略辯護，被中國政府冠於「反恐專家」的稱號。

中國社會極端不公正所致

為了使恐怖故事更為真實，中央電視台也需要一些維吾爾人在電視上哭爹喊娘，痛哭流涕地坦白交待，懺悔未能感恩共產黨的培養、教誨，詛咒海外維吾爾人組織把他們當炮灰等等。這也需要時間，大家耐心點！

這不[5]，今天得到消息，說是北京警方，已經逮捕大約7至8名在北京的維吾爾人！毫無疑問，這是第一步的抓捕。今天這一批的抓捕，主要是為了，要完成明天的編造，維吾爾人恐怖**襲擊**天安門，之故事細節而進行的！緊接著，將會有第二批、第三批，對維吾爾人的抓捕，最後清除在北京的維吾爾人，直至全部清除其他中國省份的維吾爾人！

但清除了在北京的維吾爾人，真的就會給北京帶來平安嗎？答案不用我說。成千上萬的、中國特有的、上訪訪民大軍[6]的存在，就是北京無法平安的直接答案！

不管這個吉普車撞天安門案事件，是維吾爾人幹的、還是其他什麼人幹的，發生此類事件的根本原因，是中國社會的極端不公正！是中共的獨裁非法統治造成的！

每一個民族當中，都有溫和的人民，也有火氣大的人民，也

5　**這不**：口頭語，類似於「你看」，或者「也就是說」等。

6　**上訪訪民大軍**：近幾年，因為中國法院系統貪贓枉法案件驟增，越來越多的人因為不服，而前往北京，找中國國務院信訪辦。他們在北京，形成了人數眾多的一個弱勢群體，被稱為上訪大家。

有軟弱而逆來順受的人民。遇到不公正的事，溫和的人，試圖講道理，以正常途徑求得公正。火氣大的人，當不能以正常管道獲得公正時，會以自認正確的方式（也即激烈反抗的方式）求得公正，如楊佳[7]：「你不給我個說法，我就要給你個說法。」軟弱而逆來順受者，遇到不公正，則委曲求全、卑躬屈膝、苟且偷生。

如今，維吾爾人在東突厥斯坦，所遭受的「非人」的殖民待遇，民族身份、宗教信仰、文化語言等等，都遭遇到中共政府的惡意踐踏，以及經濟、文化上的嚴重邊緣化。維吾爾人每天、每時每刻，都面臨到武斷抓捕、槍殺、集體屠殺的生命威脅。維吾爾人可能採取激烈的反抗方式，是可以預見到的！

哪裡有壓迫，哪裡就有反抗！

所以發生吐魯番魯克沁鎮派出所襲擊案、和田遊行屠殺事件、阿克蘇阿依庫勒鎮軍民對峙，以致維吾爾平民被屠殺等案件時，我並不感到驚訝，因為這是必然要發生的。「哪裡有壓迫，哪裡就有反抗！」（這是習近平的精神教父毛賊東[8]說的吧！）

幾年前，我參加一次和中國民運人士的對話會議，我就預言

7　**楊佳**：北京人，在上海被警察無辜其辱，幾次要求上海警方賠禮、道歉、賠償，無果，憤而持刀闖入上海公安局，連殺六名警察報復，後被中國政府判死刑槍決。其名言「你不給我一個說法，我給你一個說法。」一時傳遍中國網路世界。

8　**毛賊東**：即毛澤東的反諷。

過，這類激烈反抗事件發生的可能性，並警告過中共政權，必須面對現實。當然，我不是唯一一位提出這類預言、警告中共政權的維吾爾人。

北京民族大學的伊利哈木教授，就是一位非常典型的、極端勇敢的、關心維吾爾人問題的、溫和的維吾爾學者的代表！伊利哈木教授不顧自身安危，凜然面對中共的威脅利誘、精神折磨，長期堅持在皇城根下，向正在對維吾爾民族實施民族壓迫的共產黨政府，發出有正義感、溫和維吾爾人苦口婆心的勸說！但收效似乎甚微！

中國共產黨政府不聽苦口婆心的勸告，必將面對憤怒者的怒火！這不，頑愚的中共暴政，將人民逼到不得不反抗的絕地，將憤怒者的怒火引到了北京！引到了天安門廣場！

然而，這不是第一次。幾個月前，北京首都機場國際航站，發生的冀中星爆炸案[9]就是前例。政權再強大、控制再嚴，也不可能將每一個憤怒的人控制起來。而每一個憤怒的人，就是一顆定時炸彈！他會在不經意間、在政權無法預料的地方、以人們無法預料的方式，引爆憤怒！這不是靠員警、軍隊、槍炮可以阻擋的。

星星之火、可以燎原！憤怒的火焰，已燃燒到了北京天安門，離人民大會堂、離中南海很近了！下一次，說不定就會在大

9　**冀中星爆炸案**：2013年7月20日發生在北京首都國際機場的爆炸事件。引爆炸彈男子名為冀中星，山東菏澤人，因有意見訴求，上訪多年未果，在現場發放傳單被阻攔，遂引爆炸彈。

會堂、毛賊東紀念堂、中南海燃燒。我確信，總有一天，這憤怒的火焰，必將席捲東突厥斯坦、席捲西藏、席捲中國，直至將中共的邪惡獨裁統治者，送上歷史的審判台、將劊子手送上斷頭台！

（本文發表於 2013 年 10 月 30 日博訊新聞網）

12 | 對中國式維吾爾「恐怖襲擊案」的疑問

恐怖分子使用最原始武器

前天的吉普車衝撞天安門金水橋案，如我昨天的文章所預言的，以維吾爾宗教極端分子恐怖襲擊定性塵埃落定！

但稍有頭腦的人，在每次的恐怖襲擊案破獲後，都會對中國政府的報導，產生很多疑問。中國員警破案過程的神秘，咱不說；破案後的報導、解釋，那更是漏洞百出、前後矛盾！

而且，中國政府破獲的「維吾爾恐怖」案子，都非常特別，使用的武器都非常原始。然而，這些使用最原始武器的恐怖分子，還都和國外的國際恐怖分子，有或多或少的一些聯繫。這些被抓捕的恐怖分子，他們的家裡都會發現，印有極端宗教內容的旗子、書籍，還有大刀、棍棒等！當然，這次也不例外！

先看中共北京公安局的破案報導（原文引用）：

> 經現場勘查，北京警方查明肇事車輛為一懸掛新
> 疆牌照吉普車，警方在車內發現汽油及盛裝汽油的裝
> 置、兩把砍刀、鐵棍，車上還發現印有極端宗教內容

的旗幟。經深入偵查後查明：28日12時許，烏斯曼‧艾山、其母庫完汗‧熱依木及其妻古力克孜‧艾尼3人駕乘吉普車闖入長安街便道，沿途快速行駛故意衝撞遊人群眾，造成2人死亡，40人受傷。嫌疑人駕車撞向金水橋護欄，點燃車內汽油致車輛起火燃燒，車內的烏斯曼‧艾山等3人當場死亡。

在新疆等地公安機關大力配合下，北京警方先後將玉江山‧吾許爾、古麗娜爾‧托乎提尼亞孜、玉蘇普‧吾買爾尼亞孜、布堅乃提‧阿卜杜喀迪爾、玉蘇普‧艾合麥提等5名同夥抓獲。

經初步審查，嫌疑人玉江山‧吾許爾等人供述了他們與作案人相識、結夥策劃並實施暴力恐怖活動的情況，並稱沒想到烏斯曼‧艾山等人在北京製造暴力恐怖行動後僅僅10餘小時，員警就將他們抓獲。目前，警方已在嫌疑人暫住地發現「聖戰」旗幟、長刀等物品。案件仍在進一步審查中。

燃燒後還能找到汽油桶和旗幟？

仔細讀幾遍這些內容後，有幾個疑問無法令我釋懷，索性寫出來和大家共同探討！

第一個疑問。請仔細讀這段內容：「警方在車內發現汽油及盛裝汽油的裝置、兩把砍刀、鐵棍，車上還發現印有極端宗教內容的旗幟。」

在激烈撞擊之後、在被人為點燃汽油、汽車發生爆炸燃燒之後，員警還能在燃燒後的車內找到汽油及盛裝汽油的裝置（我猜盛裝汽油的裝置應該是汽油桶）？而且員警還在燃燒過後的車內還找到了印有極端宗教內容的旗幟？布條、還是紙制的、多大的旗幟？都未說明！鐵棍、大砍刀燃燒過後還在，我不懷疑。但汽油桶和旗幟，我無語？

第二個疑問。前天員警發通知，要查的是兩個維吾爾人：玉蘇普・艾合買提（Yusup Ehmet），男，維吾爾自治區和田皮山縣皮山農場人；玉蘇普・吾買爾尼亞孜（Yusup Omerniyaz），男，維吾爾自治區鄯善縣魯克沁鎮三個橋村一組人。但今天的報導，被抓捕的人員多了三人，其中還有兩位女性：古麗娜爾・托乎提尼亞孜（Gulnar Tohtiniyaz）、布堅乃提・阿卜杜喀迪爾（Buvjennet Abduqadir），這些男女之間是什麼關係，夫妻？父女？還是其他什麼關係？

前天的兩個維吾爾人，有家庭地址、有身份證號碼、有性別。但今天增加的三人，既沒有身分證號碼，也沒有家庭地址，也未註明是男還是女，這又是為什麼？只有維吾爾人，可以根據名字判斷出其中兩位是女子！為什麼不說明？

一家三口一起做恐怖分子？

第三個疑問。如果這是個精心組織的恐怖襲擊案件，罪犯為什麼要從4000公里外的新疆，（只當是從烏魯木齊開車到北京的），開一輛新疆牌照的車，來進行恐怖襲擊。北京或者北京附

近各大城市，不能租車嗎？那不是更省事嗎？有這樣愚笨的恐怖分子嗎？

根據報導，這輛車至少換了三次車牌照，且都只換新疆牌照。換牌照，說明他們想掩蓋什麼，非常精明。但最容易掩蓋自己身份的方式，是換一輛非新疆牌照的車，在北京租一輛車或現偷一輛車來實施襲擊，不是更容易掩蓋他們的身份嗎？但他們卻未這麼做，奇怪？這些恐怖分子似乎很聰明、但又出奇的笨！真的是這些「恐怖分子」笨呢？還是編故事者笨？

第四個疑問。車裡的三名「恐怖分子」，據北京員警的報導，是夫妻加母親，一家恐怖分子？這大概也破了國際恐怖分子的記錄！國際恐怖分子，到目前為止，還未能夠培訓出全家一齊上陣的恐怖分子呢？這是中國的奇蹟，也是世界第一！

但是且慢，這裡問題就裡來了。既然是恐怖分子，為何需要一家三口人一起去製造襲擊案呢？開車只需要一個人？有哪一個恐怖分子，願意帶著自己的母親和妻子，去實施恐怖襲擊？這符合人類心理學嗎？看了這報導，恐怕全世界的「恐怖分子」都要自愧不如了！

這位「恐怖分子」母親的年齡有多大，員警為何搞清了恐怖分子的身份，卻未透露年齡？五十歲？六十歲？

車子撞橋，車上的人還能點燃汽油？

第五個疑問。看這段報導：「嫌疑人駕車撞向金水橋護欄，點燃車內汽油致車輛起火燃燒。」車撞上金水橋護欄後停下了，

嫌疑人然後點燃了車內汽油，致車輛起火燃燒！誰點燃了車內汽油？快速撞上護欄後，車內的人還有力氣點燃汽油？

我確認，開車的應該是男人烏斯滿・艾山（Osman Hesen）。那麼在確認吉普車以極高速度，撞上金水橋後，我們還得假設烏斯滿沒有受重傷，桶裝汽油還在車內指定地點未滾動，以便烏斯滿在很快的時間內、堅決地點燃車內的汽油；我們還得確認，烏斯滿的母親和妻子，要嘛是因撞擊昏厥過去了，要嘛是也堅決地坐在車裡等著汽油燃燒、或者是在幫助烏斯滿點燃汽油？

這一家維吾爾人的勇氣，太可嘉了！也太可怕了，如果每一個維吾爾人都像烏斯滿這家人，那我們獨立建國的日子就不會太遙遠了！但我仍然心存疑慮！

第六個疑問。中國政府如何界定，什麼是宗教極端內容以及聖戰旗子的？車上、家裡或身上有刀，就算是恐怖分子嗎？

維吾爾人，基本上是全民穆斯林。大多數維吾爾人，是虔誠的穆斯林，特別是農村維吾爾人，和做生意的維吾爾人。作為穆斯林，在家裡、在車上，放一兩本有關伊斯蘭內容的書、《古蘭經》都再正常不過了！為祈求平安，在車上、在家裡掛一兩條寫有「萬物非主、惟有真主，默罕默德是真主使者」或者「安拉偉大」的條幅，在穆斯林並非什麼稀罕事。

疑問太多，難說服人相信政府所言

大多數維吾爾人的家裡，都會有這類伊斯蘭內容的東西。如

果是有車的維吾爾人，那他車裡，一定會有關於伊斯蘭內容的什麼東西。我的車裡，就掛有一本袖珍《古蘭經》！如果這也算聖戰旗幟、聖戰內容的話，不說全世界，就只算維吾爾人和回民，這恐怖分子數量也太驚人了吧？

實際上，這和漢人司機在車裡掛佛教條幅、語錄，掛毛澤東像等是同一類性質的，是用於祈求平安的。

而且這類伊斯蘭書籍、條幅，在全國中國任何地區、任何一家伊斯蘭書店裡都有賣！烏魯木齊及東突厥斯坦各大城市街頭也有賣。我以前就經常去烏魯木齊，汗騰格里市場，一樓的回民書店，買伊斯蘭內容的書！北京的牛街附近，肯定有賣的！

再說，刀、棍。誰家裡沒有幾把刀、鐵棍？在中國開車，誰的車上沒有一兩把刀、鐵棍？我敢肯定，在北京街頭隨意擋幾輛車，如果仔細搜查，肯定會在車裡發現刀具、棍子等。這也能成爲認定恐怖分子的依據嗎？

今天似乎只有員警破案的報導，沒有《環球時報》的詳細跟進報導，也沒有反恐專家的論證。可能胡錫進的記者們，還未得到主子的授意，可能李偉還未得到上級的命令。但不管誰上陣去解說、編造，至少到目前爲止，中國政府還是未能說服世界上大多數有理智、有頭腦的人，去相信中國式的恐怖襲擊案件。原因是，疑問太多了，這次也不例外！

（本文發表於 2013 年 10 月 31 日博訊新聞網）

13 什麼原因使夫妻母子走向死亡？

人名打錯，可能導致抓錯人

昨天，中國警方公佈了天安門「恐怖襲擊」案死亡者的詳細資訊。死者夫妻加母親三人；烏斯曼‧艾山（Osman Hesen）（應該至少是31-32歲）；母親：庫完汗‧熱依木（Quwanhan Reyim），70歲；妻子：古麗克孜‧艾尼（Gulqiz Gheni）30歲。

儘管此恐怖襲擊案疑問諸多，但中國政府看起來還是一如既往，蠻橫霸道、強詞奪理、胡攪蠻纏。最終結果就是：「這就是中國政府軍警的調查結果，信不信由你，反正我信！」然後就是連篇累牘的《環球時報》等中共宣傳喉舌，跟進胡編亂造，最終把水攪渾。

但疑問還是存在，還在繼續產生。昨天我寫完〈對中國式恐怖襲擊案的疑問〉之後，又有了新的疑問。

疑問一：被抓捕的五名維吾爾人中，有一位維吾爾人的名字顯示為玉江山‧吾許爾（Hosenjan Hoshur），37歲，伊犁人。

維吾爾人的人名中，根本沒有叫玉江山的，只有叫玉山江

的。爲什麼這麼大案件的抓捕中，會將人名打錯？人名打錯，可能導致抓錯人。這位玉江山是否是被抓錯了的維吾爾人？當然，如果是抓錯了，那整個恐怖襲擊案件，就站不住腳了！

疑問二：很多報導提到，有人看到快速行駛的車內，有人搖動黑色旗子；還有人看到旗子上的字像是少數民族文字。

一個吉普車裡坐了三個人。開車的肯定是烏斯曼・艾山。後座要嘛是母親單獨坐著；要嘛是母親和妻子一起坐著。這樣問題又來了：如何在一個快速行駛、狹小的吉普車裡，既要搖動旗幟、還要讓外面的人看見上面的文字？這旗幟到底有多大、字有多大？如果很大（正常旗幟那麼大），是無法在車內搖動，只能伸出車窗外，那應該有很多人看到。但事實是，只有一兩個人看到。如果旗幟很小，那麼上面的字更小。外面的人在慌亂中，是如何看到字的呢？而且如何確定，是少數民族的文字呢？

疑問越問越多。中共儘管自稱已經崛起[1]，但還是沒有信心完整地，公佈全部案件內容及其證據、證詞？

全家三人對生活徹底絕望？

我今天這篇文章的主題，不是要繼續我的疑問。而是假定中共的恐怖襲擊指控是真的情況下，想和大家探討一下，是什麼原因，能夠使一個70歲的老奶奶走向死亡？是什麼原因，使一位三十多歲的兒子，願意帶著自己70歲的母親走向死亡？是什麼原

1　**崛起**：已經發達、強大！原意是崛然而起。

因，使一位丈夫願意帶著年輕妻子走向死亡？

我不知道烏斯曼夫妻倆是否有孩子，我猜應該是有孩子的。如果有孩子，又是什麼原因，使一個男子漢大丈夫，義無反顧地拋下自己無依無靠的孩子、親人們，帶著唯一能夠照顧孩子的，70歲高堂老母和妻子，奔向死亡？

如果只是烏斯曼決定了要發動自殺式襲擊，已經選擇了死亡，為何，一個男人可以自己單獨做的事情，他卻要帶著兩個，對自己來說最為至親的人，去實施襲擊呢？

維吾爾人，也和世界上其他民族一樣，有父母親情，也一樣兒女情長，也一樣有七情六欲。

任何一個對生活抱有一點點希望的人，是不會帶著70歲的老母親和妻子，一起去實施恐怖襲擊的！除非，有什麼事件，使全家三人都非常、極端地絕望，失去了全部生活的希望，全家三人都對這個世界、對人類、對生活，不抱任何希望！全家三人都一致的要去選擇死亡！

如我昨天的文章所寫的，全家三人一起決定發動自殺式襲擊，而且選擇不遠數千里之遙，自維吾爾自治區，開車幾天到北京，實施自殺襲擊。這精神、這意志、這信念，太強大了！太堅決了！不僅令我敬佩，我相信，查案的中共軍警，心中也都會暗自敬佩！

這使我想起了中國古賢孟子的一段話：「生亦我所欲，所欲有甚於生者，故不為苟得也；死亦我所惡，所惡有甚於死者，故患有所不辟也。……使人之所惡莫甚於死者，則凡可以辟患者，

何不爲也？由是則生，而有不用也；由是則可以辟患，而有不爲也。是故所欲 有甚於生者，所惡有甚於死者……」

如果肯定烏斯曼是和母親、妻子一起，決定實施這次的自殺式恐怖襲擊的話，那一定是因爲「所惡有甚於死者」！否則這烏斯曼一家人，就成了人類怪物？

我聯想到西藏人士連續不斷的、悲壯的自焚事件。究竟是什麼原因，迫使維吾爾人感到「所惡有甚於死者」，稍微有頭腦、有理智、有思考能力的人，應該可以感覺到的。

（本文發表於 2013 年 11 月 1 日博訊新聞網）

14 姍姍來遲「東突伊斯蘭黨」，遙相呼應暴政中共

　　2013年10月28日，維吾爾人（母子三人），駕車衝撞北京天安門金水橋一案，還未水落石出、塵埃落定；2013年11月16日，九名維吾爾人，在維吾爾自治區喀什地區巴楚縣色力布亞鎮，再次襲擊派出所案，還在撲朔迷離、疑團重重之際。上週末世界各地網站、媒體上，突然出現了一段所謂「東突厥斯坦伊斯蘭黨」發布的視頻[1]。

奇怪的視頻　冒出沒聽過的黨和人

　　視頻中，一位自稱是「東突厥斯坦伊斯蘭黨」發言人的，叫阿卜杜拉·曼蘇爾（Abdulla Mansure）的人，用維吾爾語，宣稱：是「東突厥斯坦伊斯蘭黨」發動了天安門襲擊案！

　　視頻中，雖然看不清這位阿卜杜拉·曼蘇爾的堂堂儀表，但聽他的維吾爾語發音，應該可以肯定他是維吾爾人！他在大約八分鐘長的視頻中，還代表「東突厥斯坦伊斯蘭黨」、東突厥斯坦人民，警告中共，他們還將發動更多的襲擊，還將襲擊人民大會

1　視頻，中國用法。台灣稱之為影片。

堂等其他目標。

儘管天安門事件已過近一個月，但此視頻一出，反響還是非常強烈。當然反應最強烈的，還是中共。中共軍警正因未能拿出有力證據，證明天安門襲擊案是恐怖襲擊，而焦頭爛額；因歐美媒體不買中共的帳，對中共指控發出強烈質疑。中共御用媒體、御用專家學者，憤憤然之時，「東突厥斯坦伊斯蘭黨」，儘管姍姍來遲，但還是及時送來了中共急需的「口供」佐證！這正應驗了中國那句老話：「踏破鐵鞋無覓處，得來全不費功夫！」

但這個「東突厥斯坦伊斯蘭黨」是在哪兒？什麼時候成立的？有多少人？沒有人知道！國際上比較權威的反恐研究機構也不知道，沒有記錄！

這位阿卜杜拉·曼蘇爾是誰？在哪兒？沒有人知道！除了中國御用專家學者外，世界知名國際的反恐專家學者，誰都不知道這個人。過去沒有人聽說過他，現在也沒有人知道他！

隔了近一個月才承認所為發佈視頻

最令人意外的是：為什麼「東突厥斯坦伊斯蘭黨」，要等天安門事件過了近一個月後，才發佈視頻，承認是他們發動了天安門襲擊案呢？這很不符合國際恐怖組織一貫的做法！一般國際恐怖組織，在發動襲擊後，短則一兩天，多則一周之後，就會發佈承擔責任的資訊！但這個「東突厥斯坦伊斯蘭黨」，卻等了近一個月後才站出來，非常滯後！

是他們計畫襲擊時，沒有準備發佈視頻呢？還是八分鐘的視

頻，需要一個月的時間來準備呢？

　　既然是姍姍來遲，緊接著天安門事件之後，巴楚色力布亞派出所襲擊案，也發生　段時間了，他們為什麼不乾脆、連帶承認，巴楚色力布亞派出所襲擊案，也是他們組織發動的呢？這不是更可以提高，這個「東突厥斯坦伊斯蘭黨」的國際影響力嗎？

　　為什麼不更乾脆，將今年在東突厥斯坦，發生的其他幾起案件，如和田維吾爾信眾抗議遊行案、阿克蘇阿依庫勒鎮案、吐魯番魯克沁派出所襲擊案、第一次的巴楚色力布亞派出所襲擊案，都說成是他們發動的呢？這種事，攬一件和攬十件，應該是沒有什麼區別的。是資訊不暢通？還是這個「東突厥斯坦伊斯蘭黨」太誠實、太實在？

　　儘管西方世界的權威反恐研究機構、專家學者，一直質疑東突厥斯坦伊斯蘭運動的存在，以及其在東突厥斯坦，發動襲擊的能力；現在他們更是對這個突然冒出來的「東突厥斯坦伊斯蘭黨」，自何而來，在哪裡立足，仍丈二和尚摸不著頭腦。

中共立即發表聲明「承認」這個黨

　　然而，中共政權卻一如既往，不但立即發表聲明，「承認」這個「東突厥斯坦伊斯蘭黨」的存在，而且非常確定，「東突厥斯坦伊斯蘭黨」是由「東伊運」分裂出來的一個新「疆獨」恐怖組織，成立於2008年！中共不但承認這個組織的存在，而且還立即將天安門母子夫妻三人襲擊案，「歸功」於這個「東突厥斯坦伊斯蘭黨」！

彷彿中共外交部發言人秦剛，與中共軍警等人，參與過「東伊運」，及「東突厥斯坦伊斯蘭黨」的成立儀式，參與過他們制定天安門「恐怖襲擊」的組織計畫過程！

　　整個事件的發展，突然冒出來的「東突厥斯坦伊斯蘭黨」及其發言人阿卜杜拉・曼蘇爾，「勇敢」地承認，天安門襲擊事件是他們所安排的。這樣的發展卻幫中共軍警解了圍。孟建柱[2]與秦剛兩人，一前一後代表中共政權，承認「東伊運」、「東突厥斯坦伊斯蘭黨」是同一個組織，成立於2008年，而且他們發動了天安門襲擊。這樣的雙方，互相配合，遙相呼應，天衣無縫！但夾縫中普通、無辜的維吾爾人，卻在為此付出生命及血的代價！

　　追求自由、尊嚴的維吾爾勇士們，以生命、鮮血為代價的自我犧牲行為，不僅染紅了東突厥斯坦大地；也讓嗜血的中共走卒王屠夫、張屠夫們，找到了縮短政治仕途的捷徑；也讓獨裁政權頭子胡屠夫、習屠夫們，找到了輕鬆轉移中國愚民關注焦點、煽動民族仇殺的利器；也讓維吾爾奴才們，找到了以屠殺自己民族仁人志士，換得漢人政權殘羹剩飯的討飯碗；也讓一些躲在幕後的不知名「英雄」們，後來居上，輕鬆獲得名利！

（本文發表於 2013 年 11 月 27 日博訊新聞網）

2　**孟建柱**：前公安部部長，中央政法委書記。 7.5烏魯木齊民族衝突之後，他以公安部部長身份，前往烏魯木齊，公然煽動漢人，仇視維吾爾人。他在烏魯木齊人民廣場聚集軍隊，向維吾爾人示威。之後退休。

15 ‖ 政治不合格的學生是哪些人？

北大清華等名校　學術上已衰落

這新聞題目，有點過時了，但內容應該沒有過時的。

大約兩三周前，有關維吾爾自治區，幾大高校的維、漢領導，按共產黨主子的授意，就加強自治區高校學生思想工作問題，慷慨激昂、高談闊論的報導，被海內外媒體廣泛轉載之事，當然，大家都知道，這裡的加強思想工作，主要是針對維吾爾學生而言的。

會議期間，這些奴才領導們所謂的，「政治不合格的學生，絕不能畢業」的高論，引起世界輿論的譁然。當然，這也只是引起那些有學術道德，和有良心文人的輿論譁然，並不包括那些向中共邪惡政權卑躬屈膝，靠討飯謀生的御用文人的高聲喝彩！

這樣的法西斯論調，尤其讓那些在自治區境內，被中共豢養，靠吃「反恐飯」苟活的維漢「叫獸」、「老師」們，拍手稱快！他們手中，總算有了點可以敲詐、威脅維吾爾學生的尚方寶劍！

我今天不談大學校園應該是一個什麼樣的地方的問題，也不

維吾爾學生。

談思想自由的問題，更不談窒息了思想自由的高校，能培養出什麼樣人才的問題。這類的探討，已經太多了。中國的學者文人，有關這方面的論文，已經可以裝滿好幾個世界級的圖書館了。中國的北大、清華、復旦、南開等名高校，早已經用其百年的發展過程，特別是中共竊取中國政權後，這半個多世紀來的荒唐失誤、惡意墮落，學術上的衰落，回答了這個問題。

今天，我作為一個當過十五年老師的維吾爾流亡知識份子，從我的角度分析一下，哪些維吾爾學生，會因為政治不合格、而拿不到畢業證，以及他們的未來去處。

我以一件真實發生的事例開始我的陳述。

優秀學生在宿舍做禮拜，就要被開除

二十年前的一個下午，我去石河子市衛生學校，給民族醫士班上漢語課。到校進課堂，我掃視班裡的學生，發現一位來自自治區南部的維吾爾學生不在課堂上。他是班裡學習最好的幾位學

生之一，他非常努力學習，且喜歡問問題，思想也很活躍。我作為一個老師，當然喜歡他。不僅是我，其他課的任課老師也都喜歡他。

我立即問班長：「他人呢？」班長說：「他因為早上在宿舍做禮拜，被校保衛處的給抓住了，現在人還在校長辦公室。他這大概是第二次被抓，所以看起來很嚴重，有可能被開除！」

我一聽就知道，事情不是一般的嚴重。我很快安排學生作一篇大作業，然後告訴學生，我需要去一趟教務處，然後急急忙忙離開了教室。

我首先來到教務處，找到了我熟識的、主管民族班教學的任老師。我跟她一提那位學生的名字，她就說：「伊利夏提老師，你來得正好，你是他們主要的任課老師之一，你瞭解他們的情況，你和校長說說，應該能起點作用。我們努力一下，看能否保住他。我知道他是個非常優秀的學生。走，我們一起去找一下校領導、保衛處，給學生作一下思想工作，讓他保證，以後再也不在宿舍做禮拜。你看呢？」

我二話不說，跟著任老師，往校領導辦公室走。

我們來到校長辦公室，和校長、保衛處領導，進行長時間、艱苦的談話。我將這位學生平時的良好表現、積極的學習態度，反覆說了好幾遍，任老師也將這位學生平時的良好表現、優良成績，拿出來說了一遍。最後，我們倆拍胸脯向學校領導保證，我們將負責說服該學生，以後一定不再做禮拜，遵守校紀校規！請求校領導給予這學生最後一次機會。

做禮拜不影響別人，為什麼不能做？

　　儘管這位學生的優秀，是眾人皆知的事實，校長也非常瞭解並賞識這位學生平時的表現，甚至保衛處一位領導也點頭承認，這位學生是一個品學兼優的好學生，而且他還是班裡唯一一位不抽煙、不喝酒的男生。但是，保衛處另一位複轉軍人主要領導，堅持要按校規開除該生。談話沒有結果。結束後，我回到班裡上課。

　　下午上完課，我又來到教務處，找到任老師，告訴她，我想請保衛處領導吃一頓飯，她二話沒說，站起來就和我走。我們來到保衛處，邀請保衛處兩位領導，一塊兒去吃個晚飯。保衛處兩位領導半推半就，和我們來到附近一家飯館吃飯。

　　吃飯，當然是少不了要喝酒。吃喝過程中的談話容易多了，我又把那位學生平時的表現說了一遍，並請求保衛處領導，給該生一個機會。那位複轉軍人[1]一直喝到舌頭大了才甘休。但功夫不負有心人，最後他告訴我，明天到他辦公室再說，我知道事情基本搞定了。

　　第二天的事情，就不用詳述了。保衛處領導當著我的面，將學生狠狠訓斥了一頓，並警告他，他若再被抓到在宿舍做禮拜，就直接讓他回家。我要學生一再保證，絕不再做禮拜。再三保證後，我將學生領回班裡上課。

1　軍人轉教職。

下課後，我又找那位學生談話。他非常的失望。他告訴我，他做禮拜並不影響任何人，也不妨礙任何人，也不影響他的學習，為什麼就不能做禮拜。他說他想退學回家，不想上了。我又是再三做思想工作，勸他完成學業。學生是留下了，但他明顯的不如以前那樣的熱情了。他直到畢業，都一直保持最好的成績。但他對未來，似乎沒有抱一點希望。後來我也得知，那次事件後，他在外面租了一間小房子，每天下課後，就到那間小屋去做禮拜。

優秀學生喜歡大量閱讀、思考和提問

　　這樣的事例很多，在維吾爾自治區各個高校，幾乎每學期都會發生。但絕大多數的維吾爾學生，沒有這位學生那麼幸運！這位學生的幸運：首先是因為，這事發生在二十年前的石河子市，一個維吾爾人占人口絕對少數的兵團漢人城市；其二是因為，他不僅是他那一屆學生裡最優秀的學生之一，而且也是全校公認的優秀學生。

　　我當了十五年老師，擔任了十五年的班主任。我當過民族班的班主任，也擔任過漢族班的班主任。十五年的班主任經歷告訴我，每一個班裡最優秀的學生，都是那些具叛逆思想、視野開闊、知識面廣、喜好問問題的學生，民族、漢族都一樣。

　　石河子市，因為漢人多，各個學校圖書館裡、閱覽室裡，維吾爾文的讀物非常少，很難看到大量民族學生在裡面讀書、讀報章雜誌的場面。然而據我當老師十五年的觀察，課外經常出現於

圖書館、閱覽室讀書、讀報章雜誌的就是那些最優秀、最有思想的維吾爾學生。他們不僅讀維吾爾文的報章雜誌，而且還大量閱讀較爲開放的漢文報章雜誌，如《參考消息》、《中國青年報》、《世界文學》、《讀者》等等。

這些學生因爲思想開放、知識面廣、讀過大量的書，他喜歡思考、喜歡提問題。而在現實的中國，特別是在現實的維吾爾自治區，這些思想活躍、最優秀的維吾爾學生，面臨最現實的問題，就是民族問題，以及由此牽連的民族文化、民族歷史、民族身分、民族信仰問題。

維吾爾學生面臨更現實的就業問題

自治區各大中專院校，對學生學習、生活方面的限制，各類霸道、歧視性的學校、宿舍規章制度，被迫必讀各類枯燥無味的政治、歷史課，都將使這些有開闊視野的優秀維吾爾學生不得不思考，爲什麼學校會有這些限制型條款？爲什麼學校會制定這些明顯據有歧視性的規章制度？爲什麼學校要浪費師生資源，去上這些明顯是編造的、無用的、爲政治服務的，枯燥無味的政治歷史課？而且，爲什麼？這一切只針對以維吾爾人爲主的民族學生！

大多數的維吾爾學生，一旦進入畢業年，即將面臨更現實的就業問題，這又直接和民族身分，有著千絲萬縷的聯繫。

早已畢業的學哥、學姐們，因無數次的碰壁，流落維吾爾自治區各大中城市，已經對就業不抱希望。他們的失望歎息，絕望

情緒，怎能夠阻止那些優秀的、即將畢業維吾爾學生，不去浮想聯翩，不去想自己民族身份、自己前途呢？我不知道，老師、學校，可以用何種方式，阻止這些優秀的維吾爾學生，不去思考即將面臨就業的民族歧視問題！

而這些優秀的維吾爾學生，大多因為年輕，處於「指點江山、揮斥方遒」的豪邁激情，他們常常毫無畏懼地表達自己的自由思想、異類觀點，表達自己對政權的不滿、對民族險惡處境的擔心、對民族被邊緣化的擔心。而且，這些十幾、二十歲年輕、優秀的維吾爾學生，和其他民族年輕人一樣，喜歡以張揚的外在形式，表現自己對民族歷史、文化、傳統、信仰的自豪感。而這一切，都將使這些優秀的維吾爾學生，非常容易地成為殖民政權的重點監視人物。他們一不小心，就會成為中共殖民政權下，政治不合格名單中的一員！

政治不合格的學生乃民族棟樑之材

政治合格、拿到畢業證的維吾爾學生，有一部分是混日子、「當一天和尚敲一天鐘」的平庸之輩。他們在那些被奴化的老師、校領導強制培育下，畢業前就已經和他們平庸苟活著的老師們一樣，讓自己被訓練成一群沒有思想的奴才。

有一些學生甚至在校期間，就已經被學校當局所收買。他們小小年紀，就開始做政府的奸細，以卑鄙無恥、出賣自己優秀同學的言談舉止，為自己謀得畢業證、黨證，可能還有畢業後的就業。

我們看看國外維吾爾獨立運動的中堅力量組成，國外維吾爾人社區的組成，就知道自治區各高校最優秀的維吾爾學生在哪裡，他們是一些什麼樣的人。世維會[2]百分之九十以上的領導人，是「新疆大學」畢業的，絕大多數是當年政治不合格的維吾爾學生。當年他們之所以能拿到畢業證，是因為當時的「新疆大學」，還有一批良心未泯、有骨氣的維吾爾知識份子，在護佑著這些優秀維吾爾學生！

世界維吾爾大會中央執行委員會主席多力坤・艾沙（Dolkun

多力坤・艾沙（Dolkun Isa）。照片／多力坤・艾沙提供。

2　世界維吾爾代表大會。

Isa），當年就是因為政治不合格，而被「新疆大學」開除的維吾爾學生。不用我說，事實證明多力坤‧艾沙是一個優秀的維吾爾學生！我想，包括中共官員在內，私下他們也會承認多力坤‧艾沙是一個優秀的維吾爾人才。當年大學的培養，自己的努力，造就了現在的多力坤‧艾沙。他已經馳騁世界政治舞台，成為一位為維吾爾人的民族救亡事業，而叱吒風雲的、非常嫻熟的現代維吾爾政治家。

這些政治不合格，然而具有自由思想、有能力的優秀維吾爾學生，組成了今天國外維吾爾民族救亡運動的中堅力量，他們使中共政權在國際政治舞台上，顧此失彼、狼狽不堪。但看起來，中共榆木疙瘩[3]腦袋的官僚們，還是沒有從中吸取教訓，他們還在繼續使用劣勝優汰的逆向選擇法，選擇維吾爾奴才們。

然而，這正合我們的意！因政治不合格、拿不上畢業證的優秀大中專院校維吾爾學生，一如既往，將必然地成為我們民族救亡事業的未來中堅力量。他們早晚會加入我們的隊伍，壯大我們的隊伍，使我們的隊伍後繼有人。殖民政權認為思想不合格的學生，一定是我們的志同道合者，是我們民族的棟樑之材，是我們民族的希望，是維吾爾人民的好兒女。

（本文發表於 2013 年 12 月 12 日博訊新聞網）

3　堅硬的榆樹根。比喻思想頑固。

16 ‖ 玩火者必自焚

反抗烈火，燒到北京天安門廣場

東突厥斯坦的巴勒斯坦化，已經是事實！

自去年（2013年）4月份開始，東突厥斯坦維吾爾人，反抗中共暴政的起義，接連不斷！到2013年底達到高潮，僅12月，就有兩起，維吾爾人反抗中共殖民政權暴動起義的報導。當然，我們不知道未報導的還有幾起？

更令人驚訝的是：維吾爾人將反抗中共暴政的戰場，由東突厥斯坦南部的喀什噶爾、和田，發展到東部的吐魯番、哈密；由北部的伊犁，發展到中部阿克蘇、庫爾勒；並將反抗的烈火，帶到了中共權力的象徵之地──北京天安門廣場！

2014年新年伊始，維吾爾人的反抗更是高潮迭起，令天朝駐東突厥斯坦的殖民官員、軍警，顧此失彼、驚惶失措；也使東突厥斯坦的漢人政治移民，人心惶惶、膽戰心驚；更使天朝新主習近平，心神不寧、坐立不安。

2014年，維吾爾反抗者的足跡，還跨出國境，出現在吉爾吉斯斯坦邊境！維吾爾人反抗中共暴政的星星之火，正在形成全民

族反抗暴政的燎原之勢！

中共祖師爺、屠夫毛賊澤東說：「哪裡有壓迫，哪裡就有反抗！」但毛賊澤東的徒子徒孫——江澤民、胡錦濤、習近平、王樂泉、張春賢們，看起來似乎都是一群蠢豬。但說他們是蠢豬、榆木疙瘩[1]腦袋不開竅、不明事理，肯定是輕了！

實際上，中共獨裁領導人，是一群非常聰明的暴力崇拜者、法西斯黨徒。他們以迫害、殺戮中國人民，以屠殺維吾爾、圖博特人，妖魔化維吾爾、圖博特人反抗中共暴政起義，來轉移中國老百姓對官二代、富二代貪官污吏的追責要求，轉移中國老百姓對民主、正義、平等的追求，以便其加快聚斂財富、稱霸世界。

溫和祈求、等待改革，依舊幻滅

但是「玩火者必自焚，舞劍者必死於劍下。」，中共獨裁政權也不例外。反抗的烈火，一旦被暴政點燃，燎原之火，必將暴政連同其獨裁統治者，一起焚為灰燼！

維吾爾人有句諺語說：「想死的老鼠，會去咬貓的尾巴（Olgisi kelgen chashqan, moshukning quyriqini chishleydu）。」中共獨裁者，正不自覺地自掘墳墓！

非常明顯，貌似強大的中共獨裁政權，實際上是以血腥屠戮人民，做最後的垂死掙扎！

他們對伊力哈木教授的神秘抓捕，對伊力哈木教授的無端指

1　**榆木疙瘩**：本指榆樹根最粗部分，寓意頑固不開竅。

責，說明暴政已經到了瘋狂、肆無忌憚、喪失理智的地步。

伊力哈木教授，是最後所剩幾個「還對中共暴政抱希望」的維吾爾人。他是一個以溫和之聲祈求中共，兌現其對維吾爾人承諾「自治」的「識時務者」！但殘酷的現實證明，暴政甚至容不下伊力哈木教授溫和的祈求！

伊力哈木教授，及其他一些維吾爾「識時務者」認為，維吾爾人除了溫和祈求中共，賜予民族平等、尊嚴外，別無他路。他們認為中共太強大，人民的反抗起義，只能以流血犧牲、失敗而告終。所以他們反對，並否定任何形式的反抗。他們一邊祈求，等待中共實施改革、實現民主、實行民族平等；一邊耐心等待，中共政權獨裁屠夫們的突然覺醒，中共獨裁政權能奇蹟般地選出一位明君，實施仁政！

但這一切都隨著伊力哈木教授的被捕、許志永[2]的重判、唯色[3]的軟禁，而成為最後的幻滅！

維吾爾民族，被迫選擇背水一戰

滑稽的是：伊力哈木教授，因為反對維吾爾人任何形式的反

2　**許志永：**（1973年3月2日－），中國河南省商丘市民權縣人，公盟創始人之一，新公民運動的主要創始人和標誌性人物，中國著名青年法學家、憲政學者和公民維權的領軍人物。目前被抓捕拘押，可能將面臨重刑判決。

3　**唯色：**在北京的著名圖伯特女作家，維權人士；是著名中國作家王力雄先生的妻子。

抗，承認中共對東突厥斯坦殖民統治為合法，承認自己為中國公民，並向中共祈求公平、正義，而被一大批國內外維吾爾獨立運動菁英所詬病、指責。然而，伊力哈木卻被中共指控為：「散佈分裂思想，煽動民族仇恨，鼓吹『新疆獨立』，從事分裂活動。」、以及「與境外『東突』骨幹勾連，策劃、組織，並派遣人員出境參加分裂活動。」

　　儘管我不同意伊力哈木教授的觀點，也強烈反對伊力哈木教授祈求「中共賜予維吾爾人民族平等」的口氣、方式，但我非常

伊力哈木・土赫提（Ilham Tohti）教授。照片提供／伊力哈木・土赫提的女兒嬌哈爾・伊力哈木（Jewher Ilham）

佩服伊力哈木教授的勇氣和耐心；儘管我自始至終認為，伊力哈木教授是白費力氣，是對牛彈琴，是屈尊請求，但我敬佩伊力哈木教授是個非常可愛的、唐吉訶德似的維吾爾豪俠！

現在，伊力哈木教授身陷囹圄，留下妻子兒女，孤苦伶仃、天各一方、無依無靠。而呼喊拯救伊力哈木教授的呼聲，不管是國內、國外，不管是維吾爾人、漢人、外國人，看起來都並不強大，並未對中共政權形成足夠強大的壓力！

苦難的伊力哈木教授！兩頭不討好的伊力哈木教授！我為你哭泣，我為你悲哀！

但是哭泣也罷，悲哀也罷，都無濟於事。中共只認暴力！中共已經用其濫殺無辜維吾爾年輕人、先槍殺後指控的手段，在維吾爾人心中，播下仇恨的種子。中共已經以其血腥屠殺維吾爾老人、婦女、兒童的方式，在維吾爾人心中點燃復仇的火焰。這不是維吾爾人自願的選擇，是維吾爾人在一切希望幻滅後的被迫選擇，是絕望中的絕地反抗，是維吾爾民族的背水一戰！

維吾爾人的反抗組織，逐漸成熟

當然，維吾爾人處於弱勢。沒有武器，沒有彈藥，更談不上現代武器，這也是事實。但維吾爾人的事業，是正義的事業。維吾爾人是在為自己民族的生存、信仰而戰，是背水一戰，因而，維吾爾人只能勝，不能敗！

而且，由近來的反抗起義事件報導看，維吾爾人的反抗組織逐漸成熟。

幾十年前，維吾爾人還無法在東突厥斯坦，組起一個像樣的組織、開展活動，特別是在南部。過去，每次成立一個組織，若有五個人參加的話，則至少有兩個是中共特務，還未做事，就被連鍋端。現在幾個人的、十幾個人的組織，積極籌劃反抗活動幾年，而仍不會暴露。這說明維吾爾民族，已經被逼到了同仇敵愾的境地。儘管目前付出的生命代價極大，但至少能夠死在為自由而戰的戰場上！

不僅這些維吾爾反抗戰士的組織逐漸成熟，而且他們的計畫、策劃，他們選擇的反抗目標，也逐漸成熟。最重要的是：這些維吾爾反抗戰士在政治上也逐漸成熟，他們在選擇目標時，盡可能避開任何平民！這說明了維吾爾人的反抗運動逐漸成熟，逐漸進步！

反抗戰士們的成熟，意味著殖民政權的末日！

殖民政權再強大、再瘋狂，畢竟是一個失去了民心、人心的政權。這個政權內部，紛爭不斷、爭權奪勢鬥爭異常殘酷激烈，隨時都有坍塌的可能。這個政權落後於世界潮流，是強弩之末。這個政權在國際、國內政策上，咄咄逼人，實際上這個政權正在垂死掙扎。這個政權表面上的強大，是迴光返照，它的垮塌只是早晚的事。

如果一個水果小販的自焚，能引起阿拉伯之春的到來，我有何理由懷疑，任何一個維吾爾人、圖博特人、或一個漢人小販的微小反抗行動，不能引來維吾爾之春、圖博特之春、中國之春的到來呢？

玩火者必自焚，瘋狂的中共政權，必將在維吾爾、圖博特、漢人憤怒的火焰中化為灰燼！

（本文發表於 2014 年 1 月 30 日博訊新聞網）

17 || 喀什噶爾葉城縣 2012年228事件真相

商人之妻在家戴穆斯林頭巾

昆明火車站血案，似乎奪了中共兩會的風頭。

有關維吾爾人的血案連續不斷，也讓大多數有頭腦的中國人思考，這是爲什麼，爲什麼一群年紀輕輕的維吾爾男女，要這麼拼命，走極端？是什麼原因，使他們走到這一步？

今年年初，我邂逅一位久別的維吾爾朋友，這位朋友是喀什噶爾葉城縣人，且是葉城縣醫院的一位技術工作人員。

閒談中，我問他，是否知道葉城縣2012年2.28血案死亡準確人數？他回答說：「準確人數我不知道。但我知道，僅我們醫院的救護車，就送了16具屍體，有漢人，有維吾爾人。」我問：「送到什麼地方？醫院嗎？」他回答：「不是醫院。送到葉城縣漢人墳場埋了！」我又問：「維吾爾攻擊者都是一些什麼人？」他回答：「父子四人，加三個侄子。」

我一再地刨根問底，朋友猶豫了一會兒，還是告訴我事情的經過。

幸福路攻擊事件的策劃者，阿布都克熱木‧馬木提

（Abdukerim Mamut），是葉城縣很有名的一位商人，也是一位虔誠的穆斯林。他有四個兒子。

阿布都克熱木是一個虔誠的穆斯林，他和他的兒女、家人，都嚴格遵守伊斯蘭教規。也因此，他的妻子每天頭戴穆斯林頭巾，兒子們也每日按時做禮拜，遵守教規。因為，阿布都克熱木做生意，生活相對寬裕，妻子就待在家裡做飯洗衣、不外出工作，平時也很少出去。但就這樣，還是有人發現，阿布都克熱木的妻子在家戴穆斯林頭巾。

漢人書記帶著員警硬闖進門

一天，社區的工作人員，將阿布都克熱木叫到社區辦公室，先是給他做思想工作，要他配合社區工作人員的工作，說服其妻子摘下頭巾。阿布都克熱木沒有在乎。過了幾天，社區漢人書記將他叫到辦公室，再一次要求他配合社區工作，摘掉其妻子的頭巾。

阿布都克熱木不耐煩了，就告訴漢人書記說：「她是我妻子，但她是一位成年人，她有權利決定戴不戴頭巾。再說，戴頭巾是我們家裡的事，和你有什麼關係？」然後甩手就走了。

漢人書記惱羞成怒，惡狠狠地對著阿布都克熱木喊道：「你以為我們不敢去你家呀，就憑你這惡劣態度，我們一定去你家，當你面，摘掉你老婆的頭巾！」

漢人書記指派社區工作人員，去阿布杜克熱木家去摘掉其妻子的頭巾。社區工作人員開始不斷地，到阿布都克熱木家裡來糾

纏、騷擾。一次，兩次，三次。阿布都克熱木家人及其妻子，先是哼哼哈哈，表面應付，但繼續其生活方式。

但社區工作人員在書記的慫恿下，就是不離不棄，糾纏不休。之後有一天，阿布都克熱木實在氣不過了，就和兩個在家的兒子一起，將社區工作人員全部轟出了他們家。阿布都克熱木並告訴社區工作人員，如果他們再進他的家門，他就要打斷他們的腿。

這下，他惹了大禍。

大約是2月15至16日左右的一天，阿布都克熱木夫妻正在家裡，社區工作人員又來到了他家。這回，是漢人書記帶著兩名員警，及社區工作人員來的，大約有七、八個人。一進到阿布都克熱木家門，漢人書記就非常兇惡地質問阿布都克熱木：「看，我們又來了，來，讓我看看，你能打斷誰的腿？你說，你老婆的頭巾，是摘？還是不摘？最好你自己摘掉，如果不服從，今天我們一定要摘掉你老婆的頭巾！」

計劃復仇就是鎖定漢人市場

阿布都克熱木看到窮凶極惡的漢人書記，也暴跳如雷，大喊道：「這是我家，出去，滾出去！」他使盡全力，企圖擋住社區工作人員。但他勢單力薄，很快，在推擠踢打中，兩員警將阿布都克熱木雙手銬起，逼到屋子的一個角。然後，幾個社區人員，在漢人書記的指揮下，強行拉住阿布都克熱木的妻子，不顧其祈求哭泣，在阿布都克熱木憤怒的眼皮底下，漢人書記親自摘掉了

阿布都克熱木妻子的頭巾。

阿布都克熱木因憤怒，臉都變形了。漢人書記讓員警押著阿布都克熱木，他則帶著社區工作人員，及其繳獲的頭巾，回到社區辦公室。阿布都克熱木的妻子，則留在家裡，哭喊著。

阿布都克熱木的幾個兒子，聽說家裡所發生事之後，也來到社區辦公室。他們強烈要求見父親，但被員警阻擋在外面。大約過了幾個小時，社區書記帶著阿布都克熱木出來，當著兒女的面，再狠狠地將其訓斥了一頓，並警告並威脅他們，要老老實實做人，如果再發現其妻子戴頭巾，就要將他們全家抓起來。

阿布都克熱木在屈辱中，帶著憤怒與仇恨回到家，他安慰了妻子、兒女，就開始做禮拜、祈禱。連續幾天重覆這樣，禮拜、祈禱。2月20日左右，他將四個兒子及三個侄子叫到家裡，告訴他們他的復仇計畫。他們準備了刀具等武器。

經過幾天的觀察，他們發現，社區辦公室及派出所都有崗哨，很難接近。最後他們選定了防守較為薄弱的幸福路漢人市場。

後續的事大家都知道了，我就不重覆了。

我也問過朋友，為什麼阿布都克熱木一家人，要選擇幸福路漢人市場作為攻擊目標？那些做生意的漢人，並沒有傷害他們呀！朋友告訴我，幸福路市場的漢人，看起來是無辜者，但他們在政府的幫助下，暗中掠奪維吾爾人，早已成為助紂為虐的政府幫兇。

我要朋友解釋一下，這些漢人是如何暗中掠奪維吾爾人的。

他告訴我：這些漢人，是葉城縣政府在自治區統一安排下，為了鼓勵漢人移民，而招來的內地漢人。

中共政策逼維吾爾人走極端

葉城縣幸福路市場建成後，全部只租給外來漢人移民，不給當地維吾爾人。每間店面租金，每月只有收區區三百多元。葉城縣政府還給予這些漢人移民，每月租房補貼一千兩百多元。除此之外，縣民政局還給予這些漢人移民，醫療保險補貼將近八百多元。這樣，他們就是一天一件生意不做，也照樣賺錢！而當地維吾爾人卻沒有這麼幸運。不說租金補貼，連醫療保險都沒有。這使當地的維吾爾人極端不滿，但也無奈！

除此之外，由於政府領導一再恭維、抬高這些漢人移民，並讚美他們是來支援邊疆的，而且還告訴這些漢人移民，「這裡的維吾爾人保守、落後、懶惰。」所以自然而然地，這些漢人自恃自己是這裡的主人，在當地維吾爾人面前非常高傲。他們還趾高氣揚地，對進入市場的當地維吾爾人吆喝訓斥、歧視侮辱。所以逐漸地，全縣的維吾爾人不只不去這個市場，而且還非常痛恨市場裡做生意的這些漢人！認定這些漢人也是政府的幫兇、狗腿子！

這就是中共所謂的「維吾爾自治區2012年2月28日，在國外分裂勢力策劃下，由葉城縣恐暴組織有計劃、有組織發動的暴力襲擊事件」真相。

我不知道，什麼樣的丈夫、男人，能夠忍受這種強行闖入自

己的家園，以暴力對自己及妻子行使的侮辱、褻瀆、歧視？我也確信，任何一個有血性的男人，不會對這種侮辱無動於衷！

將心比心，我相信，大多數有理智思考能力的人，會和我一樣，儘管不同意阿布都克熱木採取的，這種極端的、針對平民的復仇方式，但理解阿布都克熱木的絕望！

這就是大多數維吾爾人，現在在東突厥斯坦，幾乎天天面臨的處境！

不是維吾爾人要走極端，而是中共的政策，及其在東突厥斯坦的殖民官員，將維吾爾人逼向極端之路！

（本文發表於 2014 年 3 月 5 日博訊新聞網）

18 | 中共在收穫民族仇視宣傳的苦果

中共將事件歸咎於維吾爾人

2014年，以維吾爾人作爲中國及世界新聞頭條開始，至今方興未艾！

實際上自2013年的下半年開始，維吾爾人、維吾爾自治區，就不斷地成爲中國與世界新聞、時事政治，及研究民族問題的中外專家學者，所關注的焦點。

這不[1]，今天又傳來了中國長沙街頭砍人事件！昆明事件還未煙消雲散，馬航失聯的悲劇，還在繼續發酵，泰國兩百多個維吾爾人尋求避難的問題，才剛剛浮出水面，這長沙砍人事件就跟著來了！

一如既往，因爲長沙事件，中共又將繼續醜化、妖魔化、暴力化、野蠻化維吾爾人。中共並巧妙轉移老百姓關注的、中國社會長期存在的、社會極端不公的問題。這也將爲中國一些所謂「專家學者」、流氓文人、極端憤青，提供另一個「發洩民族仇

1　這不：口頭語，類似於「你看」，或者「也就是說」等。

恨、傳播民族仇視」的良好機會，更將為中國各地方政府、軍警，趁機聯合抓捕、驅趕無辜的維吾爾人，而提供口實！

馬航失聯的悲劇，在中共喉舌、臭名昭著的央視欲擒故縱下，讓中國各界，特別是一些地方新聞媒體、所謂中國的「專家學者」、流氓文人、極端憤青，獲得一個洩私憤、抒毒懷的大好機會。這些人紛紛在各類中文媒體上，發表其以無知、歹毒之心為出發點的大膽猜疑、推斷文章，目標非常明確，極力將事件歸咎於維吾爾人！

也就在兩天前，雲南軍警就以昆明事件為藉口，將雲南沙甸[2]九百多名維吾爾人強行遣返，我們還不知道，中國其他地方，還有多少維吾爾人被遣返？更不知道，還有多少維吾爾人被抓捕？但我們肯定，伴隨著中共這新一波，對維吾爾人歧視、醜化，野蠻、暴力化的宣傳，中國各地還將有更多的維吾爾人被驅趕、被抓捕，甚至失蹤！

維吾爾人，面臨生死抉擇！

中共的這種宣傳，不僅將使在中國各地學習、工作的幾十萬維吾爾學生、公務員，面臨更為赤裸裸的歧視、侮辱、威脅，甚至生命危險；也將使那些散落在中國各地，以打工、做小生意為

2　**雲南沙甸**：沙甸是一個回民聚居的縣級地方。90年代末至2016年為止，有大批維吾爾人在此經商居住。有一段時期，此處也成為維吾爾人借道東南亞逃亡土耳其的跳板。後來，沙甸的維吾爾人全體，被中國政府遣送回維吾爾自治區，消失在龐大的集中營裡。

謀生手段的維吾爾人，更徹底無法立足於中國各省各地，也將使那些為逃避政權殘酷迫害，而流落中國各地的維吾爾人，面臨生死抉擇！

這是中共政權幾十年來，對維吾爾人妖魔化、醜化、暴力化，一面倒的宣傳結果！中共正在收穫它自己種下的仇恨種子的苦果！

自中共佔領東突厥斯坦以來，由中共一開始對維吾爾人的落後、野蠻、貧窮化宣傳，到中共近幾十年來對維吾爾人的妖魔化、醜化、暴力化、野蠻化宣傳，致使中國大多數的漢人，對維吾爾人，不僅有一種原生的，自視為救世主、主人感，更使一些漢人，產生了一種原生的，對維吾爾人的歧視、鄙視、討厭、仇恨。

而這些漢人，及其靠山——中共政權，他們這種赤裸裸的，針對維吾爾人的歧視、鄙視、討厭、仇恨，再加上漢人代表政權，及以政權的名義，對維吾爾人行使暴力，使維吾爾人也對大多數漢人有一種「由自我保護本能」產生的逆反鄙視、討厭、仇恨、仇視！

這種「兩個民族之間」對彼此的仇視、鄙視、厭煩，不僅阻礙了雙方對彼此的瞭解和尊重，更不可能使雙方平等對話、和解。而且使兩民族間的仇視、仇恨，繼續在深層次廣泛發酵。

中共故意製造民族間的仇視

中共權貴，一貫以其本身利益為重。中共政權認為，這種民

族之間的仇視、仇恨，非常有利於延長他們的統治。因而，中共一直利用其手中掌握的宣傳工具，不斷強化對維吾爾人的妖魔化、醜化、暴力化、野蠻化的邪惡宣傳。中共不斷鼓勵及煽動一部分無知的漢人，讓這些漢人因伴隨生活水準提高，而膨脹的極端民族自大心理。中共更鼓勵、放任這些無知漢人，對維吾爾信仰、文化、歷史的褻瀆、誣衊、歪曲。結果是民族間的仇視、討厭、仇殺加劇，而中共坐收漁翁之利！

東突厥斯坦的「巴勒斯坦化」、「車臣化」得以實現，事實上，全靠中共對全體維吾爾人的這種歧視、醜化、野蠻化、暴力化的宣傳。這種宣傳，使本已非常脆弱的東突厥斯坦民族關係，急劇惡化，達到了爆發點。而且，中共政權對急劇惡化的民族關係，不問青紅皀白、不究其因，一味武斷使用暴力鎮壓、血腥屠殺，不僅使維吾爾民族，對以漢人為主的中共政權極端仇恨，而且這種仇恨，由維吾爾人的「城門失火」，現在開始「殃及漢人魚池」！

2009年的7.5 是東突厥斯坦民族關係的分水嶺！7.5之後，在維吾爾自治區，殖民政權漢人官員的再三煽動、鼓勵下，在中共軍警慫恿、保護下，烏魯木齊的漢人，手持棍棒、鐵鍬等兇器（駐烏魯木齊各單位以及中共軍警特發的），走上街頭，慘殺無辜的維吾爾百姓。

甚至有一些漢人暴徒，如入無人之境，衝進機關事業單位（自治區高級法院辦公樓），襲擊正在上班、值班的維吾爾人。這使得那些為謀生而在中共政權底下做事、過去抱持觀望態度的

維吾爾人，也徹底對中共失望。甚而，那些對中共政權抱過幻想的維吾爾人，也在失望之餘，最後被迫選擇站在自己民族——維吾爾人這邊！

漢人被洗腦而不自覺成幫兇

中共這種極端宣傳，加上對維吾爾人的暴力鎮壓，不僅使中共政權與維吾爾民族之間水火不相容，也使維吾爾和漢民族，一般百姓之間的對話、和解也都幾乎不可能存在。這種因幾十年的政權暴行，而深深紮根於兩個民族的鄙視、仇恨，在中共政權有意煽動、縱容下，還在繼續醱酵！

伊力哈木教授及其同道，在艱難困苦、謾罵侮辱中，不顧被自己民族誤解的可能，冒著被中共殖民政權誣陷抓捕之生命危險，以自己微薄之力開始的、促進維吾爾、漢人間相互理解、尊重工作，才剛剛開始蹣跚邁步，就被中共強權在其學步之際狠狠地扼殺了。伊力哈木教授如今也身陷囹圄，面臨中共以莫須有的罪名，重判徒刑。

中共以暴力竊國，上台執政。他們篤信暴力，崇拜暴力！中共權貴，一貫對強者卑躬屈膝、唯唯諾諾，對弱者橫徵暴斂、巧取豪奪。因慣性使然，中共獨裁殖民政權，不希望不同民族之間彼此理解、尊重，更不希望民族間實現和平、理性對話，及在此基礎上的民族和解。

遺憾的是，無辜百姓為中共的邪惡宣傳、暴力付出生命代價。而一部分和中共沆瀣一氣的中共御用文人、學者、憤青，在

中共誘惑、慫恿下，幫助中共，行使對中國漢人老百姓的洗腦、欺騙宣傳，使一些中國老百姓，在愚昧和無知中，自覺或不自覺地，助紂為虐，成為中共邪惡政權的幫兇，協助中共屠殺、鎮壓維吾爾等其他民族。

維吾爾人說：「種什麼，得什麼！」，漢人說：「種瓜得瓜，種豆得豆。」。中共政權正在收穫其種下民族仇視、民族仇殺的苦果！總有一天，這民族仇殺的苦果，將在醞釀醱酵中，變成一劑毒劑，使中共政權毒侵四體、出血七竅，讓中共在頃刻間崩潰坍塌、土崩瓦解！

（本文發表於 2014 年 3 月 14 日博訊新聞網，【東土之鷹】部落格）

19 | 阿克蘇柯平縣闖紅燈被射殺的維吾爾年輕人慘案

【編者按：根據作者伊利夏提2014年4月14日發表於博訊新聞網的報導，維吾爾自治區南部重鎮阿克蘇柯平縣一位維吾爾年輕人，阿卜杜·巴斯提（Abdul Basit），17歲，因騎摩托車闖紅燈被中國巡邏警察無辜射殺致死。阿卜杜·巴斯提身中兩槍，當場死亡。阿卜杜·巴斯提被警察無辜射殺之慘案，引起了當地維吾爾人的憤怒。這幾天，以阿卜杜·巴斯提家人、親戚為主，當地維吾爾人抬著阿卜杜·巴斯提的屍體，前往柯平縣縣政府前，進行遊行示威，要求當地政府追查並嚴懲兇手，給予阿卜杜·巴斯提家人及維吾爾人以公道。】

星期天，又有將近五千多位柯平縣的維吾爾人，參加因闖紅燈被射殺的17歲維吾爾年輕人阿卜杜·巴斯提的抬屍遊行！

遊行初期，當地縣警察局的員警，在由阿克蘇調來的大批武警支持下，抓捕了十幾名維吾爾年輕人，這更激起了當地維吾爾人的憤怒。

憤怒的人群，將抓人的員警，連車一起圍堵起來。他們強烈要求，立即釋放無辜被抓的維吾爾年輕人。在爭搶過程中，縣警察局政委、鄉派出所所長及幾位員警，被憤怒的群眾唾罵、推擠。最後迫於群眾的壓力，警方釋放了被抓捕的維吾爾年輕人。

然而很快，由喀什噶爾、阿克蘇調來的中國武裝大部隊，包圍了遊行群眾，包圍了整個柯平縣，抓捕也重新開始了。

據我們得到的最新消息，現在，柯平縣處於完全的隔離、與世隔絕，網路被掐[1]斷，電話不通！而且每個鄉村，都駐紮有近一個營的全副武裝軍警部隊。

昨天開始，當地員警，在武裝軍警人員陪同下，強行進入當地維吾爾人的家，進行挨家挨戶搜查、抓捕。他們已經抓捕了三十多名維吾爾人。被抓捕者，以年輕人為主。

昨天，雪上加霜的是，當死者家屬準備按伊斯蘭習慣，埋葬死者阿卜杜·巴斯提時，一群持槍武裝軍警，闖入阿卜杜·巴斯提的家，搶走了屍體。前來參加葬禮的維吾爾人，被武裝軍警騷擾、驅趕，喪禮又變成了憤怒的維吾爾人與中國軍警的對峙。

當地軍警還以傳播不良視頻、挑起民族矛盾等罪名，正在抓捕、追查誰是第一個將抬屍遊行發佈到互聯網[2]的維吾爾人。

中國軍警對維吾爾人的無辜濫殺、抓捕，使維吾爾人更加憤怒，使維吾爾人對中共及其暴力機器——中國軍警的仇恨更深。

1　掐斷，即切斷之意。
2　即網際網路。

這仇恨還在繼續醞釀，而且仇恨、絕望使維吾爾人的反抗更加大規模、更爲大膽。

對峙還在繼續，柯平縣的維吾爾人，還繼續爲阿卜杜・巴斯提要求正義、公平，要求追查並嚴懲兇手，要求停止對維吾爾人的濫殺無辜！

在虎視眈眈、武裝到牙齒[3]的中國軍警包圍下，五千多名維吾爾人，老老少少、男人女人，抬著死者屍體，喊著「眞主 偉大」的口號，視死如歸，走上街頭抗議中國政府、中國軍警濫殺無辜，要求公平、正義、尊嚴。

偉大，維吾爾人！

這是信仰的力量，正義的呼聲，更是民族團結、存在、反抗的靈魂！這些維吾爾人，是維吾爾民族的脊梁、中堅！

信仰不死，維吾爾民族永存；信仰不死，維吾爾民族必將自由、獨立！

（本文發表於 2014 年 4 月 16 日博訊新聞網）

3　**武裝到牙齒**：中國慣用語，意指政府使用暴力機構全副武裝對付民眾。

20 遲到的中共版「闢謠」報導
——阿克蘇柯平縣「維吾爾青年闖紅燈被射殺之死」(續)

五天後才由通訊員發佈報導？

阿克蘇柯平縣，17歲維吾爾青年，阿卜杜・巴斯提・阿不力米提被射殺，慘案發生五天後，維吾爾人抬屍遊行，被血腥鎮壓三天後，中國政府版的相關「新聞」，才猶抱琵琶半遮面的、以短短三言兩語的兩段「新聞」出現。

「新聞」還署名是「通訊員」田山的報導。這是新聞嗎？這是記者嗎？

當然，我不應該提這樣的問題。因為，大家都知道，通訊員根本就不是什麼記者，他們僅僅是共產黨豢養的宣傳員，是為了黨的利益，而編造、發掘假新聞的謊言專家。

新聞的最基本要素之一是時效性。

此次，柯平縣17歲維吾爾青年闖紅燈，而被中國軍警無辜射殺之慘案，發生於上週六（2014年4月12日）。慘案，早被全世界大多數的媒體所報導，慘案有關消息、影片、圖片，早已在世界各大社會媒體廣泛傳播。

而且，當地五千多位維吾爾人，憤怒抬屍遊行，要求正義、追查兇手之示威，也早被中共軍警（由各地調來的）血腥鎮壓。也就是說，事件已過了整整五天。五天之後，才有這位所謂的「田山」通訊員發佈「真相」報導；還冠以「新疆警方闢謠『男子闖紅燈被擊斃』，系襲警搶槍」。

為什麼要等五天？為什麼寥寥幾筆？為什麼沒有細節？

其實，這些答案我們都有。等五天，是為了當地政府，及軍、警、特各方，統一口徑。寥寥幾筆，是為未來細節的編造，留下填補餘地。細節呢，一定要等大騙子——胡錫進的《環球時報》單仁平等「大妓」們來填補、續寫。

「闢謠」無法掩蓋事實真相！

一如既往，中共對在東突厥斯坦發生的，一起又一起的、濫殺無辜的血腥事件，能掩蓋，則掩蓋。實在掩蓋不住了，中共對事件事實真相的報導，一開始，總是寥寥幾筆、前後不一、疑點諸多。然後是先抓捕所謂的「造謠、傳謠者」。再往後，則將事件怪罪於境外敵對勢力的煽動。最後，才由胡錫進的《環球時報》妓者單仁平出面，以編造填補空白、細節，以所謂專家、學者，及所謂當事者的道聽塗說，答疑釋惑。

中共政權正是以這種強權灌輸式的宣傳手段，而不是新聞報導形式，重新定義「新聞」，重新定義「記者」，而且也讓中國豢養的「記者」成為名副其實的妓者！

同時，中共正以這種方式，掩蓋、扭曲事實，歪曲、編造事

件眞相的等手段，使民族矛盾更趨尖銳，使維吾爾人的政治處境更爲惡劣，使絕望中的維吾爾人，走向更極端、更強烈、更堅決的反抗。

然而，事實證明，不管中共政權使用何種手段，進行強制灌輸式宣傳、歪曲事實，但都阻擋不住眞相大白於天下。

這次也同樣，姍姍來遲、拙劣編造的中共「闢謠」，已經無法改變早已在互聯網廣爲傳播，各大媒體早已發出的事實眞相之報導。中共寥寥幾筆、語焉不詳的「闢謠」，也無法改變正義者眼中「政府濫殺無辜」的事實眞相，更無法掩蓋一個事實：那就是，勇敢的阿克蘇柯平縣維吾爾人，在敵人槍口下，喊著「眞主偉大」的口號，抬屍遊行，要求正義，要求嚴懲濫殺無辜兇手的最堅決反抗！

（本文發表於 2014 年 4 月 18 日博訊新聞網）

21 ‖ 政治移民是無辜者嗎？

一般移民會維護普世人權

每一個現代國家都有移民，我也是移民。作爲移民，我不僅嚴守我所在國家的法律，而且還尊重這個國家不同民族的風俗習慣、行爲愛好。儘管我可能不喜歡一些民族的飲食、愛好，不喜歡他們的風俗習慣，但作爲一個現代人，我尊重這些民族的一切！

但這尊重，有一個前提，即不要強迫我接受你的風俗習慣、行爲愛好，僅此而已。

比如說，我並不贊同同性戀及同性結婚，但我尊重同性戀者的選擇，如果這個國家的法律認爲同性戀結婚合法，那麼我也尊重法律的尊嚴，而不去品頭論足。

再比如，在一次英語學習班的學習期間，任課英語老師組織了一次自帶食物的聚餐。其中一位來自東南亞的學員帶來的食物，對我來說簡直無法接受，我非常禮貌地告訴他，他的食物看起來非常的好，但很遺憾，我今天實在沒有胃口吃飯。

移民也分三六九等。移民的目的不同，移民的形式也不同。

有些人單純爲追求美好的生活，而移民他國，尋找發財、發達機會；有些人因戰亂流離失所，而移民他國，以求和平、安靜的生活；有些人因政治迫害，背井離鄉，流落他鄉異國，被迫成爲移民。

　　本人以及大多數國外維吾爾人，以及1989年六四天安門屠殺之後，流落海外的漢族民運人士，都是這類移民的例子。上述每一類移民，抱著不同的目的，來到不同的國家、地區，求生存、求和平、求發展、求自由尊嚴，只要彼此和睦相處，無可非議，也很正常。

　　這類的移民，我稱之爲一般移民。一般意義上的移民，逐漸會融合在所遷移國家、民族當中，且積極參與當地土著及其他移民社會，有意義的各類活動。一般移民會還會站在正義的一邊，與當地不同族群，一起維護普世人權及人類尊嚴！如在美國及西方各國。

政治移民卻剝削當地人民

　　然而，還有一種移民，我稱其爲政治移民。這類政治移民的移民行爲，是伴隨佔領者，進入被占領土。這些政治移民，不但幫助殖民政權掠奪、剝削當地人民；協助殖民政權，鞏固佔領成果，同時，更藉著他們和殖民政權的特殊關係，爲自己聚斂錢財、牟取地位，並藉著殖民政權的勢力，壓迫、欺辱當地土著民族。這類政治移民，既不尊重當地土著民族，更遑論尊重土著民族的風俗習慣。

這類政治移民，因為伴隨殖民軍隊，以征服者的身份，進入他人的家園，所以他們不僅狂妄無禮，而且還非常地極端民族主義，對當地土著民族的一切，持否定態度，並橫加干涉土著民族的生活方式、民族習慣，且依靠其背後殖民政權的暴力，試圖以強力改變、同化當地土著民族。我們可以肯定地說，政治移民，是殖民政權蹂躪當地民族的最可靠幫兇。

　　這類政治移民，過去的典型例子，有二戰時伴隨日本軍隊，進入東北的日本人，即被稱為「開拓團」的日本政治移民。然而，隨日本的戰敗，日本軍政府移民滿洲、殖民滿洲的政治目的，隨之變成了日本政治移民的人生災難。這些日本政治移民，在戰後回國途中，死傷多半，只有極少數的人，歷經磨難回到了日本。

　　另一個例子是，二戰結束後，在屠夫史達林安排下的俄羅斯人，大規模移民克里米亞（史達林先是把克里米亞的土著塔塔爾人全部，以武力流放、遷移）。史達林的政治移民政策，極盡殘酷、血腥，事後也被全世界大多數政府所譴責、唾罵。但因為這屠殺政策有利於俄羅斯，蘇聯垮台後，俄羅斯政府既沒有向塔塔爾人道歉，也沒有向塔塔爾人賠償損失、退還土地家園。因為這已是既成的歷史事實，文明世界的國家在抗議、譴責一通之後，也接受了這一既成事實！

克里米亞、東突厥斯坦都有政治移民

這不，現在，屠夫史達林的政治移民成果，正被克格勃[1]餘孽普京[2]有效利用。克里米亞當地，僅存不足總人口20%的土著塔塔爾人，他們連就為自己家園前途說話的權利都沒有啦！

第三個政治移民的例子，是我的家園——東突厥斯坦，正在發生的，由中共政權以武力、以政策性鼓勵，以資金支持，而正在進行的，中國人的大規模政治移民東突厥斯坦！當然，中共也在使用同樣手段，鼓勵中國人政治移民圖伯特、南蒙古。

當移民者，移民他人家園的行為，帶有國家政權強力支持時，當移民者，移民行為，是為了實現其國家殖民其他民族的政治目時，這樣的移民，就變成了政治移民！政治移民不同於一般意義上的移民。

政治移民，因其利益和殖民政權是捆綁在一起的，且一言一行強烈依靠殖民政權，所以政治移民往往沒有正義感。政治移民對自己所屬殖民政權實施的，對當地土著民族的歧視性、侮辱性政策，他們從不吭聲，最多保持沉默。治移民也不會指責、譴責自己所屬殖民政權，對當地土著民族的殘酷鎮壓、血腥屠殺！

政治移民，偶爾也會對自己所屬殖民政權發發牢騷。然而，一旦殖民政權面臨當地土著民族的不滿、挑戰時；當殖民政權因

---

1 即蘇聯時期的國家安全委員會，亦即世人所知的KGB。
2 現任的俄羅斯總統。中國譯為普京，台灣譯為普丁。

為土著民族大規模抗議、反抗，而面臨危機時，政治移民會很快放棄對殖民政權的指責不滿，而和殖民政權站在一起、穿連襠褲，拿起武器，和殖民政權軍警聯手，對當地土著民族實施鎮壓、屠殺！

二戰時東北的日本「開拓團」成員，不說支持滿洲的抗日遊擊隊，就連對日本殖民政權，所實施對滿洲無辜百姓的剝削、掠奪等暴行，也未有過絲毫指責。

政治移民是殖民政權的幫兇

至於克里米亞的政治移民——俄羅斯人，那就不要提了，大家有目共睹，連無恥的中共政權，都被這些俄羅斯政治移民的所作所為而驚訝。

那麼，在東突厥斯坦的這些中共政治移民又如何呢？只能說比日本「開拓團」還無恥，比克里米亞的俄羅斯人還狂妄無知！

東突厥斯坦的中共政治移民，不說公平、正義，連最起碼的人類自尊都沒有！

東突厥斯坦的政治移民，無論是國民黨時期，還是中共殖民統治時期，在東突厥斯坦近代歷史，在東突厥斯坦各民族人民參與的，任何一次反抗殖民政權剝削壓迫的運動中，從未有過任何一個「政治移民和當地人民站在一起」的例子。

國民黨時期，每次東突厥斯坦人民發動反抗中國殖民統治的暴動，國民黨政府立即組織中國移民、成立民團、發放武器，和當地人民為敵。其實縱觀歷史，中國政治移民，大多數時候，根

本不用中國政府發動。一旦有事，他們會很快很自覺地，拿起武器，參與到屠殺東突厥斯坦人民的血腥中。

如果有人有興趣，翻看一下東突厥斯坦、圖伯特、南蒙古的政治移民所寫文章、回憶錄的話，政治移民所寫文章、回憶錄中，通篇都是對殖民政權及其屠殺的歌功頌德，以及對自己參與屠殺的無恥吹捧。當然，更不乏對當地土著民族的橫加指責、侮辱、謾罵，而見不到任何一個政治移民所寫的，哪怕是一篇譴責殖民統治殘酷鎮壓、血腥屠殺的文章！

中共佔領東突厥斯坦之後，政治移民更是如洪水猛獸，來勢洶洶、狂妄跋扈。中共佔領這半個多世紀以來，東突厥斯坦每次有維吾爾人的反抗，第一個趕到事發現場，幫助中共殖民政權，進行殘酷鎮壓、血腥屠殺的，就是中共的政治移民。

中國政治移民的暴戾、邪惡

1990年4月5日的巴仁鄉大屠殺，巴仁鄉的維吾爾男女老少，見證了中國政治移民的殘暴。1997年的伊犁大屠殺，伊犁的維吾爾男女老少，見證了中國政治移民的血腥。2009年7.5烏魯木齊屠殺，世界見證了中國政治移民的暴戾、邪惡。

伴隨中共對維吾爾人高壓政策的極端化，今天，我們見證東突厥斯坦維吾爾人的反抗，正以史無前例的形式，一波高過一波展開的同時，我們也在見證，殖民政權軍警每次對維吾爾人行殘酷屠殺、血腥鎮壓之後，中共政治移民 站在殖民政權一邊的無恥言論、落井下石，以及對維吾爾民族、伊斯蘭信仰及文化傳

統，最赤裸裸的歧視、侮辱、謾罵！

縱觀歷史、檢視現實，如果還有人一定堅持認為，中共在東突厥斯坦、圖伯特、南蒙古的政治移民，是純粹無辜者的話，那我要問，二戰時，移民滿洲的日本「開拓團」成員，是否也是無辜者？日本「開拓團」成員，大多也是農民！我還要問，在被俄羅斯侵佔的克里米亞，那些親俄羅斯的政治移民，是否也無辜？這些俄羅斯人，大多也是農民、工人。

我反對暴力，熱愛和平；但當邪惡政權、獨裁政權、殖民政權，以暴力回答我的正義、自由、尊嚴、人權要求時，我認為，我有權利，以任何我認為合適的形式進行反抗，維護我的基本權利。當任何一個人、或一個群體，站在邪惡政權、獨裁政權、殖民政權那一邊，助紂為虐、侵犯我及我的民族生存權時，我認為，我更有當然的權利，將站在暴政一邊的人或人群，當作我的敵人！

東突厥斯坦的政治移民，到目前為止，絕大多數都還是堅決地站在中共殖民政權一邊。他們在中共對維吾爾人的血腥鎮壓、殘酷屠殺中，火中取栗、劫掠戰利品，澆著維吾爾人的人血，吃人血饅頭。他們享受被屠殺維吾爾人的人肉盛宴。在此 情勢下，我並不認為，中共在東突厥斯坦的政治移民是無辜者！

中共在東突厥斯坦、圖伯特、南蒙古的政治移民，是殖民政權的哈巴狗，是雙手沾滿維吾爾、圖伯特、南蒙古人民的劊子手們的政治盟友，是屠殺者的幫兇。

（本文發表於 2014 年 5 月 24 日博訊新聞網）

22 ｜「菁英」、「學者」們的智力、知識盲點！

輕則誤導讀者，重則阻礙奮鬥

　　研究、從事維吾爾人問題的各類人物，伴隨著維吾爾問題的高度國際化，以及維吾爾人反抗中共殖民政權的尖銳化，這些人物也急劇增加。

　　這些人發表的演講、書寫的文章、編寫的書本，越來越多。然而，這些人因為缺乏對維吾爾文化、歷史、信仰的全面瞭解，經常發表一些憑著一知半解拼湊的文章，還有一些人簡單搜集一些網路上的道聽塗說、獵奇傳說，編造維吾爾人文化、歷史、信仰的大塊文章、大部頭書本。還更有一些人乾脆以自己豐富的想像力，憑空捏造事實、胡說八道。可謂五花八門，無奇不有。

　　當然，這裡我所指的，所謂「維吾爾人問題」，好事者不僅限於中共殖民政權御用「專家學者」，以及一些替中共殖民政權，唱讚歌的外國糊塗蛋學者，也包括一些對自己歷史一知半解、鬼迷心竅的維吾爾「學者」，及一些混進維吾爾人自由事業隊伍，自稱領袖、狗屁不通、目的不純、貪權戀財的一些維吾爾人渣。

這些人的共同點是，對維吾爾人歷史、文化、信仰及維吾爾問題，存在著人為的智力、知識盲點。這類由共產黨強權威脅利誘、奴才的貪權戀財私心，而「人為」製造的智力、知識盲點，導致這些東突厥斯坦國內外的「菁英」、「學者」，時不時地發表一些前後矛盾、邏輯混亂、無法自圓其說的，極為低級的錯誤言論。這些人的謬論，輕則誤導關心維吾爾人自由事業之讀者、聽眾；重則，混淆是非、阻礙維吾爾人為之奮鬥的自由事業。

東突厥斯坦從未有一天的平靜

我，作為一個維吾爾人，一個獻身維吾爾自由事業的維吾爾知識份子，我覺得我有義務盡我所能，以我個人微薄之力──指出這些「領袖、學者」的智力、知識盲點。以下，我將以系列文章的形式，指點迷津，給這些「領袖、學者」上一堂維吾爾問題入門的初級教育課。

被占領土東突厥斯坦，從未有過一天的平靜。

維吾爾問題「菁英」、「學者」的「智力、知識」盲點，首先是表現在這些「菁英」、「學者」認為，維吾爾人流血犧牲，所進行的長期鬥爭，僅僅是因為共產黨太殘暴，只要換一個「好一點的」漢人統治者，就可以解決問題。他們企盼出現類似胡耀邦、「善人」張春賢之流的「好漢人」統治者，或者等待中國實行民主。中國民主了，維吾爾人的問題就會迎刃而解，反抗就會停止等等，不一而足。

這些「菁英」、「學者」不經過任何調查研究，就盲目地舉

毛澤東、鄧小平、胡耀邦時代為例，說明他們的觀點。這些愚蠢的「菁英」、「學者」自認，上述三人統治時期，是東突厥斯坦相對和平期，是維吾爾——漢人關係和諧期。

事實是否如他們所說，今天就讓我引導大家回顧一下，東突厥斯坦處於上述三位中共領導人統治時期的歷史，一一檢視發生於那段時期的，轟轟烈烈的、可歌可泣的維吾爾人反抗殖民統治、追求自由獨立的悲壯歷史事件，以便讀者自己得出結論。

幾年前，我寫過一篇文章，題目是《我們最終的目標——自由的東突厥斯坦》；在該篇文章裡，我早已明確指出，我們維吾爾人最終的目標——是自由獨立的東突厥斯坦，而且，我還詳細解釋了追求獨立、自由東突厥斯坦的原因，這裡不再重複、贅述。

維吾爾人的反抗從來不曾停止

維吾爾人自由獨立事業之目的，非常清楚。而且，維吾爾先輩、先烈，也早已通過近代歷史上，兩次東突厥斯坦共和國的建立，告訴世人及中國殖民統治者：維吾爾人不惜流血、犧牲，追求的目的只有一個，即自由、獨立的東突厥斯坦。然而，總有一些「菁英」、「學者」自作聰明，在這個問題上不自量力、指手畫腳，混淆視聽，渾水摸魚！

這些人將維吾爾人的獨立自由事業，輕描淡寫地說成，是維吾爾人對中共政權獨裁暴政的反抗，類似於中國歷史上的各類起義，只是為了推翻實施壓迫的統治者，而不是「為自由而戰」的

東突厥斯坦民族獨立運動！

這種對維吾爾自由、獨立運動目的的歪曲矮化，不僅否定東突厥斯坦各民族幾代人拋頭顱、灑熱血為之奮鬥的獨立自由事業，也否定近代先輩們，以犧牲成千上萬的東突厥斯坦各民族英雄兒女生命，建立起來的兩次東突厥斯坦共和國歷史；更是對建立東突厥斯坦共和國各民族先烈、先輩獻身事業的褻瀆！

最為危險的是；如放任這些「菁英」、「學者」繼續散佈謬論，他們將使正在轟轟烈烈進行的，東突厥斯坦獨立自由運動，走入歧途；也使維吾爾自由運動，陷入致命危機。

維吾爾人獻身事業的目的，是追求獨立自由的東突厥斯坦。所以，不管是國民黨統治時期，還是共產黨統治時期，不管是張長官統治時期，還是王書記、張書記統治時期，維吾爾人的反抗，從來就沒有停止過。可以說自中國侵佔東突厥斯坦到如今，東突厥斯坦各族人民的民族反抗，一天都沒有停止過！在東突厥斯坦的中國殖民政權，從來就沒有過一天的安穩日子！

1920到1930年代維吾爾的獨立運動

以下，我將概述，從滿清被推翻，至第二次東突厥斯坦共和國建立，及詳述1949年至1990年，東突厥斯坦各族人民反抗中共殖民統治，說明東突厥斯坦各族人民，特別是維吾爾人民，從來就沒有停止過「建立獨立東突厥斯坦、擺脫中國殖民統治」的反抗運動！

滿清統治被推翻後，東突厥斯坦維吾爾人，大規模的武裝反

抗中國殖民統治，開始於上世紀二十年代末，鐵木爾·哈里發（Tomur Halpet）領導的哈密農民武裝起義。鐵木爾·哈里發領導的哈密維吾爾人起義，雖因鐵木爾·哈里發的輕信，導致義軍失去首領而失敗，然而，這次起義，卻爲第二次更大規模的、蔓延至東突厥斯坦全境的，東突厥斯坦各族武裝起義，培養了領袖。

三十年代初，霍加尼亞孜·阿吉（Hoja Niyaz Hajim，他曾經參加過鐵木爾·哈里發領導哈密農民起義），再一次領導哈密維吾爾人揭竿而起，掀起了東突厥斯坦近代史上，最爲壯觀、最悲壯的維吾爾獨立自由運動。最終，這次的武裝起義，催生了東突厥斯坦歷史上，也是世界伊斯蘭史上，第一個現代伊斯蘭共和國──東突厥斯坦伊斯蘭共和國的建立（1933年11月12日建立）！

雖然東突厥斯坦伊斯蘭共和國存在的時間不長，但她爲我們確立了明確的目標！

在列強及蘇聯的武裝干涉下，起義軍終被收編，悲劇英雄霍加尼亞孜·阿吉在無奈中，選擇去投靠民族的敵人。當然，最終，霍嘉尼亞孜·阿吉也爲自己的背叛行爲，付出了生命代價。東突厥斯坦轟轟烈烈的獨立自由運動，因此進入了低潮期。

然而，自由的種子既然播下了，它就要發芽！

維吾爾武裝起義一波接著一波

三十年代末，由霍加尼亞孜·阿吉一手栽培的，維吾爾民

族英雄馬赫木提‧木伊提（Mahmut Muhit）師長，所領導的維吾爾、克爾克孜人，在東突厥斯坦南部，以及烏斯曼‧巴圖爾（Osman Batur）領導的哈薩克人，在東突厥斯坦西北阿勒泰、塔城地區，又一次揭竿而起，掀開了新一輪反抗運動。這次的反抗運動，最終，將東突厥斯坦各族人民，反抗中國殖民政權的鬥爭，引向了建立第二共和國的伊犁武裝起義。

自二十年代末，鐵木爾‧哈里發所發動的哈密起義，到東突厥斯坦第二共和國建立，這中間只有非常短暫的幾年相對平靜期，但這些短暫的相對平靜，實際上是在醞釀更大規模的反抗！這就是自中國辛亥革命，到共產黨侵佔東突厥斯坦期間，東突厥斯坦的實際狀況！沒有和平、和諧！有的只是各民族人民前赴後繼的反抗！

再看共產黨繼國民黨之後，佔領東突厥斯坦至1990年的歷史。「菁英」、「學者」津津樂道的，所謂毛澤東、鄧小平、胡耀邦的統治期，真的是「民族和睦」嗎？

共產黨自進入東突厥斯坦那天開始，就不曾有過一天的安穩日子！

打響反抗共產黨殖民統治第一槍的，是東突厥斯坦各民族人民的好兒子，哈薩克人民的民族英雄——烏斯曼‧巴圖爾（Osman Islam Batur）！烏斯曼‧巴圖爾領導下的哈薩克武裝部隊（1946年～1951年9月），一開始，把打得共產黨、王震領導的解放軍，打得丟盔卸甲、屁滾尿流。後來，中共在蘇聯軍隊的幫助下，才開始扭轉敗勢，最終還借助於被收編的民族軍之協

助，才得以抓獲烏斯曼・巴圖爾，並將其槍殺於烏魯木齊。

烏斯曼・巴圖爾發動的武裝反抗，烽煙還未消散，伊犁就發生另一波，以熱合曼諾夫為首的維吾爾民族軍將士，所發動的武裝起義（1950年7月）。然後是昭蘇民族軍將士的武裝起義（1950年8月），再往後是鞏留縣馬立克・阿吉（Malik Haji）、塔里木（Tarim）為首的，民族軍轉業將士，發動的武裝起義（1951年10月）。

從南到北，遍地抗爭不曾停歇

很快，反抗殖民統治的戰場，轉到了東突厥斯坦最南部的和田、喀什噶爾地區。1954年底，在和田，由阿不都・伊米提・大毛拉（Abdulhemit Damollam）發動的，反抗中共殖民統治的武裝起義，掀開了風起雲湧的、東突厥斯坦維吾爾人，反抗中共殖民統治的新篇章。接著是1956年三月，墨玉縣巴海大毛拉（Baqi Damollam）發動的武裝起義。再接著，是洛浦縣阿不都・卡德爾・哈日（Abudulqadir Qarim）發動的武裝起義（1956年5月），以及英吉沙縣吉利里・哈日（Jelil Qari）在同一時間發動的武裝起義。再往後，便是維吾爾民族女英雄，海里其汗（Helqihan）在和田縣於1957年4月發動的武裝暴動。

接著，戰場又轉回了東突厥斯坦西北部的阿勒泰。1958年5月，在阿勒泰的富蘊縣，哈薩克人加米西提漢（Jamshitqan），勇敢地率領哈薩克人，又一次掀起反抗中共殖民統治的武裝暴動高潮。接著是哈里曼（Qaliman）、居開（Jukan）領導的富蘊縣

哈薩克人武裝起義。

緊接在富蘊縣哈薩克人民，舉行武裝暴動之後，高舉反抗中共殖民侵略東突厥斯坦旗幟的是：哈密縣的維吾爾人艾力・庫爾班（Eli Qurban）、色衣提・哈木提（Seyit Hamut）（1958年10月）領導的武裝起義。

再往後，是蒙古族人民的民族英雄，丹增嘉木措在烏蘇縣，發動了武裝暴動（1958年10月底）。五十年，東突厥斯坦各族人民，對抗中國殖民統治的反抗運動，以東突厥斯坦南部的拜城縣，維吾爾人艾力・阿里普（Eli Arup）發動的武裝暴動達到了高潮（1958年12月）！

東突厥斯坦人民革命黨壯烈犧牲

進入六十年代，東突厥斯坦各族人民，反抗中國殖民政權的鬥爭，更加組織化、規模化。且自上而下，由東突厥斯坦共和國前領導人、前民族軍軍官、知識份子及宗教人士共同組織、領導，武裝起義進入組織化的新階段。

首先是1962年5月，發生於伊犁、塔爾巴哈台地區，維吾爾、哈薩克等各民族人民，因不滿中共殖民政權，以安置饑荒難民之名義，大規模將漢人移民東突厥斯坦，肆無忌憚地掠奪東突厥斯坦資源，包括糧食，造成東突厥斯坦缺糧，出現大面積餓死人的現象，而走上街頭要求正義、公正，要求中共政權還自由、獨立於東突厥斯坦各族人民。反抗運動遭到中共政權的殘酷鎮壓。成千上萬的伊犁、塔爾巴哈台各族人民，被迫拋棄家園、背

井離鄉，流落異國他鄉。

接著，震動中共殖民統治的是，東突厥斯坦人民革命黨。這個黨，長期組織、準備獨立運動，以推翻、驅逐中國殖民政權，建立獨立、自由的東突厥斯坦國家為目的。該組織自1967-68年開始開展活動。直到被叛徒出賣、暴露行蹤，大部分高層領導人被抓捕、被秘密處決，及一部分地方成員，倉促發動武裝起義，寡不敵眾，而全部英勇就義為止，東突厥斯坦人民革命黨發起的武裝反抗運動，持續了近四、五年，直到1970年代初。

東突厥斯坦人民革命黨組織，最為悲壯的起義，發生在東突厥斯坦南部重鎮喀什噶爾。1969年的8月20日，以前民族軍軍官阿訇諾夫（Ahunup）為首的一群維吾爾勇士，得知起義秘密已被洩漏的消息後，倉促間決定提前舉行武裝起義。起義隊伍在阿訇諾夫的領導下，和前來堵截[1]的、幾倍於維吾爾義軍的中共軍隊，展開三天三夜的浴血奮戰，最後包括義軍領袖阿訇諾夫，幾乎全部維吾爾義軍戰士獻身祖國壯烈犧牲！

老輩知識份子寫詩演講啓蒙民族

當時的中國，還在「文化革命」的黑暗籠罩中。大多數的中國人，還沉浸在對「偉大領袖」的盲目膜拜中。然而，在當時那樣一個黑暗、愚昧中，卻有那麼一群維吾爾人，當中的佼佼者、覺醒者，高舉自由、獨立的旗幟，為祖國、民族的自由、獨立而

1　迎面阻截、攔截。

獻身、而赴湯蹈火。多麼偉大的民族，多麼英勇的鬥士！究竟什麼人？什麼居心？敢公然否定這些勇士、先烈的壯舉！敢公然否認這些獻身者的崇高追求！

1970年代，是老一輩的維吾爾知識份子呼風喚雨的年代。覺醒的老一輩維吾爾知識份子，勇敢、大膽地出書寫歷史，寫詩、演講，喚醒沉睡中的民族，培養、鼓勵新一代的維吾爾年輕人，啓蒙民族、擺脫愚昧。然而，也是醞釀更大風暴來臨的年代！

如火如荼的啓蒙運動中，維吾爾人的社會，進入到了由老中青三代知識份子，由學生、宗教知識份子、小手工業者、農民大聯合，勇敢走上街頭，呼喊自由、獨立，並秘密組織政黨，準備武裝起義的1980年代！

1980年代的反抗運動，主要表現在街頭和平抗爭。首先是，1980年4月9日，發生於阿克蘇地區，因殖民軍警，酷刑折磨維吾爾青年堯樂瓦斯‧托赫提（Yolwas Tohti）致死而引發的、阿克蘇維吾爾民眾抬屍遊行，要求公平、正義，要求嚴懲兇手之壯舉。

接著是，1981年1月13日，喀什噶爾地區的葉城縣，維吾爾居民因為殖民政權縱容奴才軍警，放火燒當地維吾爾人新建清真寺，而引發的全縣城範圍內的遊行示威，當地維吾爾人高舉標語口號，要求實現宗教信仰自由，要求公平正義、嚴懲兇手。

烏魯木齊維吾爾大學生的影響力

最為壯烈的是，1981年5月27日，由喀什噶爾地區伽師縣

（Peyziwat）維吾爾知識青年艾山・司馬義（Hasan Ismayil）、達吾提・沙吾提（Dawut Sawut）領導的武裝起義。起義軍一開始，非常成功地，攻佔中共武裝部武器庫，奪取了一百多支槍、很多彈藥。然而，起義軍大多數成員，未經過組織及武器訓練，所以義軍很快被中共軍警包圍。經過了一天多的殊死搏鬥後，起義軍被殘酷鎮壓，大部分義軍將士被屠殺，一些被抓捕、判刑。

然而，鬥爭並沒有停止，緊接著，1981年10月30日，發生在喀什噶爾的大規模遊行示威。因中共政治移民，槍殺維吾爾青年阿不都克里姆・卡德爾（Abdulkerim Qadir），喀什噶爾維吾爾民眾憤而抬著死者屍體，走上街頭，要求公平正義，要求嚴懲兇手。

再往後是，1985年12月12日至19日，爆發在東突厥斯坦首府烏魯木齊的遊行示威。各大中專院校的維吾爾學生，大規模要自由、要民主。當時的維吾爾學生們，高舉著標語口號，排著整齊的隊伍，勇敢地走在烏魯木齊的各條大街上，走向自治區政府所在地，毫無畏懼地挑戰殖民當局。

這次的維吾爾學生運動，是東突厥斯坦歷史上，最具意義的一次學生運動。這次的運動，為未來幾十年的維吾爾自由事業，培養了一大批新人；為維吾爾自由事業，輸入了新鮮血液。現在活躍於世界各國、維吾爾獨立運動政治舞台，以及領導世界維吾爾大會的，很多維吾爾領袖，都是經過這次運動洗禮的維吾爾知識份子！

1988年6月15日，又是勇敢的「新疆大學」學生，走向烏魯

木齊街頭，要求公平正義。維吾爾學生們，在「新疆大學」、「大學生科學文化協會」組織者的領導下，聯合烏魯木齊其他各高校各民族學生，高舉著「自由、民主萬歲」、「民族平等萬歲」等口號，昂首挺胸，手挽著手，勇敢地走出校門呼喊自由、民主！

追求獨立的運動，沒有一天停止過

1980年代，東突厥斯坦各族人民的抗爭，以維吾爾、回族等各民族的宗教人士、社會賢達、民眾，於1989年的5月19日，團結一致，走向烏魯木齊街頭，要求宗教自由，要求公平正義之遊行，被中共殘酷鎮壓、大量維吾爾人被抓捕、判刑結束。這次的遊行，因《性風俗》一書作者，誣衊伊斯蘭先知穆罕默德聖人所引發，遊行示威持續了三天多。

1990年代，及其後的維吾爾人武裝反抗中共殖民侵略的鬥爭，更是風起雲湧，一波接著一波。這個時段，維吾爾人的反抗，以1990年4月5日巴仁鄉維吾爾農民起義開始，烽火連綿，至2009年的烏魯木齊7.5慘案，達到高潮。然而，因為這個時間，維吾爾人的反抗，與我這篇文章要討論的問題無關，我不在此列舉詳述。

我一一列舉，自中共1949年侵佔東突厥斯坦以來，至1980年代末為止，以維吾爾人為主的東突厥斯坦各民族人民，反抗中國殖民，追求自由、獨立武裝起義、抗爭，就是為了要證明，維吾爾人追求自由獨立的運動，一天都沒有停止過。

東突厥斯坦各民族人民，每一次的武裝起義，每一次的反抗、抗爭，並不是在某年某月某日突然爆發的。冰凍三尺，非一日之寒。每一次的起義，每一次的抗爭，都是東突厥斯坦各族仁人志士長期組織、醞釀的結果。

　　無論是在屠夫毛澤東時代、鄧小平時代，還是胡耀邦時代，無數維吾爾先烈，以可歌可泣的英雄壯舉，前仆後繼，延續了維吾爾人追求自由、獨立之理想。他們且將追求自由、獨立之火炬，交給我們。任何人、任何組織，無論「他」是誰，都無權以任何藉口，褻瀆無數維吾爾先烈之追求，無權將維吾爾自由、獨立運動引向歧途！

　　　　　　　　　（本文發表於 2014 年 7 月 16 日博訊新聞網）

23 ‖ 走鋼絲的維吾爾員警

良心未泯的員警兩頭為難

最近，我在一位朋友家，碰到一位剛從東突厥斯坦，來美國訪親拜友的維吾爾人。談話中，他談到，現在在職的維吾爾公務員的工作難度，特別是一些良心還未泯滅殆盡的維吾爾員警，工作中面臨的兩難選擇。

他舉了兩個例子來說明，這些良心未泯的維吾爾員警，工作的極端困惑，我覺得挺有意思，就寫出來和大家分享。

他說，他有一位非常要好的維吾爾朋友，在烏魯木齊市公安局工作，是個小官，有點民族自尊心，良心還未完全泯滅。這位朋友總是唉聲嘆氣，說他的工作太難做了，想辭職，但又不敢。

這位員警告訴他的朋友，自7.5後，他們維吾爾員警，就變成第一線和維吾爾人民打交道的員警。凡是被認為有危險的地方，漢人領導總會以各種理由，讓維吾爾員警處在前面。這些維吾爾員警，不僅要面對各種直接的危險，而且幾乎是手持現代武器，惡狠狠地、無情地面對自己小時的朋友、親戚鄰里。

維吾爾員警在審訊、辦案時，他們明明知道有些案子是冤

案，是酷刑折磨、屈打成招的結果，但因為上面總負責的是漢人警官，一旦他們提出疑問，很容易被懷疑為對黨不忠，包庇自己民族等，而背上「帶有民族情緒」的帽子。所以他們往往忍氣吞聲，眼看著冤案在自己眼皮底下發生，親人朋友的兒女被抓捕判刑、屠殺，而不敢吭一聲！

這些員警為了完成上級定期部署的，抓捕維吾爾人的數字指標，有時，還得昧著良心，去抓捕一些無辜者，明明知道他們是無辜者，還是得抓捕、參與審訊。

維吾爾員警提心吊膽一年

這位員警告訴他朋友的第一件事，是直接和7.5有關的。他說，7.5後的一周，這位員警參與一個拘留中心對被抓捕維吾爾人的審訊。

當時，在屠夫王樂泉的安排下，自治區政府從和田、喀什噶爾、阿克蘇農村調來一批鄉村派出所的維吾爾員警，來到烏魯木齊，協助7.5後對維吾爾人大規模的抓捕與審訊。自治區政府承諾，這些來自東突厥斯坦南部的維吾爾農村員警，如果他們表現好，將全部留在烏魯木齊工作。

「重賞之下必有勇夫」，這些來自農村的維吾爾員警，為了換取留在烏魯木齊工作的機會，他們在漢人主子的授意下，不僅在街頭胡亂抓捕維吾爾人，而且極盡其能，酷刑折磨、毆打抓來的維吾爾人，屈打成招、製造冤案，以換取立功表現，最終得以留在烏魯木齊。

一天，這位來自烏魯木齊市公安局的維吾爾員警，參與一個審訊時，他發現三位被抓來審訊的維吾爾年輕人，是自己朋友的孩子。

當時，前來襲擊維吾爾人的漢人暴徒，氣勢洶洶，手拿棍棒、鐵鍬、十字鎬。這三個維吾爾孩子，只因自衛抵抗，就被抓來，罪名是持有兇器。而所謂的兇器，只是臨時撿來的棍棒，不是什麼鐵鍬、十字鎬等，而且他們是看到漢人暴徒衝過來時，為了自衛而撿來的棍棒！。

漢人暴徒被軍警驅散，然而，為了自衛拿起棍棒的維吾爾年輕人，卻被抓來審訊。這位員警瞭解事情真相後，要求釋放三位維吾爾年輕人。但首先是漢人領導不同意，漢人領導認為，通過審訊，肯定能發現其他線索。其他兩位參與審訊的，來自農村的維吾爾員警，也積極要求，繼續對這三位維吾爾年輕人進行審訊，而且提出，要加大審訊力度。所謂加大審訊力度，就是連續長時間審訊、剝奪睡眠、嚴刑拷打。

進過一番激烈爭論，再審訊幾個小時後，拘留中心的漢人領導，極不滿意地同意，那位烏魯木齊市公安局維吾爾員警的請求，同意有條件釋放那三位維吾爾青年。

最後，三位維吾爾青年的父母，在寫了保證書，並交了一大筆罰款後，將三個孩子領回了家。但那些維吾爾家長不知道的是，那位烏魯木齊市公安局的維吾爾員警也寫了保證書，以個人名義擔保，這三位維吾爾青年不是「暴恐分子」，不會給政府製造麻煩。

這位維吾爾員警，提心吊膽地過了將近一年的日子。他眞的擔心，哪天這三個維吾爾年輕人，萬一惹出了什麼事，那自己也跟著完蛋了。

是「良民」，能否不抓人？

再往後，這位烏魯木齊市局維吾爾員警，被下放到市區，負責協助一個維吾爾片區[1]的安全管理。讓他最爲難的是，每年繁多的「敏感日」的安全問題，及其前後的抓捕。

所謂敏感日，大多數要麼是維吾爾人的節假日，要麼是漢人的節假日，及中共的節假日。而其中最敏感的敏感日，則是那些東突厥斯坦歷史上的血案、慘案紀念日，如7.5、4.5、2.5等。

每次敏感日前，上面都下達「抓捕維吾爾人」的指標。每個片區負責人，都要保證抓夠指標，以保證自己的片區在敏感日的安全。而這位維吾爾員警片區的維吾爾人，大多數是一些做小本生意的維吾爾人，都是一些小商小販。

一次，上級又在敏感日前，給他的片區，下達了要抓捕四名維吾爾人的指標。他的片區已經抓得幾乎沒有年輕人了。這位維吾爾員警實在是忍不住了，就提出他以個人名義擔保，他片區的維吾爾人是「良民」，能否不抓人？

經過三番五次的協商，找更高級別領導申訴等，這位維吾爾

1　**片區**：中國政府將每一城市劃分成區塊兒管理，一個區有分成片，每一片有幾個警察負責管理。這個警察就被稱爲片兒警。

員警似乎說服了上級領導，他們同意可以不抓他片區的維吾爾人，但每一個維吾爾人要寫保證書，保證敏感日期間不出家門，發現嫌疑人員立即報告員警等。而且，這位維吾爾員警也要寫保證書，保證敏感日期間這些維吾爾人不出家門，不參與所謂任何非法活動。

這下，這位維吾爾員警的麻煩更多了。爲了保證不出事，這位維吾爾員警不得不每天去幾趟那些維吾爾人家，告訴他們千萬別出門，不要給他找麻煩。當然他不敢洩露上級下達有抓捕維吾爾人指標之事。

我聽完也深深吸了口氣。確實，這些良心還未完全泯滅維吾爾員警的日子，看起來也很不好過。替殖民政權賣命、當狗腿子，也挺不容易的。他們似乎也是在走鋼絲，那平衡一旦把握不好，早晚是要摔得粉身碎骨、死無葬身之地。

（本文發表於 2014 年 7 月 19 日博訊新聞網）

24 ‖ 分裂的開齋節

　　今年（2014年）7月28日星期一，是全世界大多數穆斯林的「開齋節」節日。這一天，全世界大多數國家和地區，不同膚色、不同種族，說著不同語言的穆斯林，一大早來到各地清眞寺，在娓娓動聽的神聖《古蘭經》誦讀聲中，禮節日拜，共慶神聖齋月的結束。

開齋節的聚會活動。（攝影師Yulghun提供）

中共強行干涉伊斯蘭宗教信仰

然而，全世界有一個例外，那就是東突厥斯坦及中國境內的穆斯林！東突厥斯坦及中國境內的穆斯林，晚於全世界穆斯林一天，於7月29日星期二，過開齋節！

這不是第一次，我相信也不會是最後一次。自中共統治以來，歷來如此！

眾目睽睽之下，公然違背伊斯蘭傳統、教律、教規，干涉穆斯林大眾的節日禮拜時間，全世界大概只有在中共統治下的中國和東突厥斯坦可以見證。

更讓人噁心的是，那些助紂為虐、苟且偷生的，披著「伊斯蘭學者」、「大阿訇[1]」、「大毛拉[2]」外衣的，所謂中共御用「宗教愛國人士」。他們昧著良心，無恥地為俸祿，為俗世利益，對共產黨橫加干涉宗教一事，唯唯諾諾、低頭服從；他們公然背棄《古蘭經》所引正道，拋棄穆聖聖訓所指大道，淪落為無神論共產黨藉以分裂穆斯林大眾的工具、狗腿子！

這些御用的伊斯蘭學者，明知無神論共產黨政權，假借規定開齋節、宰牲節日期，強行干涉伊斯蘭宗教信仰，明知這是違背教規、教律的行為，他們還是不哼不哈，無恥地替無神論共產黨的強行干涉宗教——伊斯蘭教的醜惡陰險行為辯護。

1　波斯語，意為「老師」或「學者」。
2　穆斯林將德高望重者稱之為「大毛拉」。

中共硬性干涉開齋節、宰牲節（古爾邦節）等伊斯蘭宗教節日，是有其險惡目的的！

首先，中共分裂東突厥斯坦及中國穆斯林與世界穆斯林之團結，強行割斷這三者之間的宗教聯繫，並分裂他們之間的教胞情意，同時割裂這三者之間的宗教感情，繼而達到將東突厥斯坦及中國穆斯林孤立於世界穆斯林之外的目的。

中共故意錯開全世界的開齋節

其次，中共有意分裂世界穆斯林大眾，在穆斯林大眾心裡撒下分裂的種子。然後，人為製造慫恿伊斯蘭教派之爭，製造教內兄弟內訌；最終，達到分而治之目的！

中共政權，利用其控制下的中國伊斯蘭教協會，及其御用伊斯蘭學者、大阿訇們，每年以政府行政命令形式，公開發佈及規定開齋節、宰牲節（古爾邦節）等節假日的休息時間，故意使東突厥斯坦及中國穆斯林的節日，與全世界穆斯林的節日時間不同，早一天或晚一天過開齋節、宰牲節（古爾邦節）。

伊斯蘭曆是陰曆，和西曆相較，每年缺大約12天。所以每年看起來，穆斯林的這兩個節日，是在往前推。今年是7月28日，明年就可能是7月16日左右。

開齋節準確日期的不確定，是《古蘭經》、聖訓，鼓勵「見月始齋」、「見月開齋」之故。因而，因天氣的陰晴，過去，在一些局部地區，出現一天前後之區別，是很正常的。

如今，隨科學技術及天文學的發展，伴隨資訊交流技術的迅

猛發展，以及世界著名伊斯蘭學者觀點交流的頻繁、開放，近幾年以來，全世界大多數地區的穆斯林大眾，跟隨沙特[3]伊斯蘭聖地麥加始齋、開齋，已成爲常態。

當然，在一些偏遠、資訊閉塞地區，開齋節日出現一天前後之差，仍然是正常的。然而，這差別不能在一個大如東突厥斯坦及中國之廣大地區，以整齊劃一的晚一天形式出現，這是很不正常的，明顯是政府強制干涉的結果。

更何況，東突厥斯坦及中國穆斯林的開齋節日，甚至晚於西半球歐美等國穆斯林的開齋節日期。

東突厥斯坦及中國穆斯林，在無神論中共的暴力脅迫下，被迫在有別於全世界大多數穆斯林大眾，甚至有別於西半球穆斯林大眾的時日，全體一致，和世界穆斯林錯開過開齋節、宰牲節（古爾邦節），令人震驚，令人憤怒！更感中國政府的虛僞和無恥！

（本文發表於 2014 年 7 月 30 日博訊新聞網）

3　即沙烏地阿拉伯。

25 莎車人民吹響了東突厥斯坦獨立的號角

維吾爾人，用生命捍衛自己的自由

莎車維吾爾人血流成河！手無寸鐵的莎車維吾爾人，被殖民政權出動的軍警屠殺，男女老少屍橫遍地！

據海外維吾爾人得到的、來自莎車的可靠消息，至少上千維吾爾男女老幼被屠殺！

具體到有多少維吾爾人村莊，被進攻、被夷爲平地，有多少維吾爾男女老幼，被中共軍警殘酷屠殺，目前，我們無法得到更多準確消息。

中共殖民政權正在使用國家暴力機器、宣傳機器，極盡其能地，控制當地資訊的外洩。莎車及其附屬地區，包括喀什噶爾，已經被封網，電話打不進、也打不出！維吾爾人的自由流動，也已經被嚴格限制！

對於屠殺慘案的報導，只有中共殖民政權吞吞吐吐、前後矛盾的一面之詞！

這次，包括胡錫進的《環球時報》，也被其主子禁止胡亂吠叫。《環球時報》急於抱習近平大腿，先期發出的報導，也被迫

收回更正。《環球時報》不得不自打嘴巴，就莎車屠殺事件報導，發表事實更正聲明！胡錫進拍馬屁，拍到馬蹄子上了！

但莎車屠殺慘案，有一點是可以肯定的，那就是：手無寸鐵的莎車維吾爾人，在勇敢地反抗中共殖民政權及其壓迫，而且是大規模的反抗！莎車維吾爾人，開始了全民反抗中共的民族壓迫抗爭，這是不爭的事實！

不管中共殖民政權及其媒體如何歪曲、掩蓋，維吾爾人正在進行的、全民族反抗中國民族壓迫的抗爭。反抗，已經是事實，而且是非常激烈的反抗。

這不用我多費筆墨去證實。近一年多來，東突厥斯坦接連不斷發生的反抗、被屠殺、再反抗、再被屠殺的血腥事件，非常明確的告訴任何一個有正常思維頭腦的人，這塊兒土地已經失去了平靜，這塊兒土地正在燃燒！這塊兒土地正在被這土地主人的鮮血染紅！這裡的人民，已經開始用生命，捍衛自己的自由、尊嚴！

全世界譴責以色列，沒人譴責中共

如果說2009年的7.5慘案，東突厥斯坦的維吾爾年輕人，是以犧牲自己生命，點燃東突厥斯坦自由火炬的星星之火的話，今天的莎車維吾爾人反抗，則是自由火炬燎原全東突厥斯坦的象徵！自由的火炬，正在燃遍東突厥斯坦！

這火勢將越燒越旺，將不僅蔓延全東突厥斯坦，而且，最終將跨過玉門關，蔓延至中國，將風捲殘雲般燃燒淨盡中共邪惡政

權及其附庸！

維吾爾人在付出極大的代價，不僅是家園、土地，而且是最珍貴的生命！有成千上萬的維吾爾人，每天在被武裝到牙齒[1]的中共軍警殘酷屠殺；有男人、有女人，有老人、有小孩！

這些維吾爾人的罪名？因爲要求平等、自由，公平、尊嚴！一個活在這個所謂的「文明時代」的、最普通人的、最基本的要求：尊嚴！這些被屠殺的維吾爾人，大多數是生命之花才剛剛開始開放的年輕人，他們絕大多數是農民。他們唯一的要求，是人的尊嚴！

就因爲這些維吾爾人，要求自由、尊嚴，他們就被屠殺。被屠殺的不僅包括了成千上萬的年輕人，而且還包括了很多出世不久的嬰兒、幼兒，也包括了很多非常年老的老人，男的、女的，還有很多無辜的維吾爾婦女！

近一個星期以來，聯合國、世界各國政府、非政府組織，及世界知名學者、政客，爲以色列在加沙[2]的暴行而表達遺憾，表示憤怒、譴責，包括美國、歐洲、阿拉伯國家，西方世界、穆斯林世界、基督教世界、佛教世界等等。甚至一些海外的維吾爾人，也不斷在臉書上，轉貼以色列在加沙的暴行。然而，卻鮮有國家、組織，及名人、政客，因爲中共在東突厥斯坦的野蠻暴行而表達遺憾，表示憤怒、譴責！

1　**武裝到牙齒**：中國慣用語，意指政府使用暴力機構全副武裝對付民眾。

2　台灣譯爲加薩。

很多中國民運人士、公民運動人士、良心律師、訪民[3]，以及其他中國力推民主、法制的知名學者、專家，一說到中共對他們的迫害，他們眾口一詞、義憤填膺地指斥中共政權的殘暴、無恥。他們對中共媒體的抹黑報導不屑一顧，將中共媒體的報導斥責為謊言、褻瀆！他們毫不猶豫地指斥中共政權，為一個以謊言起家的魔鬼邪惡政權！

民運人士一談維吾爾問題就變臉

然而，一說到維吾爾人問題，特別是維吾爾人反抗中共暴政的問題，這些民運、公運人士，良心律師、訪民，以及推進民主、法制的中國專家學者，大多立即開始變臉。他們開始毫無質疑地，接受中共對維吾爾人的恐怖指控，和中共政權沆瀣一氣、譴責手無寸鐵的維吾爾反抗者！這些中國公知[4]毫無底線的變臉把戲，對我們不瞭解中國變臉術的人來說，實在難於理解！

罷了！我始終相信一個民族的自由、尊嚴，不是靠他人或其他民族的同情、施捨而能換得的。自由、尊嚴是要靠自己爭取的。而且，自由從來就不是無代價的！

維吾爾人在進行一場孤立的、悲壯的自由、獨立事業！

國內的維吾爾人，處在孤立、封閉、隔絕的絕對險境中。他們面對強大的敵人，只能使用最原始的武器，以生命、以鮮血，

3　**訪民**：上訪伸冤的人民。
4　**公知**：為大眾發聲的公共知識分子。

爭取自由、尊嚴。國外的維吾爾人及其組織，面臨無所不在的中共特務的圍攻、謾罵、中傷、圍剿，仍盡自己最大的能力，以有限的人力、物力、財力，將維吾爾人自由、正義的呼聲傳向世界！

自由、尊嚴的號角已經吹響，自由、獨立的星月藍旗已經在飄揚！

既然我們已經付出了這麼多的生命代價，流了那麼多的血，跋山涉水、披荊斬棘走到了今天，維吾爾人的這場鬥爭就不會停止了。維吾爾人不會再重複東突厥斯坦第二共和國所犯的和談、妥協，葬送獨立、自由的悲劇，一定會將獨立、自由的事業進行到底！

（本文發表於 2014 年 8 月 5 日博訊新聞網）

26 ‖ 張春賢在火上澆油

偽善人張春賢提出的生育計劃

記得幾年前，當張春賢躊躇滿志地，前來東突厥斯坦，接替屠夫王樂泉，任殖民政權駐東突厥斯坦總督時，中國官媒吹捧張春賢的文章不斷，大吹大擂自己杜撰的中共「治疆政策有變」、張春賢要「柔性治疆」。有人更肉麻地吹捧張春賢為「菩薩」等等。

這不[1]，一晃才過幾年，這位「善人」、「菩薩」，張春賢，這位要「柔性治疆」的中共封疆大吏，就開始沉不住氣了，開始脫下他偽裝了幾年的虛假「善人」、「菩薩」面孔，赤裸裸地叫囂要「嚴打、露頭就打、就地正法」等。

最近，這位焦頭爛額、急如熱鍋上螞蟻的總督，又扯下他最後僅剩的一塊遮羞布。在7月份的中國《求是》雜誌上，總督張春賢發表一篇題為：「奮力譜寫新疆社會穩定和長治久安新篇章」的文章。文章中，張春賢囉裡囉唆地，重複殖民政權的陳詞

1　**這不**：口頭語，類似於「你看」，或者「也就是說」等。

濫調之後，竟毫無羞恥地提出要「實行各民族平等的計劃生育政策，降低並穩定適度生育水準」！

維吾爾人一直要求平等，有時，以溫和、和平的方式；有時，以極端、激烈的方式。但中共殖民政權始終裝聾作啞，或歪曲理解維吾爾人的平等訴求，或乾脆自作主張，替維吾爾人決定維吾爾人的平等訴求。但是，中共殖民政權從來就沒有以現代文明人的思維，想過真正要找幾個、幾十個、上百上千個，真能代表維吾爾人的各界人士，去進行平等有效的對話，去問一問維吾爾人，他們真正的平等訴求是什麼。

該平等的地方，沒有平等。中國《憲法》及《民族區域自治法》中承諾的平等，如民族語言使用、民族文化發展、民族傳統弘揚、實現信仰自由、擴大民族就業、發展民族實業等，一個都沒有兌現、落實！若要考慮到維吾爾民族人口基數，不應該刻意追求平等，而應該在自治法範圍內，給予適當特殊的保障。他們卻大喊大叫要實現民族平等，這就是張春賢之流一群靠吃「維穩」、「反恐」飯的酒囊飯袋的新計策？

這是火上澆油！

計生幹部要求懷孕者強制墮胎

很多漢人一直憤憤不平，認為維吾爾人享受了太多的政策「優待」；因為眾所周知的、一面倒的宣傳，很多漢人不知道什麼是「自治區」，以及自治法授予自治民族的自治權利，所以，我也不囉唆去抱怨這些漢人的無知。

所謂對「少數民族」計劃生育的「優待」政策，咱暫且擱下誰是這塊兒土地的主人、誰應該行使自治權的爭論，就事論事，說一說對維吾爾人計劃生育「優待」的實質！

　　按書面政策，城市少數民族被允許可以要兩個孩子，但實際情況又如何呢？

　　少數民族想要第二個孩子：

　　第一，需要「等待」允許生第二個孩子的指標。等待允許生育第二個孩子指標的時間可長可短。有時，等待時間可長達六、七年。所以，很多民族家長在等待了幾年後，因為健康、年齡等各方面的原因，不得不放棄生育第二個孩子的願望。

　　第二，城市少數民族居民，在收入、住房、教育、未來就業等等一系列問題上，面臨著不同於政治移民的巨大壓力，面臨著殖民政權公開、隱性設置的種種障礙、局限、不平等。因為社會、生活、政治的巨大壓力，很多民族家庭，在生育第一個孩子後，往往有很多「少數民族」家長，自願放棄生育第二個孩子。

　　第三，殖民政權威脅利誘「只生一個孩子」欺騙政策。殖民政權以一次性的資金獎勵、升官發財等的虛假承諾，欺騙無知民族婦女過早結紮，使其失去生育能力等等。

　　農、牧區的民族家庭，並不比城市情況好多少。農牧區的民族家庭，也都面臨著殖民政權同樣的限制，同樣的威脅利誘，而且，農牧區的民族家庭，經濟條件更為惡劣、一貧如洗！更為可惡的是，農牧區的共產黨「計生幹部」如納粹、黑手黨，無惡不作！

這些所謂的計生幹部，挨家挨戶探頭探腦，一旦發現懷孕民族婦女，無論其懷孕時間長短、孩子是否已成型、是否影響母親身心健康，一律實行強制墮胎！

稀釋人口失敗，改用限制生育

總之，因為中共殖民政權的公開、隱性阻止民族家庭生育政策，現在的東突厥斯坦，城市民族家庭也好、農牧區民族家庭也好，基本上是和中國漢人一樣，要嘛是獨生子女家庭、要嘛是四口之家，民族家庭鮮有超過三、四個孩子的。

在此，我敢肯定地說，在東突厥斯坦，政治移民每年的非法超生人口數、遠遠超過民族家庭合法生育的二胎人數！這是不爭的事實。

張春賢秉承毛賊[2]、鄧屠[3]、江[4]、胡[5]、習[6]，及其同黨制定的，在東突厥斯坦維吾爾人自己的家園，實施長期戰略政策，以減少、「稀釋」維吾爾人口。先是繼續以物質、金錢，鼓勵中國政治移民。然而，近幾年來，伴隨著維吾爾人激烈的反抗，中共企圖以大量政治移民，來減少、稀釋東突厥斯坦南部維吾爾人口的詭計，在東突厥斯坦局部遭遇了失敗。

2　毛澤東。
3　鄧小平。
4　江澤民。
5　胡錦濤。
6　習近平。

現在，張春賢急於表現自己的能力，挽救自己無能的形象，在黔驢技窮情況下，提出了這火上澆油的、所謂「實現計劃生育民族平等」之蠢策。

然而，從長遠看，張春賢這一惡毒政策，將對維吾爾民族的生存、延續，構成致命的威脅，這是張春賢為首殖民政權想出來的釜底抽薪之策！

別看張春賢平時文質彬彬，人模狗樣的。然而，他的心忒黑[7]！中國人說：「最毒莫過婦人心」，我看應該改成「最毒莫過春賢心」。

維吾爾人有句諺語：「驢一抬尾巴，趕驢人就知道它要拉什麼臭屎」。同樣，維吾爾人早就知道張春賢這頭蠢驢，也拉不出什麼好東東來。而且，維吾爾人也還知道，中共殖民政權這條瘋狗的狗嘴裡，從來就沒有吐出過什麼好東西！

維吾爾人準備好了！維吾爾人什麼樣的惡毒沒有經歷過、沒有見識過？在東突厥斯坦被點燃、熊熊燃燒的獨立、自由之火種，很快，將以更快、更烈之勢蔓延，最終，燒盡殖民政權的惡臭，滌淨祖國的山河，迎來自由、獨立的藍天！

（本文發表於 2014 年 8 月 9 日博訊新聞網）

7　心太黑。

27 ‖ 民族壓迫中的維吾爾農民之一

十戶長監視人民全家全天動態

上個星期無意中，碰到了一位剛從東突厥斯坦來美國不久的維吾爾年輕人，他來自喀什噶爾附近疏勒縣農村，父母兄妹都是農民。

談話中，我特別問他，有關東突厥斯坦維吾爾農村的現狀，他就他所知，詳細地回答了我的問題。今天，我將瞭解到的情況寫出來，目的只有一個，讓大家瞭解，東突厥斯坦維吾爾農民，現在，每天每時每刻，所遭遇的、史無前例的民族壓迫和民族歧視。

這位年輕人告訴我，現在東突厥斯坦南部的維吾爾農村，每十個維吾爾家庭被劃分為一個安全單位，中共殖民政權從這十戶維吾爾家庭，選出一位中共信任的維吾爾人，來擔任十戶長。十戶長負責監視、監督其所管轄十戶維吾爾人全家全天動態，包括家裡來客來人，婚喪嫁娶，喜慶葬禮，宴請賓客，親情聚會等等。

任何一家維吾爾人，要辦任何涉及來人來客、親情聚會、婚

喪嫁娶，都要先向十戶長彙報。經十戶長調查核實後，再拿著十戶長簽字的報告找村長、村支書[1]及駐村員警審批。

未經十戶長調查，未獲村長、村支書、駐村員警審批，任何維吾爾家庭不得在家舉辦任何形式的活動，不得宴請賓朋，不得舉辦婚喪嫁娶，不得聚眾念經做禮拜。否則，一概以非法聚會，非法宗教論處。

婚喪嫁娶、親情聚會、來客來人，維吾爾農民都被要求事先申報人數、姓名住址，在獲得十戶長及村、鄉調查審批後，才可舉辦。而且，獲得審批後，舉辦活動家庭不得擅自變更、增加參加活動人數。通常，十戶長要到場實施監督，村鄉軍警查訪人員也可以隨時進入現場清點人數、檢查身份證。

人民不能鎖門，常半夜被調查

維吾爾農民若未經十戶長批准，不得越級找村長、村書記及駐村員警辦任何事。事實上，在未拿到十戶長調查審核報告前，找村長、村支書、駐村員警也根本辦不成任何事。

維吾爾農民到鄉政府辦事也一樣，先得獲得十戶長的調查審核簽字，再找村長、村支書、駐村員警審批，然後才能拿著上述各位簽字的審批報告，進入鄉政府大院，找鄉幹部辦事！

鄉政府大院門口都有協警持械把門，鄉政府大院裡有駐防武

1　**村支書**：村共產黨支部書記；在東突厥斯坦，基本都派漢人擔任，實際上的一把手（老大）。

警。如有任何維吾爾人硬闖鄉政府，那就是彌天大罪，後果不堪設想。輕的，可能被抓捕蹲牢；重的，駐防武警可以開槍打死。

任何維吾爾農民家庭，晚上睡覺時，不得從裡面插門，包括院門、房屋門。家門一定要是開著的，以備政府人員隨時進入查訪；如果家門插上了，說明你有問題，你在隱藏什麼，查訪人員可以叫軍警破門而入，任何後果，維吾爾農民自負！

夜晚入戶查訪都是突然的，沒有特定時間。查訪一般是十戶長加村長或村支書、村警及兩三個協警。一旦入戶查訪的來了，必須全家人起來，全部集中在一間屋裡，等待問話，大人小孩都不例外。入戶查訪人員，可以隨意翻箱倒櫃，進行搜查！一般維吾爾農民家庭，兩三天要被查訪一次，大多數時候是後半夜！

最悲慘的是，進入中共殖民政權黑名單的維吾爾農民家庭。

每個村都列有要重點查訪的黑名單。上黑名單的家庭，絕大多數是比較虔誠的維吾爾穆斯林家庭。構成虔誠的穆斯林「上黑名單」的條件是：按時做一天五次禮拜，會念《古蘭經》，能夠講解伊斯蘭教基本概念的任何維吾爾農民。

允許出版的維吾爾書籍照樣被抄

重點監視家庭，每天面臨軍警、村鄉查訪人員不定時、突然襲擊式的查訪。白天黑夜，任何時候，軍警、村鄉查訪人員，都可以未經任何人授權，進入黑名單家庭進行搜查。對上黑名單家庭的查訪時間，大都選在凌晨進行，而且，完全是突然襲擊方式。

非常有意思的是，這位年輕人告訴我，每次搜查維吾爾農民家庭，村鄉、軍警查訪人員只要見到是維吾爾語的書籍，就要查抄，不管查抄的書籍是宗教（伊斯蘭教）內容的，還是其他文學、歷史、科技內容的，也不管是合法出版的，還是非法出版的。

　　這位年輕人告訴我，現在維吾爾農民家庭中，搜出的維吾爾語書籍，只有極少一部分是有關伊斯蘭的宗教書籍，絕大多數是有關維吾爾文學、歷史的書籍，而且，還有不少是由漢語翻譯的文學、正經類書籍，這些書是維吾爾農民從新華書店買來的。也就是說，這些書籍是中共殖民政權允許出版發行的書。

　　但是，村鄉、軍警查訪人員，就是堅決不聽維吾爾農民的解釋，見到維吾爾語書籍，只管強行沒收！要和他們講理，就要面臨麻煩，要跟他們去村員警所，弄不好麻煩更大，所以維吾爾農民大都保持沉默，任他們查抄！

　　如果任何維吾爾農民，對這種非人待遇，明顯的民族壓迫、民族歧視有意見，表達任何不滿、或反抗，本人及其家人將面臨種種麻煩，包括被捕坐牢，槍殺、失蹤。所以大多數的維吾爾農民敢怒不敢言，保持沉默。

（本文發表於 2014 年 8 月 16 日博訊新聞網）

28 ‖ 民族壓迫中的維吾爾農民之二

探親訪友需要開「良民」路條

　　東突厥斯坦維吾爾農民的遷徙自由，幾乎被剝奪殆盡，特別是南部農民的遷徙自由，受到極為嚴格的限制。

　　維吾爾農民要到鄰縣探親訪友，必須要開「良民」路條。路條要有十戶長及村長、村支書、村警的簽字核准。到訪親戚必須在當天以最快時間通報十戶長。十戶長要入戶進行調查、談話，確定來人是否是其屬下親戚，且為「良民」，還要問清楚要待多長時間；調查包括察看來者身份證、詢問，如果是來自鄰縣農民，還要查看所持的「良民」路條等等。來訪親戚必須按時離開。如需延誤，還得讓十戶長、村長、村支書、村警批准！來客自始至終，處於十戶長及其助手的監督之下。

　　村與村之間的來往，相對較為不麻煩，只需出示身份證即可通行。村與村之間都設有卡子[1]，卡子上一般是兩三個持械協警[2]。這些協警，是當地政府雇用的村鄉地痞無賴，即便是對本村農民，他們也都非常粗暴、無禮，更遑論陌生人了！只要稍不注意、或忘記帶身份證，就可能使任何一個農民面臨極大麻煩。

如果要出遠門，如跨地區，則需要先獲得十戶長、村長、村支書及村警所開的「良民」條子，然後，去鄉政府開「正式路條」，到鄉派出所開「無犯罪證明」等等。[12]

　　南部各縣的縣界，都有檢查站，大多都是持槍的公安、武警聯合檢查。而且只查維吾爾人。若有人沒有帶身份證、良民證、路條等，那就倒大霉了！這個人得先進拘留所等著，等到他家裡的人來了，先付罰款，然後再領人回去。東突厥斯坦南部土地相對緊張[3]，一般一家維吾爾農戶，也就平均二十畝左右；但是，就有例外。

　　我問這位來自疏勒縣的維吾爾年輕人，他們村裡土地最多的是誰？年輕人告訴我，他們村裡有五、六戶漢人農民，大約是在2002年前後由內地遷來的，他們擁有的土地是最多的！

維吾爾學生被迫為漢人拾棉花

　　我問大概多少畝？他回答：「一戶至少擁有四、五百畝土地！」我又問：「維吾爾人有沒有擁有四、五百畝土地的？」他斬釘截鐵地回答：「沒有，維吾爾村長大概也只有兩、三百畝土地，那是最多的啦！」我又問他，這五、六戶漢人主要種植什

1　**卡子**：哨卡、檢查站，一般有一兩個警察，帶著幾個民兵或輔警（臨時輔助警察的人員），檢查過往人員身分。
2　**協警**：警察臨時雇用幫忙人員，不是正式警察，但比警察更兇惡，更肆無忌憚。
3　**相對緊張**：比較不充足，不夠用。

麼？他說：「棉花」。這一說，又引出了另一話題。

　　這位年輕人告訴我，每到棉花收穫季節，村裡都會強制安排村、鄉的初、高中維吾爾學生停課，前往漢人的棉田去拾棉花，而同村的維吾爾農民，卻要自行解決勞力問題。村鄉政府美其名曰「為加強民族團結，幫助漢族農民兄弟」！

　　棉花採收時期，晚拾一天，就可能降低等級，而導致農民賣不了好價錢！這是「自治區」的農村裡，凡種棉花農民都知道的一個事實！這更是一種政府變相掠奪維吾爾農民的制度！

　　我又問這位年輕人，剩餘勞動力轉移的問題。他告訴我，縣鄉政府規定：「凡是初中畢業，未考上高中、或中等專業學校的維吾爾女生，必須服從政府安排，前往中國其他省份去打工。如果家長堅決拒絕，就要面臨被罰重款，關禁閉、參加學習班，直至家裡的種植土地被政府強制沒收。」

　　我又問了一遍，「只是女孩子嗎？」他再一次斬釘截鐵地告訴我：「是的，只是女孩，未婚女孩！」年輕人告訴我，有的家長為了避免女兒被強制拉走，在初中畢業前，就談好婚嫁事宜，一等畢業，立即結婚。他告訴我，令他非常奇怪的是，只要女孩一結婚，村鄉幹部就不再堅持送這些結婚女孩去中國其他省份打工了。

　　當農民不容易，當維吾爾農民更不容易！尤其是在東突厥斯坦南部，當農民，那更是如在地獄煎熬！

　　　　　　　　　　（本文發表於 2014 年 8 月 19 日博訊新聞網）

29 ‖ 一位旅遊經理的陳述

來喀什噶爾，應品嚐維吾爾飲食

上個星期的週末，我去拜訪一位老朋友。交談中，老朋友談起他在喀什噶爾外賓館，當旅遊部經理時的一段經歷，挺有意思的。在徵求老朋友意見後，決定將其寫出來。事件雖小，看起來也很普通，但反映的卻是，東突厥斯坦民族矛盾走到今天之過程的一個縮影。

朋友告訴我，80年代末，他大學畢業後，分配到喀什噶爾外賓館做導遊。外賓館的經理是個維吾爾人，當然，書記是漢人。當時的喀什噶爾外賓館只有一個餐廳，是維吾爾餐廳，餐廳經理為維吾爾人，但炊事員維吾爾、漢幾乎各一半。

90年代初，朋友去參加一次全國英語演講，比賽獲得第三名的名次。回來後，他很快就被提拔為旅遊部副經理，由此進入領導層。

朋友說，90年代初，喀什噶爾外賓館開始興建一個大餐廳。他以為這個正在興建的大餐廳，肯定是為了擴展維吾爾餐廳而建的。等建成後，他才發現，新的大餐廳，是要用於開辦一個新的

漢餐廳，而不是用於擴展維吾爾餐廳。

在一次領導會議上，朋友提出這個問題。他指出，喀什噶爾是一個傳統的維吾爾城市，喀什噶爾的旅遊特色，就是維吾爾文化、傳統、飲食、服裝等。「來喀什噶爾旅遊的人，應該是衝著喀什噶爾維吾爾人的傳統文化、飲食而來的，我們應該擴大的是維吾爾餐廳，而不是新開一個非常大的漢餐廳。如果一定要有個漢餐廳的話，可以將現有的維吾爾餐廳改裝成漢餐廳，而將新的大餐廳用於維吾爾飲食服務。」

朋友說，他說完話以後，發現大家都在看著他，似乎在看一個來自外星的人。最後是漢人書記打破沉默。書記說道：「很多漢人來到喀什噶爾以後，吃不慣維吾爾人的飯，特別是漢族客人，受不了羊肉的膻味，所以外賓館需要一個漢餐廳，這是不容置疑的。」

維吾爾餐廳變成漢餐廳的附屬

朋友說，書記的話音一落，他又不知天高地厚地，直接向書記發問道：「那為什麼不能將維吾爾餐廳，改造成漢餐廳？而將新的大餐廳，用於維吾爾飲食服務？畢竟大多數來喀什噶爾的遊客，無論是漢人，還是外賓，都是希望能嘗試一下維吾爾傳統飲食。喊叫不習慣維吾爾人飲食的，畢竟還是少數呀！」

朋友說，漢人書記的臉，一下子就沉了，他有點不耐煩地說道：「你不要光看到現在，以後到喀什噶爾來的遊客，將以漢族人為主，他們不可能只是來幾天就走的。你想改變漢人的飲食習

慣嗎？你們那維吾爾飲食也就是羊肉，變不出幾個花樣！漢餐廳一定要大，飯菜水準要達到內地飲食水準！好了，這事早就定了，今天不再討論這個問題。」

朋友說，他看看其他幾位維吾爾幹部，但大家都沉默不語，他也就只好放棄繼續爭論。

漢餐大餐廳開業後，維吾爾餐廳變成了漢餐廳的附屬，維吾爾餐廳經理，也變成了餐飲部副經理，餐飲部經理則是由漢餐廳漢人經理擔任。過去由維吾爾經理負責的採購等權力，全部也都非常自然地轉到漢人經理手中。

很快，因為漢餐廳開業，餐廳開始人手不夠，需要招工填補人員。外賓館召開了

招工的會議，由各部門領導參加。會議上，書記提出要招十幾名新員工，民漢比例「一半對一半」。

朋友說，他又坐不住了，要求發言。在得到允許後，他提出：根據政府發佈的人口統計數字，當時喀什噶爾市區的人口比例是民族70%、漢族30%；所以招工是否也應該是7：3比例，也就是說民族70%，漢族30%。

朋友說，等他說完後發現，會場如此地靜，以至於讓人懷疑是否還有其他人。沉默了一陣後，令朋友驚訝的是，一位維吾爾女副經理，獻媚地看了一眼漢人書記，在獲得書記點頭示意後，打破沉默說道：「每次維吾爾人過年過節，我們都會出現人手短缺，所以多招點漢人員工，可以解決我們過年過節時的員工短缺現象。我反對按民族比例招工，這種過分強調民族的說法，也不

利於民族團結嘛！」

旅遊部副經理調到鍋爐房燒鍋爐

朋友說，他一下子就火了，他立即反駁說：「民族職工也就兩個節日而已，古爾邦節、開齋節，全部加起來，也不過六天休息時間，完全可以倒換調休。更何況春節等其他節假日，漢人不也休息嗎？維吾爾人不是也在替班嗎？節假日的問題，是兩個民族都同樣面臨的問題，怎麼到了維吾爾人，就成了人員不夠，要多招漢人來解決了？就事論事反映問題，怎麼就成了不利於民族團結的問題，不要上綱上線扣大帽子！」

朋友說，漢人書記沉著臉、一言不發，似乎是在等著看其他人表態。很快，其他人開始表態了，其他發言的維吾爾人也好、漢人也好，都在順著那位維吾爾女副經理的調子，強調「一半對一半」招工的好處，以及過分強調民族比例，不利於加強民族團結等。

最後，書記作總結性地講話，肯定「一半對一半」是已定政策，不會改變。而且，強調外賓館要繼續增加漢族員工，因為以後喀什噶爾要準備迎接大規模漢人遊客的到來等等。同時，公開表揚維吾爾女副經理，因為她看問題非常有前瞻性，而且非常開放、求上進，看問題總是考慮民族團結等等。最後，也沒有忘記旁敲側擊地敲打朋友，指責他總是從本民族利益考慮問題，帶有狹義的民族主義情緒等等。

朋友最後笑著說，過了幾個月，因為他參加一個好友的婚

禮，而未能按時出席一次晚間的領導會議。之後，他被宣布因為他違反紀律，被撤銷旅遊部副經理職務，改而發配到鍋爐房，去燒鍋爐。

朋友笑著說，如果不是被發配到鍋爐房去燒鍋爐，他可能還會繼續抱著希望幹下去，可能就不會到美國來，也就不會有今天在美國的一切。「塞翁失馬，焉知非福。」

（本文發表於 2014 年 8 月 20 日博訊新聞網）

30 ‖ 同樣的共產黨幹部，不一樣的懲處！

維吾爾幹部在家做禮拜而被懲戒

這兩天，有關中共自治區黨委，嚴懲十五位民族幹部的新聞，在各路媒體上廣泛傳播。實際上這十五位民族幹部，指的都是維吾爾幹部，沒有其他民族。他們的錯誤，據報導看，主要是因為信仰問題，個別幾個是因為執行共產黨民族歧視政策不力。

這說明，這十五個加入共產黨的維吾爾幹部，或多或少保存了點維吾爾人的信仰，或者是維吾爾人的良心。也就是說，這些維吾爾幹部的維吾爾民族性、人性，還沒有徹底泯滅，所以他們遭到共產黨的清洗。

信仰問題，本來是一個個人問題，只要沒有佔用上班時間祈禱做禮拜，沒有在上班時間向其他人宣教、講經，任何人應該是無權干涉。但共產黨不一樣，它容不得加入共產黨的人有任何其他信仰、其他想法，所以反對其成員有任何形式的宗教，這也寫在共產黨的黨綱裡。

然而，共產黨在實際執行共產黨員信仰宗教紀律懲罰時，卻靈活得讓人眼花繚亂，根本沒有任何章法！

這次十五名維吾爾人共產黨幹部，因為信仰宗教，在家裡祈禱做禮拜，而被嚴厲懲戒。但到目前為止，從來沒有聽說過，有哪位漢人，因為信仰宗教而被懲戒的？

　　漢人共產黨員裡，難道就沒有信仰宗教的嗎？非也！漢人共產黨員信仰宗教的，多的是。

　　漢人共產黨員不僅信仰各類宗教，而且還有大量的漢人共產黨員非常地迷信。

　　成千上萬的漢人共產黨員，借用上班時間、使用公家車輛，前往廟宇、祠堂，上香拜佛。有的，甚至出錢修廟建祠堂，而且大多數時候，他們用的還是公款，是老百姓的納稅錢。這是眾所周知的公開秘密，卻沒有人問、沒有人管？

漢人幹部迷信風水陰陽卻無人管

　　還有更甚的，很多共產黨的漢人幹部，光明正大地將佛像擺到了辦公室，我就見過很多擺有彌勒佛雕塑、如來佛像的。這些漢人共產黨員進了辦公室，先燒香拜佛，再開始一天的工作，也沒有人問、沒有人管？

　　有的地方，漢人幹部非常地迷信；迷信風水、陰陽等。這些人僅僅因為一些風水先生的胡謅，他們就將新建好的辦公樓、房屋，拆了重建，或者廢棄不用，另建新樓使用，但這也沒有人問，也沒有人管？

　　還有的共產黨漢人幹部，乾脆在建新辦公樓的時候，光明正大地花大錢，邀請風水先生看風水、陰陽等，這也沒有人問，沒

有人管？

　　如果有人有興趣，那天早晨檢查一下，來上班漢人共產黨員幹部身上掛的、腰上別的，護身玉石等迷信玩意兒，準會有大收穫的。但這也從來沒有引起任何共產黨紀檢幹部的注意，也沒有人想過，這是共產黨黨綱所不允許的。

　　然而，一到維吾爾人，共產黨的紀律，就開始鐵面無私了。儘管維吾爾人沒有在辦公室放什麼相片、雕塑，也沒有使用辦公時間、公開祈禱做禮拜，但就是不行！

　　原因只有一個，儘管都是共產黨員，但維吾爾人畢竟不是漢人；維吾爾人就是加入了共產黨也變不成漢人，「非我族類，其心必異」！

（本文發表於 2014 年 8 月 22 日博訊新聞網）

31 ║ 維吾爾人
被迫放棄使用智慧型手機

東突厥斯坦南部與巴勒斯坦現狀類似

　　週末，我遇到一位剛從東突厥斯坦探親訪友歸來的朋友。自然地，我們談話的話題，很快就轉到了東突厥斯坦現在的民族問題、緊張局勢。這位朋友感歎：語言已無法描述東突厥斯坦現在的情勢，無法描述維吾爾人所面臨的民族壓迫！

　　他苦笑著說：「告訴你一個非常有趣的、你無法想像的現象，然後，你自己去發揮你的想像力，去理解那裡的情況。東突厥斯坦南部，和我們在美國BBC、CNN新聞所見的巴勒斯坦現狀，沒有太大的區別。我反正是不想再回去了！」

　　他告訴我的現象是：東突厥斯坦的維吾爾人，特別是東突厥斯坦南部的維吾爾人，使用手機的新趨向——放棄使用智慧型手機，重新撿回老式的、只能打電話用的簡易手機！原因，當然是為了躲避中共殖民政權的騷擾！

　　他在2014年7月底回到喀什噶爾，當時正是穆斯林開齋節的前後，也是最緊張時期。城鄉街頭，到處都是持槍巡邏的武警。城市街頭，到處是滿載軍警的裝甲車、軍車，他們幾乎每一、兩

個小時，就耀武揚威地穿梭於城市各個角落。

村與村之間，鄉與鄉之間，城市與鄉村之間，到處都是由持槍軍警把守的卡子[1]、檢查站。開齋節那天，喀什噶爾城幾乎被封閉了。從郊縣想進城去艾提尕爾大寺禮拜的維吾爾人，大多都被進城路口哨卡的軍警所阻攔。他說：「說艾提尕爾大寺前，持槍的軍警，及假裝來參加聚禮的便衣特務、密探、奸細，比虔心來禮拜的人更多，一點都不為過！」

開齋節後，他等局勢稍微緩和一點之後，在8月底，去了一趟喀什噶爾疏附縣的親戚家。一路上，他過了三道卡子，每道卡子都要檢查：一一檢查身份證、護照（如果是外國人）、詢問要去的目的地、親戚姓名、在親戚家待多少天等等。

伊斯蘭教的內容都不能出現在手機裡

他說，最令人討厭的是，要檢查手機。因為有親戚提前打招呼，他因此沒有帶手機，所以倖免於難。而陪伴他的親戚，就沒有那麼幸運了！

手機檢查，幾乎佔用一個多小時的時間。檢查人員要求，被檢查的維吾爾人，打開其手機的全部內容。如果手機中下載有QQ或微信，檢查人員就要求，手機使用者供出他們的密碼，並打開內容，讓他們檢查。如果有電郵信箱，就要供出其電郵密

1　**卡子**：哨卡、檢查站，一般有一兩個警察，帶著幾個民兵或輔警（臨時輔助警察的人員），檢查過往人員身分。

碼，以供檢查，包括收發資訊等。如果手機中有檢查人員不懂語言的資訊，手機主人連同手機一塊被扣下。

這位朋友說，親戚告訴他，如果任何維吾爾人的手機，查出有關伊斯蘭教的內容、星月圖案，不分青紅皂白，先銬上手銬，然後再拉到警察局審訊。

他的一些民考漢[2]朋友告訴他，手機裡，甚至不能有中國回族人辦的「漢語伊斯蘭網站」有關伊斯蘭的內容。在東突厥斯坦南部，任何有關伊斯蘭教的內容，無論是漢語的，還是維吾爾語的，都不能出現在手機裡！

要是手機裡出現了阿拉伯語的內容，那麼，這位手機主人就等著蹲監獄吧！輕了，自己一個人蹲監獄；重了，連累家人、兄弟姐妹！

最令他憤怒的是：他在親戚家的第三天，村警帶著幾個鄉村幹部，闖進了他的親戚家。帶隊的，是一個穿著迷彩服的漢人。其餘，看起來是村鄉維吾爾幹部及駐村員警，以及幾個手拿棍棒的協警[3]。很明顯，駐村員警還帶著槍。

這些人連一句客套話都沒有，直接推門，闖進家裡來。他說，當時大家正在吃飯，看到闖進來的一群人，他很是驚訝、憤

2　**民考漢**：是指非漢各民族自小上漢語學校，用漢語參加高考的學生。在維吾爾自治區，民考漢以維吾爾人為主，包括哈薩克、克爾克孜、烏茲別克等其他民族。

3　**協警**：警察臨時雇用幫忙人員，不是正式警察，但比警察更兇惡，更肆無忌憚。

怒！

　　然而，南部的維吾爾農民，似乎已經習慣了這些人的蠻橫、野蠻！

　　家裡的男主人，嬉皮笑臉、逢迎討好地走上去，迎接進來的帶隊漢人。那個傲慢的帶隊漢人，看都不看男主人，只是眼光賊溜溜地，掃視家裡在座的男女老少，及房屋各個角落，似乎是在尋找不穩定因素、或所謂的「恐怖分子」，他根本就懶得搭理家裡的男主人。

村警要求檢查手機，手機就有去無回

　　維吾爾駐村員警發話了：「你們家裡幾口人，有幾個手機，有手機的，將手機和身份證一塊兒拿來，都放到桌子上，快點！」男主人似乎也不願意惹麻煩，非常服從地，對家裡人說道：「快點，把我那個手機拿來，還有你的，你的。」男主人指著他十七、八歲的兒子、女兒說道。

　　很快，三部手機，都集中到了村警跟前。村警小心翼翼地，一一取出手機卡，並一一放到帶來的小塑膠袋中，並認真地在每個塑膠袋子上，寫上每個人的名字。然後對著男主人說道：「我們要拿去檢查一下，等檢查完了再還給你們。」

　　我這位朋友看到漢人帶隊的，給村警使了個眼色後，村警轉身看看我的朋友說道：「你沒有手機是吧，你還要待幾天？」朋友回答，過兩天就走。村警轉頭看看漢人帶隊的，那帶隊漢人點了點頭，村警回頭對男主人說道：「等你送走親戚後，一定別忘

到派出所告訴我們！」男主人訕訕笑著，連連點頭稱是。

　　到第二天，我這位朋友從親戚鄉鄰打聽到，不僅是他親戚那村，整個喀什噶爾各個郊縣，都在進行全縣範圍內的，挨家挨戶收繳維吾爾人手機卡，說是檢查完畢後返還。

　　然而，他說，此事發生第三天，到他離開這親戚家為止，親戚一家的三台手機並沒有返還回來。維吾爾人沒有了手機，再加上現在大多數的家庭沒有固定電話，他們和親戚朋友的聯繫，就變得非常困難和不方便。我這位朋友，和他在喀什噶爾親戚朋友的聯繫，也因此被中斷了。

　　朋友說，為了避免不必要的麻煩，縮短在各個檢查站被檢查的時間，現在很多維吾爾人開始放棄智慧型手機，而改用過時了的簡易手機，只用來打電話、發個短信[4]！

　　一些維吾爾年輕人，為了躲避殖民政權無孔不入的檢查，使用兩個手機。智慧型手機藏起來，只在家使用。簡易手機帶在身邊！但這還是逃脫不了突然闖入維吾爾人家庭要求檢查手機卡的軍警特。所以，為了自己及家庭的安全，很多維吾爾人開始乾脆放棄使用智慧型手機了！

　　　　　　　　　　　　　　（本文發表於 2014 年 9 月 30 日博訊新聞網）

4　即簡訊。

32 ‖ 是戶口改革，還是強化殖民？

故意要稀釋南部維吾爾人口

今天看到中共要在「新疆」實施戶口改革的新聞，我特意上天山網，讀了「圖解《新疆推進戶籍管理制度改革的實施意見》要點」。

很顯然，任何一個有頭腦、有正常思維能力的人，看完圖解新聞內容，立刻會產生一個疑問：這是在搞戶口改革呢？還是在強化中共殖民統治？

中共名義上是戶籍改革，放寬落戶，但實際上是在赤裸裸地鼓勵漢人，大規模「政治移民」東突厥斯坦南部，是在鼓勵漢人，大規模移民至東突厥斯坦。

現在，維吾爾人只在東突厥斯坦南部有著人口優勢。也因此，伴隨中共殖民政權對維吾爾人民族壓迫的持續強化，政策的暴虐、血腥；南部和田、喀什噶爾、阿克蘇，三地區維吾爾人的反抗，也日趨激烈。三地的反抗，已經由以前時斷時續的、單一局部反抗，轉變為有計劃、有組織、有目的的，全南部地區全面、全民族的反抗運動！

今天是和田維吾爾人在反抗殺敵，明天就是喀什噶爾維吾爾人在反抗，後天則是阿克蘇，再後天是庫爾勒的維吾爾人！

一位在自由亞洲電台當記者的朋友告訴我，現在，每次週末休息，他都有一種感覺，週一去上班時，肯定會有一大串有關維吾爾人，在東突厥斯坦的什麼地方，反抗中共殖民政權的新聞，等待著他們去發掘詳細內容！他還說，維吾爾人現階段的反抗，可以看作是一種持續的武裝起義，是和中共殖民政權的一種持續武裝對峙！是維吾爾人展開反抗殖民的游擊戰！

南部維吾爾的反抗戰士，在最近一段時期來，以南部維吾爾人的人口優勢為基礎，在廣大維吾爾群眾的支持下，大膽展開襲擊殖民政權的警察局、殖民官員，然後快速逃離現場，消失、隱匿於維吾爾群眾中的游擊戰！此後，中共殖民當局開始推出戶籍改革的政策。

中共是要儘快稀釋南部維吾爾人口，扭轉敗局，擺脫焦頭爛額的窘境。

實際上，中共殖民政權鼓勵漢人「政治移民」至東突厥斯坦，並不是由今天的戶籍改革開始的。鼓勵漢人移民的政策早就有了，早就在進行了。只不過，這次是赤裸裸地，將此殖民政策擺到了枱面上而已！

落戶限制針對維吾爾人而來

殖民政權這一戶籍改革政策，最無恥之處在於：對烏魯木齊及克拉瑪依兩市的落戶限制！

烏魯木齊和克拉瑪依，是東突厥斯坦相對比較富裕、發達的城市，是易於讓東突厥斯坦各地，特別是南部失地的維吾爾農民，找到賴以生存，做小生意、小買賣的城市。然而這兩個城市卻要限制落戶！

　　很明顯，殖民政權戶籍改革，要限制的目標人群是——來自東突厥斯坦各地，特別是來自東突厥斯坦南部各鄉鎮，到烏魯木齊、克拉瑪依找工作、找生活出路的失地、失業的維吾爾農民、維吾爾青年。

　　按中共殖民政權的說法：7.5烏魯木齊大屠殺慘案，烏魯木齊火車站爆炸案，烏魯木齊早市襲擊案，都是由來自東突厥斯坦南部的維吾爾人幹的。中共殖民政權今年在克拉瑪依市，公然推出的「不准留鬍子、帶蓋頭的維吾爾人上公共汽車」的告示等，證明中共在這兩座城市，要限制落戶的人群，就是維吾爾人，這是毫無疑問的！

　　「維吾爾自治區」管轄權內的兩個主要發達大城市，維吾爾人被排除在外！

　　這裡，殖民政權戶籍改革，沒有談到兵團。兵團，作為中共殖民政權在東突厥斯坦的殖民開拓團，自成立之日起，就是一個帶有原罪的邪惡集團；自成立之日起，兵團就無償強佔維吾爾人土地，強奪東突厥斯坦各類自然資源；自成立之日起，兵團就開始以嗜維吾爾人血，屠殺維吾爾人為其生存之道。

　　然而這個靠鎮壓、屠殺維吾爾人而生存的、罪惡的中共殖民開拓團，卻一直歧視、拒絕這塊兒土地的主人——維吾爾人，及

其他土著突厥民族落戶的兵團所屬城市、農牧團場！

　　維吾爾人，在自己祖祖輩輩繁衍生息的土地上，在自己的家園，被隔離、限制！維吾爾人，在自己的家園，被限制流動，完全沒有遷徙的自由！

　　中共殖民政權的目的很明顯，將維吾爾人硬生生地，限圈在維吾爾人僅剩的幾個城市內，等待中共殖民政權任意宰割！

　　　　　　　　　　（本文發表於 2014 年 10 月 22 日博訊新聞網）

33 ‖ 為什麼是烏魯木齊火車站？

一般人無法靠近政府辦公大樓

2014年12月8日，中共殖民政權所掌控的烏魯木齊中級法院，正在秘密審判伊力哈木・土赫提教授的八名學生。同一個時間，這個中級法院還秘密審判了「參與」4.30烏魯木齊火車站爆炸案、及5.22烏魯木齊公園北街爆炸案的十七名維吾爾人。其中判決死刑八人，死緩五人，無期徒刑四人。

本來，我早想就這兩次的爆炸案，寫點自己的看法，和大家分享我瞭解到的一些事實。但我一直忙於其他瑣碎之事，未能完成。再往後，兩次爆炸案，都已失去時效性，再寫就變成炒冷飯了。

本來這次我想等宣判出來就寫文章發表。但還是因種種原因耽擱了。

今天，儘管4.30烏魯木齊火車站爆炸案，及5.22烏魯木齊公園北街爆炸案，涉案維吾爾人的重刑宣判，已過一周，我若再寫，還是有炒冷飯的嫌疑，但我考慮到，談談爆炸案背後，維吾爾人的看法及一些事實，或許對大部分不瞭解維吾爾人想法的中

文讀者，會有一點啓示，於是決定完成這篇稿子，再炒一次冷飯，也算是我對維吾爾獻身者的一點紀念吧。

首先，第一個問題，爲什麼爆炸案的地點是烏魯木齊火車站、公園北街？很多人問，爲什麼不是助紂爲虐、濫殺無辜的共產黨軍警、兵營？爲什麼不是道貌岸然的共產黨高官聚集的黨委、政府大樓？或者，爲什麼不是共產黨巧取豪奪的貪官污吏乘坐的高檔轎車？

顯然，大家應該很清楚，不說這些獻身祖國的維吾爾勇士，就是那些上訪訴願的普通漢人老百姓，也無法靠近共產黨那些道貌岸然的黨委、政府辦公大樓，更遑論那些高官乘坐的高檔轎車了。至於靠近共產黨的看家狗——軍警及其兵營，那更是不可能！

否則，那些共產黨政權，以所謂患有「憂鬱症，對社會不滿」等罪名，輕描淡寫、草草處理的中國漢人暴徒，怎麼會選擇去攻擊、屠戮幼稚園、用汽油焚燒坐滿窮苦百姓的公共汽車？

鐵路歸中央管，中共掠奪資源

鐵路、火車、火車站的設置，對很多民族而言，是走向現代化、新文明，走向富裕、發展的開始！火車的運輸，使人員、貨物的交流加快、加大，同時，也帶來新思想、新文明！很多民族以擁有帶來新文明、新思想，民主、自由普世價值的鐵路、火車、火車站而自豪。

以中國爲例，鐵路、火車、火車站，就是中國現代化啓蒙運

動──「洋務運動」的一部分！儘管民主、自由的新文明，始終未能伴隨鐵路等現代化的象徵，紮根中國，但仍然，還是有很多中國人，以擁有世界最長、及自主建造的火車、鐵路為驕傲。

然而，對維吾爾民族，及東突厥斯坦其他土著民族而言，卻不一樣。象徵現代化的鐵路、火車、火車站，對維吾爾民族，及其他東突厥斯坦土著民族，卻只意味著侵略、屠殺、掠奪、被邊緣化，以及，伴隨洪水猛獸般湧入的中國漢人，政治移民，讓維吾爾人在自己土地上的日益貧窮！

象徵現代化的鐵路、火車、火車站，沒有給維吾爾人及東突厥斯坦土著民族，帶來任何的新文明，更沒有民主、自由，也沒有伴隨現代化的富裕、發展！有的只是思想上的，更加倒退和愚昧、保守；政治上，日益令人窒息的，獨裁統治下的屠殺、壓迫；經濟上，肆無忌憚的掠奪、剝削；生活上，更大規模、更廣範圍的極端貧困化！

所以在東突厥斯坦，幾乎沒有任何維吾爾人，會以鐵路、火車、火車站自豪。包括在鐵路系統工作的維吾爾人，也都沒有任何的自豪感。

「東突厥斯坦的鐵路系統」，作為中共政權「鐵道部」的下屬派駐單位，是中國中央直屬單位，不在維吾爾自治區管轄範圍，維吾爾自治區無權干涉其運作。「東突厥斯坦的鐵路系統」，和兵團、中國石化等中共中央直屬單位一樣，是另一個無法無天的「國中之國」。它肆無忌憚地幫助中共，掠奪東突厥斯坦資源；它幫助中共政權，對東突厥斯坦各民族，行使殖

民政策!

諷刺火車叫聲，就被抓捕判刑

「東突厥斯坦的鐵路系統」，和兵團及石化一樣，是一個完全處於中共漢人殖民政權極端壟斷、為中共殖民政權政治利益服務的一個殖民單位，是漢人政治移民的天下。儘管自治區鐵路系統有一、兩個維吾爾副局長，幾個維吾爾副段長，但都是掛名的，沒有一個是有實權的！

簡單地說，鐵路、火車、火車站，和維吾爾人及東突厥斯坦土著民族，沒有太大的關係。

我本人就生長在一個鐵路工人的家庭，父母弟妹都在鐵路系統工作。自小，我就聽很多維吾爾人說過，有關鐵路、火車、火車站的故事。

最流行的一個說法是：鐵路剛通到哈密的時候，有人問一位維吾爾知識份子，「火車為什麼進入維吾爾自治區時，總是拉長笛：『嗚──、嗚──』地喊？為什麼離開維吾爾自治區時，總是非常沉重地叫著『嗚曝、嗚曝』？」。

維吾爾知識分子回答：「那是因為火車開進維吾爾自治區時，貨車是空車來拉資源的，而客車上坐滿的盲流[1]──政治移民饑餓難耐，所以火車一進入我們富饒的東突厥斯坦，就開始喊：『嗚──、嗚──，餓啊、餓啊！我們需要金、銀、鐵礦自

1　**盲流**：什麼身分都沒有的流浪者。

然資源，我們需要糧食、水果吃飽肚子！』；等它往中國走時，因爲貪婪、拉得太多，而喘著粗氣喊：『嗚曝、嗚曝，吃飽了、吃飽了，太多啦、太多啦，拉不動啊、拉不動啊！』」

這個有關火車叫聲的諷刺挖苦段子，在維吾爾廣泛流行，特別是在維吾爾鐵路工人當中，更是流傳範圍極廣，幾乎是人人皆知。據說那位維吾爾知識份子，因爲說了此一諷刺挖苦的比喻、而被以地方民族主義之罪名，抓捕判刑、失蹤了！

鐵路載毛驢去，換一堆漢人來

伴隨這說法的是，第一代的維吾爾鐵路工人，對其親眼所見，「眞實、凄慘的漢人，饑餓的難民，大規模扒火車進入東突厥斯坦」的講述。火車通達維吾爾自治區的時間，正好是中共所謂「大躍進[2]、三年自然災害[3]」時期。火車一開通，在中共政權的暗中鼓勵下，大量陝、甘的饑餓難民，開始湧入維吾爾自治區各地，特別是鐵路沿線的各城鎮，最先接觸這些「盲流」難民。

一位在鐵路「職工食堂」工作過的維吾爾職工，曾經告訴我，當時很多陝、甘難民湧入哈密城鎮各地，火車站周圍也都是

2　**大躍進**：1958-1961年期間，中共在毛澤東盲目指揮下，以趕美超英口號展開的經濟大躍進，造成全國大規模造假、浮誇；直接導致了1959-1961三年大飢荒。

3　**三年自然災害**：是指1959-1961三年，由於共產黨領導層對經濟的盲目指標制訂，製造了中國歷史上死亡人數最多（可能有幾千萬人）的人相食大飢荒。

難民。很多善良的維吾爾鐵路職工打了飯，本打算分一些給他們，但往往被一擁而上的難民，將全部飯菜搶吃一空。這位維吾爾職工告訴我，有時，有職工不小心將飯菜撒到了地下，立馬就有饑餓難民趴在地下，將飯菜吃光！

這位第一代的維吾爾老鐵路工人還告訴我，幫助這些饑餓漢人難民、給予一些飯菜的，多數時候還是善良、單純的維吾爾人。漢人鐵路職工，幾乎是拒絕給予任何幫助！他總是以：「唉，我們維吾爾人，太單純、太善良！」來結束他所說的故事。

另一個有關鐵路的說法，大概產生於八十年代。當時，烏魯木齊火車站，每天有大量貨車，拉著滿載著東突厥斯坦南部生產的毛驢，駛向中國。每天，一如既往，有大量打工、淘金的漢人政治移民，伴隨一列列客車，進入烏魯木齊火車站。

有人問一位維吾爾知識份子，「為什麼貨車每天拉這麼多毛驢運往中國？」這位維吾爾知識份子不無嘲諷地回答說：「這是維吾爾自治區在做進出口生意。自治區出口一頭毛驢，換十個漢人政治移民！」

據說，這位維吾爾知識份子，也因為此說，而被抓捕失蹤！

政治移民多的是，扔了就扔了

再一個有關鐵路、火車的說法，應該可以肯定是一則黑色政治幽默，也應該是產生於80年代末期。

據說，一列駛向烏魯木齊的客車，四人座的座位上，坐了一

位美國人、一位日本人、一位維吾爾人，和一位漢人政治移民。火車行駛當中，美國人一包接一包地拿出其長劍菸（Kent）[4]，吸兩口就扔，吸兩口就扔。

日本人耐不住了，就問美國人，「你怎麼吸兩口就扔啊？」美國人高傲地聳聳肩，回答說：「美國長劍菸多的是，便宜得很，扔了就扔了！」

日本人一聽，極不服氣地，就將手裡的松下錄音機也給扔了。維吾爾人問日本人：「幹嘛呢？你怎麼將錄音機給扔了？」日本人狂妄地回答說：「日本多的是松下錄音機，便宜得很，扔了就扔了！」

維吾爾人站起來，無奈地看了看四周，抓起身邊的漢人政治移民，也扔出了窗外。美國人和日本人急切地問道：「你這是在幹嘛？你怎麼把人給扔了？」維吾爾人堅定地回答說：「我們這裡多的是政治移民，俯首即拾，扔了就扔了吧！」

總之，鐵路、火車、火車站，對維吾爾人來說，是被殖民、被侵略的象徵。火車的「嗚嗚」叫聲，等同於殖民政權屠殺東突厥斯坦人民的槍炮聲。一列又一列進入烏魯木齊火車站的客貨列車，對維吾爾人來說，只意味著掠奪剝削和源源不斷洪水般流入的政治移民！

稍有頭腦的維吾爾人都知道：漢人政治移民人口，由1955年維吾爾自治區成立時的不足10%，上升到現在，占東突厥斯坦總

---

4 即健牌香菸。

人口近一半。這些漢人政治移民，就是由這一列、又一列的客貨列車，源源不斷運進東突厥斯坦來的！

維吾爾人只能炸鐵路保護自己

所以，大多數維吾爾人，正如中國家喻戶曉的小說《鐵道游擊隊》，所描述的鐵道游擊隊成員一樣，恨那些「帶來侵略者、拉走資源」的鐵路、火車、火車站；更恨那些源源不斷湧入、來淘金，一俟站住腳就狂妄無忌、助紂為虐、成為殖民政權幫兇的政治移民！

大多數單純的維吾爾人以為，沒有了鐵路、沒有了火車、沒有了火車站，或者炸掉、阻隔了火車運輸，政治移民就會減少，東突厥斯坦的資源就不會被大規模掠奪。

也因此，鐵路、火車、火車站，很早就成為了維吾爾反抗者的目標，只是有的成功，有的失敗了。成功的，也被共產黨殖民政權掩蓋事實了。

我自小就是和很多鐵路區的維吾爾小夥伴一起，聽過上述鐵路、火車的故事。我們在一群愚昧、無知，且狂妄無忌者的極端歧視中，接受漢化教育長大的。幼小的我們，即便是在七、八十年代，鐵路職工的工資相對高於其他行業的時期，也從未因自己是鐵路職工的後代而自豪過。

反之，因為我們自小，每天在以漢人為主的漢校，直接感受著民族壓迫、民族歧視，我們自小就開始相互發誓、吹噓，長大後一定要炸毀星星峽鐵路、炸毀哈密火車站，阻止中國政府拉走

我們的資源，阻止中國政治移民大量移入！

　　如果一個幼小的孩子能有這種極端想法，不難想像鐵路、火車、火車站在維吾爾人心目中是一個什麼樣的象徵！這也就不難理解，為什麼4.30爆炸案的維吾爾勇士，選擇烏魯木齊火車站，作為他們要攻擊的目標！

（本文發表於 2014 年 12 月 16 日博訊新聞網）

34 ‖ 孩子，我們對不起你！

與父母逃難失散的維吾爾兒童

在我正準備總結即將過去的一年的時候，一位朋友發來了幾幅落難泰國的維吾爾人的照片。其中，一組照片，是有關最近在泰國、「因病」夭折的三歲維吾爾兒童生前死後的幾張遺照。

孩子掛滿吊針，躺在醫院病床上的、天眞無邪的生前照片，儘管臉上沒有屬於孩童的歡樂笑臉，但是和那張孩子死後眼光無神、嘴帶血跡的遺照對比看，形成了強烈、震撼人心的鮮明對比！孩子躺在冰冷的冰櫃裡，被他人拍照、檢查的那幾張照片，更使人震顫、心痛。

我的心在顫抖、在流血，一股難言的悲憤之情，始終籠罩著我。

據朋友講，這個維吾爾孩子，在和父母一塊兒逃亡過程中，和父母走散了。後來，這孩子和其他大人，一起被抓捕到泰國政府的拘留中心。

在拘留中心，年幼的孩子因無人照顧，飲食不周，很快就身患疾病。維吾爾組織及土耳其政府，發現孩子得病後，便請求泰

國政府，允許孩子先行到達土耳其，以便治療照顧。但泰國政府，因為中國政府施加的壓力，以種種理由推延、拒絕。最後，孩子孤苦伶仃地死在泰國的醫院！

孩子在醫院的照片，使我心碎、使我流淚！我也是兩個孩子的父親。為人父母者都知道，孩子對父母的依賴，對父母愛的依賴。孩子對父母在身邊的幸福感，就反映在孩子的臉上，反映在孩子開心的笑聲中。

不管孩子得了多麼嚴重的不治之症，只要父母在身邊，孩子就能感受到父母的愛，感受到世界的愛，感受到人類的愛！有了愛，有了父母無私無畏的親情之愛，孩子的很多疾病，是可以治癒的，甚至一些絕症！

我不知道，這個三歲的維吾爾孩子是否笑過？但我肯定他哭過。我肯定這孩子，自和父母走失就一直在哭，而且哭得很厲害。肯定從白天哭到了晚上，肯定他一直哭，到死去為止。

在泰國的醫院，孤獨步入死亡

最令人心碎的是，這個無依無靠、無助的維吾爾孩子，一直是在孤獨地哭著，白天黑夜，在異國他鄉，在一個沒有親人的地方，他一個人在孤獨地哭泣、在求助！

我不知道，在醫院裡，每當有人推門進入其病房時，孩子是否在張大眼睛，期盼地看著進門的人？孩子是否在期盼，進門的是自己的父母？是否在期盼，奇蹟出現，父母會突然出現在身邊！

我不知道，這孩子曾經多少次在漆黑的暗夜裡，從惡夢中醒來，睜眼四周尋求父母之愛？四周卻除了黑暗，沒有親人！他孤獨地哭泣至天亮！

　　我不知道，多少次，這孩子在漆黑的黑夜中，在做完和父母團聚的美夢後醒來，發現自己還是孤獨一人、無依無靠，是否撕心裂肺地哭泣過。我肯定他撕心裂肺地哭過，因為他是一個三歲的幼兒，一個和天下大多數幼兒一樣，需要父母擁抱、需要父母之愛的維吾爾小男孩！

　　一個三歲的孩子，想要父母的擁抱，想要父母之愛，想要父母在身邊，是再自然不過的要求！而且，孩子的這個簡單親情要求，更應該是一個不難滿足的、非常容易實現的要求。

　　然而，事實殘酷，這個孩子出生在一個維吾爾家庭，出生在一個被壓迫民族的家庭，出生在一個不說做主自己的命運，不說做主自己的信仰、文化、傳統，連自己說話、穿戴、鬍鬚都做不了主的維吾爾家庭！

　　現在，作為苦難民族——維吾爾族的一員，這個幼小的維吾爾孩子孤獨地走了。他帶著未乾的淚眼，帶著對這個世界的失望和絕望，他一個人，孤獨地走完了維吾爾人痛苦的一生！既沒有父母在身邊，也沒有一個親人在身邊！

　　現在的他，一個三歲的維吾爾男孩，躺在冰冷的冰櫃裡，等待著被埋葬在異國他鄉。

　　　　　　　　　（本文發表於 2014 年 12 月 30 日博訊新聞網）

35 ‖ 民族壓迫中的維吾爾農民之三

農民被強迫學習跳〈小蘋果〉舞

最近，我見到一位剛從東突厥斯坦南部，來美國探親的維吾爾人。談話中，我問他東突厥斯坦的現狀，我特別請求他告訴我一些，東突厥斯坦南部維吾爾人的現狀。

他哭笑不得地告訴我說：「現在東突厥斯坦南部的維吾爾男人，正忙於學跳舞！」我睜大眼睛，急切地問道：「什麼、什麼？跳舞？跳什麼舞？」朋友無奈地笑了笑，說：「現在東突厥斯坦南部的維吾爾農民，一是農閒男人，忙於跳『小蘋果』舞；二是青壯年，忙於參加各縣鄉舉辦的，每月至少一、兩次的法庭『公開』審判！」

以下便是朋友告訴我的，有關東突厥斯坦南部維吾爾農民，在中共殖民政權極端高壓下的，每日生活煩心事！

首先是跳「小蘋果」舞。

自2014年10月底開始，在東突厥斯坦南部各城鎮，凡是稍微清閒的維吾爾男人，老少都被要求去鄉政府，學跳「小蘋果」舞蹈。

凡是在家的，15歲以上的男性維吾爾農民，以及鄉、鎮無業的男性，中青年的維吾爾人，每天早9點到下午5點，必須去鄉、鎮文化中心，去學跳「小蘋果」健美操舞。午間休息一個多小時，以便農民回家吃飯再來。任何人不得以任何理由拒絕參加，每天要有鄉、鎮員警記考勤，缺勤，遲到要罰款。

　　如果有事，必須提前一周請假，且要十戶長、村警、村長、村支書批准。

　　「小蘋果」舞蹈是以漢語歌詞，由答錄機播放，由專人教這些維吾爾大男人跳。

　　朋友告訴我，看著一幫維吾爾大男人，身著各式民族服裝、笨重的冬季服裝，伴隨著漢語的「小蘋果」節奏，大跳健美舞，甚是滑稽、可笑。儘管大家一萬個不願意，但沒有辦法，這是政府安排的政治任務，還必須去跳！

　　當然，大家都很清楚，政府強迫維吾爾男人跳「小蘋果」健美舞，並不是因為殖民政權想要維吾爾人身體健康或娛樂，他們也知道，維吾爾人不可能從中感到什麼娛樂。

南部維吾爾人被迫參加「公審」

　　政府的目的，是為了控制維吾爾人的生活、思想，是為了不給予維吾爾青壯年，任何自由時間，去思考自己處境、民族困境、維吾爾文化危機、信仰危機！不給予維吾爾青壯年，任何自由時間，去實踐伊斯蘭宗教每日五功的時間，企圖使維吾爾青壯年，逐漸忘記伊斯蘭每日五拜的義務！

朋友告訴我，東突厥斯坦南部維吾爾人的第二忙，是忙於參加「公開審判」——各鄉鎮每月至少舉行一、兩次的，對所謂宣揚「分裂、暴力」分子的「公開審判」！

　　凡是年齡在15歲以上，45歲以下的維吾爾男人，特別是維吾爾年輕人，必須去參加每次的「公審」！如果是在校學生，必須停課去參加「公審」！這也是政治任務，家長必須積極配合，不得以任何理由請假。

　　假期，一般是由老師、村警、村長負責，將每村維吾爾年輕人，挨家挨戶叫去參加「公審」！任何人不得缺席。但凡有缺席者，都要作自我檢查，交代不參加的原因。而且還要參加村、鄉舉辦的學習班，且要交罰款。

　　「公審」的所謂「分裂、暴力」分子，大都是本村、或本鄉人。大多數是因為看了什麼視頻，或轉發了什麼資訊等，被指控為宣揚「分裂、暴力」等，甚至還有一些僅只是按伊斯蘭教規，勸說同村他人不要喝酒，不要吸毒、不要賭博、不要遊手好閒等，也被作為宣揚「非法宗教」而被「公開審判」。且大多數被判十到十幾年不等的徒刑！

　　當然，要維吾爾年輕人參加這類「公審」，殖民政權的目的性很強，就是為了要「殺雞儆猴」，嚇唬、威懾維吾爾年輕人！

　　　　　　　　　　（本文發表於 2015 年 1 月 6 日博訊新聞網）

36 民族壓迫中的維吾爾人
——「綠卡」、「良民證」

無犯罪紀錄卡，針對維吾爾人而來

自去年（2014）開始，中共殖民政權開始在東突厥斯坦，針對維吾爾人實施所謂的「無犯罪紀錄卡」制度，特別是在東突厥斯坦南部各地，主要是針對南部維吾爾農民。

任何維吾爾人要出行、要跨越鄉鎮、縣界，都被嚴格要求，攜帶這個所謂的「無犯罪紀錄卡」。這個卡，主要由當事維吾爾人居住地鄉鎮派出所，根據駐村員警、十人長、村支書的批示，頒發給當地的維吾爾人。

維吾爾人將這個卡，戲稱為「綠卡」！

一開始，中共殖民內政權，赤裸裸地只要求維吾爾人要持有這個卡。但後來，因為甚至來自中共殖民政權內部之反對聲浪，才改為凡居住在東突厥斯坦的居民都要持有這個卡。但在實際實施、執行時，還是只針對維吾爾人。

任何維吾爾人要出行，必須攜帶身份證和「綠卡」！若只有身份證，沒有「綠卡」，重則要抓捕，輕則要拘留罰款！

沒有「綠卡」，維吾爾人不被允許購買汽油、刀具、化肥、

在東突厥斯坦，維吾爾人連日常切水果用的水果刀，都不能自由使用。照片／友人提供。

化學原料等等。

　　一位朋友告訴我，他的一位農村親戚，一天騎著摩托車出行回家途中，摩托車沒有了汽油。他到了加油站，發現自己忘了帶「綠卡」。無論他怎麼說，加油站的工作人員都堅決拒絕出售汽油。

　　無奈中，這位維吾爾農民，讓加油站工作人員看他的身份證、駕駛證等，但是都沒有用。加油站工作人員堅持，沒有「綠卡」，他們無法出售汽油給維吾爾人。他們聲明，這是當地公安局的規定！

沒有辦法，這位維吾爾農民，不得不推著摩托車，來到附近一位親戚家，請求親戚拿著他們的「綠卡」，去為他的摩托車加點油，他才得以深更半夜回到家。

沒有帶卡出門，連住宿都變成問題

　　沒有「綠卡」，維吾爾人不被允許住宿，不被允許進入一些城市的商場、公園等公共場所，更遑論讓維吾爾人進入政府機關、事業單位、公司、工廠等！

　　一些做小生意的維吾爾人，因為生意上的事務到東突厥斯坦其他鄉鎮、城市，如果沒有攜帶「綠卡」，即便是帶有身份證，也被拒絕住宿！

　　一位來自南部的維吾爾年輕人告訴我，他因為生意原因，和他的一位漢人生意夥伴，駕車來喀什噶爾辦事。路上因為漢人生意夥伴開車，路口檢查站的崗哨，沒有怎麼檢查，就一路放行了。但是到了城裡，事情未辦完，天就晚了。於是兩人決定第二天回去。

　　到了要住宿時，這位維吾爾年輕人，才發現自己忘了帶「綠卡」。儘管他帶有身份證，儘管漢人生意夥伴再三保證，這位維吾爾人是「良民」，但他還是被拒絕住宿。

　　不得已，這位維吾爾年輕人四方打電話，聯繫尋找在當地的維吾爾朋友，好不容易聯繫上一位朋友，他還得厚著臉皮，請求這位多年未聯繫的朋友，允許其在他家借宿一晚上。

　　過去維吾爾人（包括一些「新疆」人）抱怨，到中國各省市

出差，沒有賓館、旅社願意給維吾爾人（包括「新疆」人）住宿。現在，維吾爾人在自己的家鄉——東突厥斯坦各城鎮，面臨著同樣的極端不公待遇——不予住宿的民族歧視、壓迫！區別只不過是，現在是更加赤裸裸地、只是針對維吾爾人罷了！

逼維吾爾年輕人去血汗工廠作苦力

一位朋友告訴我，現在因為針對維吾爾人，特別是針對南部維吾爾農民的出行，限制越來越多，越來越苛刻。現在，烏魯木齊根本找不到臨時打工的、來自東突厥斯坦南北部的維吾爾農民工。

我一位朋友的弟弟，在烏魯木齊開辦了一個小貨運公司。他想臨時雇幾個人幫忙，想到維吾爾農民的貧窮、生活不容易，所以他想雇幾個維吾爾臨時工。他花了一個星期，找遍烏魯木齊，硬是找不到打零工的維吾爾人！不得已，他只好雇了幾個四川來的漢人臨時工。

維吾爾農民被中共殖民政權，以各種赤裸裸的民族壓迫歧視政策，要麼是強行「圈」在自己的居住鄉鎮、土地；要麼是以「剩餘勞動力」轉移為藉口，送到中國各地的「血汗工廠」，作廉價勞動力！

即便是在農閒季節，中共殖民政權寧可讓維吾爾農民，從早到晚，跳無聊的「小蘋果」舞蹈，也不允許維吾爾農民出去打零工、賺點零花錢！中共殖民政權寧願讓維吾爾農民兒女分離，以所謂的「剩餘勞動力」轉移為藉口，強迫維吾爾年輕人，去到人

生地不熟的，中國沿海各省市的「血汗工廠」，作廉價勞力，也不讓維吾爾人就近在自己的家鄉就業！

與此相成鮮明對比的是，烏魯木齊、庫爾勒、喀什噶爾、和田、伊犁、石河子、奎屯等，天山南北各大城市，充滿了來自中國各地的、來打零工的漢人移民。他們非常自由地，在東突厥斯坦各地流動，且不需要出示任何「無犯罪證明」等的「良民證」、「綠卡」，只要有個身份證就可以走遍天下，且「機會」多多！

（本文發表於 2015 年 1 月 14 日博訊新聞網）

37 民族壓迫中的維吾爾人 —— 被剝奪的隱私權

假惺惺，大喊大叫公民隱私權

隱私，是現代文明社會一個非常敏感的問題，特別是伴隨現代通訊聯絡工具的智慧化、網路化，互聯網[1]、電腦技術的迅猛發展，如何保護個人隱私，如何使強勢的政府在不侵犯公民隱私權的前提下，保證國家安全，成為現代文明各國激烈辯論的焦點話題！

隱私及隱私權之所以成為焦點，是因為隱私是現代公民的神聖權利，神聖不可侵犯！是現代公民最基本的人權之一！

美國，即便是成為極端伊斯蘭主義的目標，即便是遭遇到幾次隱藏極深的極端分子，獨狼式的襲擊之後，仍然不敢在公民隱私權方面走得太遠，仍然還是要尊重絕大多數公民的隱私權，決不至於公開剝奪公民隱私權！

中共政權，作為號稱繼承五千年文明中國的「崛起」大國，也在國際舞台上大喊大叫公民隱私權、互聯網安全等等。

1　即為網際網路。

但中共的隱私權，只適用於官員，不適用於普通大眾！君不見，官員財產公開的呼聲，儘管此伏彼起，但都被「和諧」到黑暗監牢中。而睡眠中，老百姓的房屋被扒開之圖片、視頻[2]，每每上互聯網，仍然，消失的是上傳圖片、視頻的老百姓。

中國公民，應該算是這個世界上，最沒有隱私權的公民。然而，更甚，處於中共殖民統治之下的維吾爾人，應該算是這個世界上，最不幸的民族。他們被徹底地剝奪了隱私權。他們個人的一切，都赤裸裸地，暴露於統治者的眼皮底下！

咱就不說遍佈維吾爾「自治區」各個鄉鎮、城市、學校、單位、班級、朋友圈的，為五斗米折腰的，中共無恥暗探奸細了。他們無時不刻、探頭探腦，企圖侵入任何一個維吾爾人內心深處，發現任何一個維吾爾人不同於中共殖民政權之思想、觀點！

無隱私，政府隨時隨地要盤查

咱也不多說遍佈全維吾爾「自治區」的、寡廉鮮恥、肆無忌憚、無孔不入的社區工作人員了。他們可以隨時、隨地，大搖大擺地，未經允許，闖入任何維吾爾人的家，進行所謂的「家訪」！

咱今天只談，維吾爾人日常生活中，被剝奪的隱私權！

首先是城市裡。城市裡的維吾爾人，不管是公務員、還是官

2　即為影片。

員，都處於中共政權的嚴密控制之下，工作期間，根本沒有隱私可言！

維吾爾的公務員、官員，他們在工作單位裡，不僅被強制要求說漢語，而且每週至少要參加兩次「政治學習」，要對發生在維吾爾自治區各地的事件表態，要寫學習心得體會。當然，他們也被要求，要及時彙報其他維吾爾同胞的思想動態。如果他們的家裡來人了，他們要向單位領導、保衛部門，彙報來人的詳細情況。

其次是個人家裡。維吾爾人，無論是公務員、還是官員，都得時刻準備接受社區幹部及社區員警的隨意「家訪」！這些社區「家訪」幹部，有權進入任何房間，如懷疑到什麼，甚至還可以要求家庭主人，打開箱子、床鋪等，讓他們檢查。

城市裡，因為每一個維吾爾人家裡，都被強制安裝電視、電話、電腦等，通用的、神秘「電器盒」，維吾爾人在自己家裡，即便是對自己的妻子兒女，也不敢說任何心裡話！城市的維吾爾人在家裡，也沒有任何隱私可言！

維吾爾人走在路上，進入商場，進入火車站，或進入機場，只要是長得夠典型的維吾爾人，必須隨時準備接受路口、商場門口、火車站、機場入口等地，持槍武警的強行檢查，不僅是檢查手提包、行李、衣物，還得準備接受搜身，最可怕的是——任何維吾爾人要隨時準備接受檢查其智慧型手機內容——短信[3]、圖

3　即為訊息。

片、電話號碼、訪問網址等！

維吾爾人就算開車也沒有隱私

　　城裡，有車族的維吾爾人，隱私也不能倖免被剝奪。一位剛從維吾爾「自治區」阿克蘇回來的朋友告訴我，他發現阿克蘇的大街小巷、只要是路口，都有至少四、五個攝像頭。這位朋友就問他一位當員警的兄弟，「這監視器是否是用來監督超速的？」這位員警笑答：「非也，是用來拍攝通過路口的車和人的，主要是針對通過路口人的。」當然，這通過的人，是指維吾爾人！維吾爾人開車也沒有隱私！

　　現在，我們再來談農村維吾爾人。過去，因為農村相對偏遠，鄉村維吾爾人較城市維吾爾人擁有較多隱私權！然而，今天的維吾爾「自治區」，農村維吾爾人的隱私，已赤裸裸地被剝奪殆盡！

　　自治區裡，十戶設一長。十戶長，權力無限。他可以隨意出入農村的維吾爾人家庭。維吾爾人的家裡有來人了，第一個伴隨客人進來的，就是十戶長。還未等主人噓寒問暖，十戶長就開始提問客人來訪目的、打算滯留時間等，非常侵入性的私人問題！

　　如我在前面文章裡揭露的，農村維吾爾人不僅白天不能鎖門，不能未經批准請客聚會，而且，晚上睡覺也不能從裡面插門閂、鎖門。維吾爾人要保證村、鄉的公安、軍警人員，可以深更半夜隨時隨地、悄無聲息地，進入維吾爾人的家庭，翻箱倒櫃、進行突擊「查訪」！

農村維吾爾人出門，即便是隨身攜帶身份證、「良民證（綠卡）」，也還得隨時準備接受村頭路口檢查站的搜身、查包、審問。

莫名其妙就被抽血、驗血檢查

而且，任何農村維吾爾人，還得時刻準備著其手機被檢查，特別是智慧型手機。任何農村維吾爾人如果擁有智慧型手機，那麼，這個維吾爾人，不僅要面臨在任何一個路口檢查站，被頻繁檢查手機，及其儲存短信、照片、電話號碼，與其經常訪問網頁地址等的命運，而且還得時刻準備，連人帶手機被強行帶到公安局，去接受更進一步的檢查！

除此之外，農村維吾爾年輕人，現在還面臨在街道、在路口，被突然截停檢查的命運，不僅檢查包裹、手機，檢查鬍子、帽子、鞋子等，經常還伴隨有抽血、驗血檢查！

一位來自維吾爾自治區南部，巴楚縣的維吾爾人，他曾經遭遇路口檢查站抽血、驗血檢查。我問他，「知道為什麼要抽血嗎？檢查人員是否告訴過他，為什麼要抽血檢查嗎？是什麼樣人在做抽血檢查的工作？是公安、武警、還是軍人？」他告訴我，檢查站的人都是軍警，抽血的人，穿了個白大褂，但裡面好像是制服，具體是什麼人，他也不知道。

這位維吾爾年輕人說，檢查站的人只告訴他，要抽血檢查，其他什麼都不讓問！他也沒有辦法，只好讓他們抽血。他說，二、三十分鐘後，檢查軍警告訴他可以離開，他就離開了。他很

慶幸，自己的智慧型手機沒有被拿走，自己沒有遇到太大的麻煩！

至於大多數維吾爾人的國際電話被竊聽，在維吾爾自治區，應該是公開的秘密了！維吾爾人的電話聯絡，根本沒有什麼隱私可談！

維吾爾人，在自己的家鄉、在自己的家，除了未赤身裸體外，其他公私工作、生活之一切，已經是赤裸裸地暴露於殖民統治者眼皮底下！

（本文發表於 2015 年 1 月 15 日博訊新聞網）

38 ‖ 民族壓迫中的維吾爾人
── 自己家園的囚徒

不得不迎合中共民族同化之政策

作為現代人類，生活在人類文明發展的較高級階段，人類擁有的、最基本的人權，應該是在不妨礙他人的前提下，按照自己民族的生活方式，生活、生存！

我相信，世界上的大多數的國家，大多數的人類，不管他是生活在發達國家如歐美，還是生活在貧窮、戰亂頻繁的第三世界，如蘇丹、伊拉克、敘利亞，或朝鮮，大多數基本上還是能夠享受這一權利──即按自己民族的傳統方式生活。

這裡，我特地加上朝鮮，是因為，儘管朝鮮貧窮，金家三代殘暴，其老百姓生活在愚昧與黑暗中，但朝鮮老百姓還能夠按照自己的民族傳統方式生活、生存。

儘管中共中國也如朝鮮一樣，是個獨裁、世襲的國家（中共是朋黨世襲），但中國的漢人老百姓，也一樣能夠享有按照自己民族的傳統生活的權利。尤其是近幾年來，在中共民族主義的宣傳、煽情下，復古、穿戴漢服、祭祀炎黃帝陵等的活動一波接一波，也沒有人阻擋。

然而，這個號稱擁有五千年文明的中共政權，這個極力向世界推銷孔子爲代表儒家「中庸」思想的中共政權，這個經常將「己所不欲、勿施於人」、「和而不同」等思想，掛在嘴上的中共政權，卻對處於其極權統治下的維吾爾「自治區」土著各民族，特別是維吾爾人，強行實施極端的民族同化政策，強力干涉維吾爾人的日常生活自由，完全剝奪維吾爾人按照維吾爾民族傳統生活、生存的權利！

　　儘管有少部分的維吾爾人，進行絕地反抗，大部分的維吾爾人陽奉陰違，以維護自己最基本的民族傳統及民族生存權。但還是有一部分的維吾爾人，爲了生存，不得不違心地，迎合中共民族同化之政策，違心地接受「中華」化！

信仰、語言、文化權利完全沒有

　　我以維吾爾人在每天的日常生活中，所遭遇的種種蠻橫無理的限制爲例，來說明，維吾爾人如何被剝奪最基本的人權——民族生存權，以及維吾爾人如何在自己的家園，成爲中共的囚徒。然而，這只是我在國外，通過和新近來美國的維吾爾人交談，所獲得的冰山一角。

首先是信仰權利：

　　維吾爾人被限制自由實踐其宗教信仰。城市裡的維吾爾人，基本上都被禁止實踐伊斯蘭信仰（通過對公務員、公司企業業務人員、大中專院校學生等的「不能信仰宗教」的禁令）。農村

裡，既非學生，又非黨員的維吾爾農民，只能在軍警公安、奸密探的嚴密監視下，進清眞寺禮拜，實踐伊斯蘭信仰。

維吾爾人要學習伊斯蘭信仰，無論是在城市或農村，只能通過聽政府指定的，所謂「愛國宗教人士」的教導，去學習伊斯蘭信仰，而不能自己通過讀伊斯蘭書籍，看伊斯蘭視頻去研究、體驗信仰！不管是農村或城鎮，維吾爾人家裡一旦被發現藏有關於伊斯蘭教的書籍，就會全部被中國政府沒收。如果維吾爾人收藏的伊斯蘭教的書，不是正規出版社所出版的，那可就談上大事啦！

維吾爾父母，不能教自己的孩子伊斯蘭宗教信仰。他們一旦被發現，私自教育自己的孩子伊斯蘭信仰，他們就可能背上傳播非法伊斯蘭之罪名！這樣的維吾爾父母，政府可以對他們抓捕、判刑。

其次是語言、文化權利：

維吾爾語言，幾乎被擠出了自治區一切的公共場所！不但被擠出了大中專院校，被擠出了中小學，現在，連幼稚園也開始以「雙語教學」的名義，將維吾爾語擠出幼稚教育！維吾爾父母的母語教育權，也被剝奪了！

實際上，維吾爾語已經成爲一種處於邊緣化的、地位低下的、正在作垂死掙扎的地方方言（維吾爾語在中國的地位，還不如中國方言——廣東話、上海話）。維吾爾語只能在自己家、在特定維吾爾婚喪嫁娶等儀式中使用！政府機關、公司企業辦公

室，被要求一律使用漢語，即便是兩個維吾爾人之間交流，也必須使用漢語！

維吾爾出版業、電影電視界、新聞廣播業、報紙、網路媒體業等，也都因維吾爾語言的邊緣化而急劇萎縮！維吾爾文化生存的載體——維吾爾語，在自治區各領域的邊緣化，正在敲響維吾爾文化的喪鐘！

一切生活實名制，無法自由遷徙

第三，生活享受權利：

維吾爾人買火柴要實名，買刀具要實名，買農藥化肥要實名，現在不僅買手機、買電腦要實名，連修理電腦、手機也要實名！甚至，在南部一些地區，維吾爾人到藥店買藥，也要出示身份證、便民卡等一系列的文件！

維吾爾人早上進行晨練，要解釋為何要進行鍛煉，特別是年輕人！維吾爾人進商場，要嚴格搜身。帶頭巾、留鬍子的人，不能進入商場！

維吾爾人舉辦婚喪嫁娶，要請示社區領導，向派出所報告邀請人數，提交邀請客人名單，時間、地點！

第四，穿戴權利：

維吾爾人因為長期信仰伊斯蘭，其民族穿戴，必然在一定程度上，反映信仰的信條。所以，女人帶頭巾，男人留鬍鬚，依然

成為維吾爾民族傳統服飾的一部分。現在，維吾爾人這一延續了近千年的服飾，也成了中共政府要禁止的目標。維吾爾自治區的大街小巷，政府機關、學校、醫院、圖書館、公共汽車等，都堂而皇之地，打出了禁止帶頭巾、留鬍鬚的人進入、乘車的禁令！

而且，連純粹維吾爾傳統的花帽，也被禁止！

第五，旅行權利：

維吾爾人步行也好、騎馬乘驢車也好、乘車也好、坐飛機也好，都是種種麻煩！

維吾爾人，特別是南部維吾爾農民，幾乎被禁止跨越縣界！

要出縣界，必須要持十戶長、村警、村支書等人蓋章的表格，去取得所謂的「便民卡」（維吾爾人戲稱「綠卡」）。現在要去烏魯木齊，或者維吾爾自治區東北部，不僅要有通行證，還要有人擔保！若有通行證，但找不到擔保人，維吾爾人還是不能離開其家鄉！

總之，維吾爾人在自己的家鄉，已成為中共的囚徒！

（本文發表於 2015 年 2 月 7 日博訊新聞網）

39 ‖ 張春賢又在說謊

張春賢的效率在哪裡？

昨天，兩會[1]舉行維吾爾自治區記者開放日。記者會上，自治區、兵團的幾大殖民頭子親自出場坐鎮，奴才傀儡伴場。在中共喉舌媒體、及中共曲線救國[2]鳳凰衛視執導下，由殖民頭子唱主角，傀儡唱配角，上演了又一部的謊言滑稽劇。

今天我先揭殖民總督、謊言專家、偽君子「善人」張春賢的謊言。

其實，不用我揭，張春賢通過其前後矛盾的說辭，欲蓋彌彰的吞吞吐吐，自己搧自己的耳光，揭示了他在說謊。

「張春賢說：『我也可以告訴大家一個內幕。最近還破獲了

1　「中華人民共和國全國人民代表大會」會議，和「中國人民政治協商會議全國委員會」會議，通常在每年3月初基本同期召開，故兩者常合稱並簡稱為「全國兩會」。「地方各級人民代表大會」會議，和「中國人民政治協商會議地方委員會」會議，通常在每年年初基本同期召開，故兩者常合稱並簡稱為「地方兩會」。

2　曲線救國，暗中幫助支持的意思。

一些直接參戰（ISIS）後回來的⋯⋯，爲了破案，爲了讓人民減少生命傷亡，保證安全，有時候也是需要保密的。透明公開是新疆的原則，講求效率是新疆的目標，有時候大家也要理解新疆的情況。』」

「破獲了一些直接參戰回來的⋯⋯透明公開是新疆的原則，⋯⋯」眞是大言不慚啊！

最近，由自由亞洲電台，及其他海外媒體報導的，僅發生於2月份的、和田皮山縣八個員警被炸死案、喀什噶爾葉城縣維吾爾父子襲擊殖民軍警、放火燒車案件、阿克蘇殖民軍警挨家搜查引發的衝突至軍警、民眾死傷多達十八人的案件，哪一件報導了，張春賢書記？維吾爾自治區哪一家媒體報導了？能告訴我們嗎，張春賢書記？

既然有參戰分子回來被抓住了，爲何不公佈名字？爲何說不出多少人？人都在你們手裡了，還怕什麼呢，張春賢書記？

「講求效率是新疆的目標。」如果效率是目標，張春賢書記，爲何2009年7月5日之後，在烏魯木齊各個警察局尋找失蹤兒女的父母，到現在爲止，死不見屍、活不見人呢，張春賢書記？這些父母尋找兒女已經六年了，你的效率在哪兒？

從不敢報導事件的真相

「張春賢說：『我注意到廣州火車站的報導是暴力事件，暴力事件不僅僅是廣州有，新疆有，各地都有。』」又是極無恥的謊言！

既然是普通暴力事件、各地都有，爲何不進行詳細報導，指出是誰幹的，動機是什麼？爲何放任各類中文社交媒體胡亂猜測？並通過暗示是維吾爾人幹的，放任煽動對維吾爾人的仇視、仇恨，歧視、誣衊性宣傳？

「張春賢說：『新疆的公安幹警，是內地公安幹警犧牲率的5.4倍。2013年，新疆的基層幹部，猝死在工作崗位的是兩百三十多名，大大超過全國平均數。新疆的烈士，占到全國的31%，也就是三分之一，可見新疆爲全國小康社會的建設付出了多大的努力。』」

這是張春賢在搧自己的耳光！「總體是安全的，……新疆的烈士，占到全國的31%，也就是三分之一……」這麼多的員警，連自己的命都沒有保住，總體還安全嗎？張春賢書記大概是在講他自己的安全，或者是殖民官員的安全吧？！

張春賢的數字告訴我們，維吾爾自治區的安全形勢，已經到了非常嚴峻的地步了！當軍警、殖民官員連自己的命都保不住的時候，那裡的形勢已經是失控了！

以張春賢爲首的殖民官員，在維吾爾自治區，將透明和公開當作原則，卻從不敢說、不敢報導自2015新年以來發生的幾起較大的、血腥案件的時候。這只能證明，維吾爾自治區的形勢，已經到了極端危險的境地，維吾爾自治區的南部已經失控！這才是事實。

共產黨的官員，都習慣於撒謊！張春賢也不例外！

（本文發表於 2015 年 3 月 11 日博訊新聞網）

40 ‖ 民族壓迫中被犧牲的維吾爾兒童

聽聞維吾爾教育的悲慘現狀

最近，我在一位朋友家做客時，碰到了一位剛從東突厥斯坦南部來的、前維吾爾鄉村小學老師。她或許是剛來美國不久，一開始交談中，她話不多、小心翼翼。

然而，我們的話題，一轉入維吾爾教育的現狀時，大概是維吾爾知識份子一貫的憂國憂民意識使然，她開始積極加入我們的談話。她時而滔滔不絕，時而慷慨激昂，時而憤憤不平，時而唉聲歎氣又悲憤，時而語調低沉，陷入深沉憂鬱。

她憂國憂民，特別是她沉重敘述，她深深擔憂維吾爾未來的教育。她使我瞭解到，東突厥斯坦維吾爾的基礎教育，特別是維吾爾鄉村教育的悲慘現狀，同時，她也使我對維吾爾年輕一代的教育工作者信心十足。

我相信，只要維吾爾年輕人、維吾爾年輕教育工作者，繼續憂國憂民，繼續擔憂民族的未來、民族教育的未來，那麼維吾爾人就不會被共產黨漢人同化，維吾爾人、維吾爾文化、傳統就不會消失！

從她的談興，我可以看出，她不僅是一個熱愛維吾爾教育事業的、一位眞誠、熱心的維吾爾鄉村女教師，她更是一個憂國憂民的維吾爾民族戰士！今天，她可能小心翼翼，但明天，她一定會站出來，和我們一起站在星月藍旗下，爲祖國、爲民族的自由而奮鬥！

談話中，我們瞭解到，中共殖民政權爲了強化其殖民統治，加快同化維吾爾人的步伐，不惜犧牲大多數維吾爾兒童，平等接受基礎教育的權利，中共更以赤裸裸的歧視性政策，強力在東突厥斯坦南部各鄉村、牧場，推行其所謂「雙語教育」爲名的漢化教育。

漢人教師也無法學維吾爾語

這位女老師告訴我們，在其任教的，喀什噶爾疏勒縣的某個鄉小學，政府首先是以強化「雙語教學」、強化師資力量爲名，從中國一些不發達省份，招來了幾十個所謂大學畢業，實際上是大專畢業，還有一些甚至是中專畢業[1]，找不到工作的漢人，來鄉村小學任教。

政府許諾這些，所謂前來「支援邊疆教育」的漢人，如果他

1　**中專畢業**：中國高等教育系統中，介於大學和技工教育的專業培訓教育體系。一般有初高中畢業生報考，高中生上兩年、初中生上三年；畢業獲得專業證書，如護士學校，會計學校等，一些地方還有爲幼兒教育和小學教育的師範專科。由於這些學校的師資本身質量本身先天不足，造成畢業出來學生根本不足以承擔教書育人這一神聖職業。

們願意，可以將家人、戀人遷來，由政府負責，提供免費房屋及家屬補助；如果這些漢人的家人、或戀人需要工作，也可以由政府負責安排。政府還承諾，只要這些漢人在東突厥斯坦南部待足五年，就可以給予科級幹部待遇，可以繼續任教，也可以轉崗[2]到政府部門任職。

這位小學老師告訴我們，實際上這些「支教」（即上述的「支援邊疆教育」）漢人，很明顯，一些是以假文憑應聘而來的，因為他們根本就無法勝任教師工作。然而，他們即便是無法勝任教師工作，也無所謂，因為「既來之、則安之」，很快，這些無法勝任「支教」的漢人，不問就裡、不問為什麼，就都被轉崗到學校行政辦公室、或村鄉政府做行政工作，還都當官了。

剩下的，儘管也不一定是完全合格的教師，然而招來了，當然還是要當老師。教維吾爾兒童，積累這些漢人老師的經驗，然而邊教邊學嗎？

這些「支教」來的漢人老師，沒有一個懂一點維吾爾語的。

退一步講，即便是這些「支教」漢人老師，想現場學點維吾爾語，也不被允許，也沒有條件學！因為，政府規定，學校範圍內只能用漢語。即便是和維吾爾老師交流，嚴格禁止使用維吾爾語，包括維吾爾老師之間，在學校範圍內，只能使用漢語進

2　**轉崗**：中國的職業系統，在同一個單位，不同職業意味著不同工資、待遇。學校裡，老師如果被領導認為不合格，可以將其轉崗任學生生活指導老師（看學生宿舍），或者可以安排去學校工廠、鍋爐房等，在中國被稱為轉崗。

行交流！

　　而下班後，漢人老師是住在崗哨林立的、被隔離保護的漢人居住區，維吾爾老師各自返回自己世代居住的家。所以，這些漢人老師和維吾爾人社會，基本上沒有往來。往來都沒有，如何學習維吾爾語？

很少能考上好一點的初高中

　　學校考慮到大多數維吾爾老師的漢語水準，這些「支教」的漢人老師和維吾爾老師之間，不可能有正常、有效的交流。這些漢人老師更遑論和維吾爾兒童進行有效的教學交流了！

　　學校的維吾爾老師，只具備極其有限的漢語水準，全校近二、三百名維吾爾兒童，絕大多數根本不會漢語，漢語水準為零，這樣的「雙語教學」，要如何進行？

　　不必擔心！作為仇視文化、文明，蔑視知識份子的獨夫民賊、屠夫──毛賊澤東，孝子徒孫、一心要同化維吾爾人、消滅維吾爾文化，強化其殖民統治的習近平共產黨殖民政權，只有想不到的，沒有做不到的！

　　學校在政府安排下，通過測試，將維吾爾學生根據漢語程度分班。漢語水準為零的編成一、兩個班，能說幾個漢語單詞的編成另外一、兩個班。最後，將有一定漢語基礎、政府認為有望同化的維吾爾學生編成一個班。

　　對有漢語基礎的班，除維吾爾語課外，其他各課，則由學校配備「矮子裡拔將軍」拔出來的幾位「好」漢人老師，擔任各科

的任課教師。

　　維吾爾女老師告訴我們，這個班的學生，很多是當地大小維吾爾官員、及稍有點錢的維吾爾農民走後門插進來的。雖然和其他班級相比較，教學好一點，考試成績好一點，但結局和其他班級基本上一樣，沒有幾個能考上初、高中的。能考上好一點初、高中的，屈指可數！

　　我急切地問，其他班級的學生情況如何？

漢人教師導致學生極端厭學

　　這位女老師苦笑一下，告訴我們：其他班級的維吾爾學生，學校安排那些基本是來混日子的漢人老師任課。因為師生間沒有交流，也無法交流，所以乾脆，大多數漢人老師，就以提高維吾爾學生漢語口語為名，帶著漢語的少兒唱歌跳舞光碟來到教室，放給維吾爾學生看，整堂課，讓維吾爾兒童跟著老師、光碟，唱漢語歌、跳少兒舞蹈。

　　這位年輕女老師無奈的告訴我們，學生們一天到晚跟著漢人老師看光碟，嘰哩呱啦地學唱漢語歌、學跳少兒舞蹈。這些聽不懂漢語的維吾爾兒童，跟著漢人老師唱歌、跳舞，實際上也是極不情願的。這樣，一個學期下來，這些維吾爾兒童，漢語歌沒有學會不說，連對學習，也失去了全部的興趣，到學校只是混日子罷了！

　　最為荒謬的是，很多學校，連體育課都要由漢人老師來上。

而漢人體育老師，大概是因為政府的安排，都熱衷於教維吾爾學生跳秧歌舞等典型漢人傳統舞蹈！這不僅使一些維吾爾學生、家長，內心對這些漢人老師、官員產生厭惡、仇視，甚至對學校，也產生深深的抵觸情緒，更使維吾爾學生極端厭學習，甚至連體育課都不願意上！

我又問，「那，這些學生考試怎麼辦？」女老師看看我，略帶調侃地說道：「伊利夏提大哥，你也當過十幾年的老師，不應該不知道，在中國，不合格老師是如何應付考試的吧？」

漢師被洗腦，不顧學生成長

我看著她，想聽她講出真相。她停頓了一下，繼續道：「考試還不簡單嗎，既然所謂的『雙語教學』是政府強力推行的政策，我想，政府不應該不知道，維吾爾學生，正在成為漢語一統天下教學的犧牲品！但這是政府制定的政策，漢人老師又是政府安排進來『支教』的，代表著政府，教學、管理等，都以漢人老師為主。所以，學校安排，考試由任課老師自行出卷、自行批改。只要孩子家長沒有牽扯到所謂『暴恐』、『分裂』等的政治問題，這些兒童都能小學畢業。至於成績是否真實，孩子小學幾年是否真的學到了什麼，沒有人敢質疑，也沒有人敢反對這種做法。當然，付出代價的，是維吾爾基礎教育；被犧牲的，是無辜的維吾爾農村孩子！」

大家都陷入了沉思、沉默。這談話，變得越來越沉重！

女老師似乎是在自言自語，她繼續道：「何況，這些學齡兒

童是維吾爾人的孩子。經過共產黨政府,幾十年來對維吾爾人妖魔化的民族仇視教育,對現在住在東突厥斯坦的漢人官員來說,這些維吾爾孩子,早晚是他們的敵人,是未來的『暴恐分子』、『分裂分子』、『極端宗教分子』!包括那些新來的漢人老師,在被分派到南部各地前,也都被共產黨政府洗腦教育了幾個月。他們的腦子,早已被灌輸進了如『維吾爾人因爲不懂漢語而落後、而不懂道理,漢化維吾爾人是拯救維吾爾民族擺脫貧窮、落後的唯一辦法。』因此,他們的首要任務,是漢化維吾爾兒童等等!所以,這些漢人老師也根本不在乎維吾爾孩子學到、沒有學到什麼?」

大家似乎都沒有話說了!女老師眼中閃著淚花,她深深吸了口氣,起身離開了桌子。

(本文發表於 2015 年 4 月 4 日博訊新聞網)

41 ‖ 官方版瀋陽屠殺維吾爾人案前後矛盾、漏洞百出

針對事件報導，媒體一向模糊幾筆

自進入齋月以來，維吾爾人又成了世界各國媒體的焦點。特別是近一周來，維吾爾人幾乎成為中國及世界各大網絡媒體的頭條要聞。

泰國當局強制遣返維吾爾人的焦點新聞，還沒有退潮，瀋陽警方以反恐名義，槍殺維吾爾人的新聞，又開始佔據世界各大媒體及網站的頭版。

當然，中國媒體及網站也未能倖免，也都或多或少進行摘抄式的重複報導。當然是眾口一詞，只有定性、指斥死者的報導。至於對事件原因、始末的報導，中國媒體保持一貫的做法，寥寥幾筆、言語模糊、模棱兩可。

今天我找來《新京報》記者林斐然的報導，打算作一分析。林斐然的報導，主要也是摘抄瀋陽市公安局的官方微博，所以可以肯定，林斐然的報導，算是中共政府版的抄本。

首先我們來看這一段：「2015年7月13日，瀋陽警方在抓捕涉恐犯罪嫌疑人過程中，四名暴恐分子揮刀拒捕，為防止造成嚴

重社會危害，在警告無效的情況下，警方依法果斷開槍，擊斃三人，擊傷一人，現場無群眾傷亡。目前，案件正在進一步調查中。」

先說是在「抓捕涉恐犯罪嫌疑人」，是「涉恐犯罪嫌疑人」，然後就肯定四名維吾爾人是暴恐分子，再往後，就是理所當然的擊斃！

然而，愚蠢的瀋陽官方微博，還不忘加上一句「目前，案件正在進一步調查中。」人都被打死了，結論也已經給出了——「暴恐分子」，只剩一個受傷的婦女，和三個目睹員警槍殺自己父親的、精神受到極大創傷的，可憐的維吾爾孩子，還調查什麼？

三個小孩的維吾爾母親受傷被抓捕

再看這段：「7月13日14時30分許，瀋陽市公安局在副市長、局長許文有的現場直接指揮下，依法果斷將藏匿在沈河區東順城內街86號10-7-3出租房內，蒙面持刀拒捕的四名（三男一女）新疆籍恐怖分子，擊斃三人擊傷一人，並抓獲一名新疆籍婦女阿曼古麗·買提吐送（女，28歲，維吾爾族，戶籍地為新疆和田地區洛浦縣人）和三名隨行兒童，處置過程未造成人員傷亡和社會影響。」

這一段裡最有意思的是，「蒙面持刀拒捕的四名（三男一女）新疆籍恐怖分子擊斃……」從未聽說，恐怖分子會在自己的房屋裡蒙面！

通常恐怖分子蒙面，是爲了避免作案時，被他人認出而戴面罩。而這四名維吾爾人，是在自己租住的房屋裡。而且，警察未出現前，可以肯定他們並未準備在房間裡襲擊什麼人。所以可以肯定，他們是不會帶著面罩等待瀋陽員警的突然襲擊！

　　現在問題就變成了：這些維吾爾人等員警上門襲擊時，要嘛是在匆忙中，還不忘帶上面罩，持刀抗拒抓捕，以迎合中國警方對「恐怖分子」的描述；要嘛是他們先知先覺，在家裡戴上面罩，等待瀋陽警方的突然襲擊！

　　這一段裡，瀋陽警方還爲了掩飾特警[1]的無恥行徑——向一位帶著三個孩子的可憐維吾爾母親開槍，故意玩弄文字及數字遊戲。

　　先說：「蒙面持刀拒捕的四名（三男一女）新疆籍恐怖分子擊斃三人擊傷一人，」然後說：「並抓獲一名新疆籍婦女阿曼古麗·買提吐送（女，28歲，維吾爾族，戶籍地爲新疆和田地區洛浦縣人）和三名隨行兒童。」這裡，瀋陽警方閉口不提，被擊傷的，就是這位帶著三個孩子的維吾爾母親——阿曼古麗·買提吐送（Amangul Mettursun）。

　　如不仔細閱讀，讀者還以爲，被擊傷的是另外一位維吾爾人！

1　**特警**：特種警察，在中國是指專門用於鎮壓百姓的擁有最先進裝備，經過特別針對性訓練的警察。

警察先審查後抓捕，並槍斃嫌疑犯

這篇報導裡，最無恥的一句話應該是：「處置過程未造成人員傷亡和社會影響」。擊斃三人，擊傷一人還不算傷亡？「暴恐分子」難道不是人嗎？當民警[2]「欲入戶審查」這些維吾爾人之前，他們還只是「涉恐犯罪嫌疑人」，被擊斃就不是人了嗎？這是什麼邏輯？

別忘了，半個多世紀前，中共也還是國民黨政府眼中的「共匪」、「紅色恐怖分子」呢！

未造成社會影響？這是不打自招，掩耳盜鈴！這件事，早已經上了世界各大媒體及網站的頭條。檢索一下在中國的各大網站有關此事件的報導，就可以看到充斥各網站的、對此事件極端不負責任的、惡意的評語，以及對整體維吾爾民族的極盡污蔑、惡毒之評語，這還不能算是造成社會影響了嗎？

再來看這一段：「……民警在欲入戶審查過程中，四名恐怖分子戴頭套、持長刀，呼喊『聖戰』口號砍殺民警。民警果斷將該住戶房門封堵，並第一時間向市局報告。副市長、局長許文有親臨現場指揮處置工作，迅速調集特警，反恐部門和屬地公安機關兩百餘名武裝處突力量[3]增援處置。」

「民警在欲入戶審查過程中」。注意！這四名維吾爾人，由

2　**民警**：一般警察，在中國就是接到派出所裡維持治安、登記戶口等的警察。

前一段要被抓捕的「涉恐犯罪嫌疑人」，變成了民警入戶審查的對象！

我以為「抓捕」和「審查」這兩詞，在詞義上是有極大區別的！這證實：要麼是瀋陽警方在編造故事時失誤了！要麼是瀋陽警方微博作者的漢語水準太差！

維吾爾暴恐分子，用漢語喊聖戰？

特別注意，這裡，員警還未進入維吾爾人租住房屋，而且是民警審查過程；也就是說，民警來時，並未肯定這些維吾爾人是否為暴恐分子，只是審查而已。但很快，這些員警就發現了「四名恐怖分子，帶頭套、持長刀，呼喊『聖戰』口號砍殺民警。」

頭套我們就不再次贅述了，前面已經分析過了。有意思的是，這四名維吾爾人，又一次，為了迎合中國警方對「暴恐分子」的定義，開始喊「聖戰」口號了。

我說是「為了迎合中國警方」，是有原因的。

這些民警既然是來「入戶審查」的，可以肯定他們不是有備而來的，他們也不是反恐專家，可能也未準備實施抓捕這四名維吾爾人的反恐行動。

封堵門、請求特警及反恐部門支援，可以間接證實民警是無準備而來的。我也可以百分之百的肯定，瀋陽民警不會講維吾爾

3　**武裝處突力量**：武裝處置突發事件的力量（部隊）。在中國一般指包括軍隊特種部隊、警察特種部隊和當地民兵等，鎮壓維吾爾等民族反抗的政府武裝力量。

語。那麼，民警是如何確定維吾爾人的喊叫是「聖戰」口號的？難道是這些維吾爾「暴恐分子」，有意要取悅瀋陽警方，以至於要用警方能聽得懂的漢語喊「聖戰」口號？

　　中國的反恐報導，一如過去對維吾爾人屠殺的報導，總是前後矛盾、語焉不詳，而且細節總是要等待胡錫進的《環球時報》來補充，看來，這次也不例外。只是，不幸，無辜的維吾爾人，正在成為中共軍警濫殺無辜的靶子！

（本文發表於 2015 年 7 月 17 日博訊新聞網）

42 中國政府再次證實：東突厥斯坦，非中國領土！

爆炸案發生地不同，處理方式也不同

這兩天，有關2015年9月30日，廣西柳城連環爆炸案的爆炸性新聞，顯然，在海外及中國社交媒體上，使中共在全國範圍內，慶祝中共竊國66年的慶典時，不僅蒙上了陰影；且，有關此新聞的報導、討論，無論是在海外媒體，還是在中國社交網站上，已然蓋過了中共國慶的鋪天蓋地宣傳。

柳城爆炸案，不僅使中共的國慶，在官方的惴惴不安中拉開序幕，還使逐漸浮出水面的新聞也退居二版。

這個新聞是，9月18日在東突厥斯坦阿克蘇地區拜城縣，幾十名維吾爾人深夜襲擊煤礦、派出所，然後帶著奪來的槍，躲進天山，和中共搜山軍警、直升飛機周旋，致使中共大肆慶祝所謂「維吾爾自治區」成立六十周年的荒謬宣傳不攻自破。

儘管中共以刪貼、發通知等形式，控制有關柳城爆炸案及嫌犯資訊的傳播，但柳城連環爆炸，造成的恐怖效應是非常明顯的。

今早，一些中文社交媒體，發表的〈柳城女教師剛剛寫的柳

州連環爆炸驚魂〉一文，眞實反映了恐怖籠罩下，柳城民眾的生活及恐懼心理。因而，此案，應該可以斬釘截鐵地說：是一起典型的恐怖主義襲擊案！

然而奇怪的是，不僅中國政府，及其所掌的強力機關、官方媒體，甚至連那些社交媒體、及其「糞青」愛國賊積極撰稿人，也都非常一致地用詞極其委婉，刻意躲避直接稱此案爲「恐怖主義襲擊」，指稱犯罪嫌疑人爲「恐怖襲擊發動者」！

維吾爾人被剝奪質問政府政策的權利

此刻，讓大家大膽設想一下，如果此爆炸案發生在東突厥斯坦，或者此爆炸案，如一開始，一些中國政府別有用心者，「大膽」猜測的、牽涉任何維吾爾人，那麼，這兩天的中國政府，及其掌控下的強力機關、喉舌媒體（當然包括醜聞纏身胡錫進的《環球時報》），早已開足馬力、指控爆炸實施者，是國外「東突分裂」勢力遣送的「疆獨分子」所爲，早已不指名暗示嫌疑人爲伊斯蘭「宗教極端分子」。社交媒體上那些「糞青」愛國賊們，也早已開始褻瀆伊斯蘭教，謾罵維吾爾人不知好歹、不知感恩等等，等等。

今早，我在《臉書》、《推特》等一些社交媒體上，看到了一些海外維吾爾活動人士，質問中共及其喉舌媒體，爲何不將實爲恐怖主義襲擊的柳城爆炸案，定義爲「恐怖襲擊」，直接稱呼襲擊嫌疑人爲「恐怖分子」的貼文。

我相信，東突厥斯坦也有一些維吾爾人，也一定想問中國政

府同樣的問題，但我們由伊利哈木‧土赫提教授的無期判決知道，東突厥斯坦的維吾爾人，早已被中共以國家恐怖主義式之壓迫，剝奪了質問政府政策的權利。

其實，答案很簡單，沒有必要質問中共去尋求答案。

稍有頭腦、讀過一些書的人，只要翻一翻歷史書（當然不是中共編造的歷史書），看看中共自1949年佔領東突厥斯坦以來的政策及其宣傳，看看自所謂「維吾爾自治區」成立以來的政策宣傳，特別是看一看所謂「改革開放」以來，中共以開發大西北之名義，所實施的對東突厥斯坦的掠奪性殖民、移民政策，以及對當地、以維吾爾人為主各突厥民族的公然歧視政策，答案一目了然。

這答案便是：東突厥斯坦，並非中國土地，是被占領土！東突厥斯坦主要各突厥民族，不是中國人，是被占領土的主人，是被殖民者！

明顯區別對待東突厥斯坦的維吾爾人

因而，任何維吾爾人，對中共在東突厥斯坦，實施的「針對以維吾爾人為主之各突厥民族」的歧視政策，以及對堅決反抗殖民的維吾爾人，實施的「國家恐怖主義」政策，不應該感到驚訝！更不應該企望中共，會以中國的公民待遇，對待被占領土上的維吾爾人！

也因此，維吾爾人為維護自己做人基本的合法權益，維護民族尊嚴的任何反抗行為，也不應該以恐怖主義來定義。維吾爾人的行為，是正義的、是合法的！

實際上，中國恐怖分子，在中國各省市實施恐怖襲擊，柳城爆炸案並不是第一起。幾年來，先後有多起恐怖分子襲擊幼稚園，屠殺幼兒的恐怖案件發生；還有多起襲擊、點燃公共汽車的恐怖案件發生。

這些恐怖襲擊案件，不僅死亡人數眾多，而且還有幾起是針對無辜兒童的。但沒有任何一起此類的恐怖案件，被中國政府及其掌控強力機關、喉舌媒體定義為恐怖案件！奇怪？只要進行簡單對比，並不奇怪！

中國政府一貫的政策，就是要明顯區別對待東突厥斯坦的維吾爾人與中國人，明顯區別對待東突厥斯坦和中國犯罪嫌疑人，明顯區別對待東突厥斯坦境內和中國境內犯罪行為。

這也再次證實：無論中國政府及其媒體、「御用文人」，再怎麼強調東突厥斯坦是中國一部分、大家平等，那只是針對東突厥斯坦的漢人移民而言的，不是對東突厥斯坦以維吾爾人為主各民族而言的。

希望、祈求中國政府公平對待維吾爾人，及對待其他東突厥斯坦，非漢人的其他各民族，是一些無知幻想家的癡心夢想！

柳城恐怖爆炸案，再次證實：東突厥斯坦，非中國土地！東突厥斯坦，非漢人的其他各民族人士，非中國人！維吾爾人，不是中華民族的一員，而是被占領土的主人，是失去了家園的被殖民者！僅此而已。

（本文發表於 2015 年 10 月 2 日博訊新聞網）

43 | 中國想乘西方之危，搭「反恐」戰車

巴黎恐攻後，中國藉機打擊東突

以下是法國巴黎恐怖襲擊[1]發生之後，中國媒體在談到巴黎遭恐怖主義襲擊時，有兩篇和維吾爾人有關的報導如下：

> 「《人民日報》全媒體平台自土耳其安塔利亞15日電11月15日的報導，二十國集團外長非正式工作午餐會在土耳其安塔利亞舉行，王毅外長出席。王毅表示，中方強烈譴責巴黎系列恐怖襲擊事件，支持法方維護國家安全穩定，堅決打擊恐怖活動。王毅指出，中國主張反恐要形成合力，致力於標本兼治，不能搞雙重標準。反恐要充分發揮聯合國的主導作用，組成反恐統一戰線。中國也是恐怖主義的受害者，打擊以

---

1 2015年11月巴黎襲擊案，是2015年11月13日與14日凌晨，發生於法國巴黎及其北郊聖但尼的連續恐怖襲擊事件。襲擊事件共造成來自26個國家的127人當場遇難，3人到院後不治身亡，80-99人重傷，368人受傷。

『東伊運』爲代表的『東突』恐怖勢力，應成爲國際反恐的重要組成部分。」

「@公安部打四黑除四害：11月13日，黑色星期五，法國巴黎遭遇史上最嚴重的恐怖襲擊，數百人死傷。地球另一邊，中國新疆警方，歷經56天追擊，對暴恐分子發動總攻，取得重大戰果！」

很明顯，中國又想照搬美國9.11恐怖襲擊[2]發生之後的做法，再試試看，是否這次能乘西方恐怖襲擊之危機，搭上西方「反恐」的戰車？

事實上，9.11之後，中國試圖搭西方「反恐」戰車的做法，可以肯定地說，是以失敗告終。

因爲中國始終未能提供，指控維吾爾人實施恐怖主義襲擊的

2　911襲擊事件，是2001年9月11日發生在美國本土的一系列自殺式恐怖襲擊事件，蓋達組織承認其發動此次襲擊。當天早晨，19名蓋達組織恐怖分子劫持4架民航客機。劫持者故意使其中兩架飛機分別衝撞紐約世界貿易中心雙塔，造成飛機上的所有人和在建築物中許多人死亡；兩座建築均在兩小時內倒塌，並導致臨近的其他建築被摧毀或損壞。另外劫機者亦迫使第3架飛機撞向位於維吉尼亞州阿靈頓郡的五角大廈，此一襲擊地點臨近華盛頓特區。在劫機者控制第4架飛機飛向華盛頓特區後，部分乘客和機組人員試圖奪回飛機控制權，最終第4架飛機於賓夕法尼亞州桑莫塞郡的鄉村尙克斯維爾附近墜毀。4架飛機上均無人生還。世貿現場中，包含劫機者在內，總共有2,749人在這次襲擊中死亡或失蹤。絕大多數的傷亡者爲平民，其中有87個不同國家的公民。

硬性證據。而且中國又沒有新聞自由，每次事件發生之後，只有中共喉舌（胡錫進的《環球時報》唱主角）單方面的指控，每次都是寥寥幾句、一兩段的指控、沒有詳細內容的報導，更無任何協力廠商佐證。最多，就是那位中國唯一的反恐「磚家」李偉，「因為是恐怖分子，所以是恐怖分子。」的邏輯推理，中國始終無法說服國際社會，特別是西方社會。

對東突恐攻報導一向都沒有詳情

而且中國這幾年的反恐報導，不僅無法說服國際社會，甚至連中國自己的民眾也未能說服，中國也開始有越來越多的百姓、學者質疑中國的「反恐」！

中國外長王毅怨婦似的絮叨：「不能搞雙重標準」、「中國也是恐怖主義的受害者，打擊以『東伊運』為代表的『東突』恐怖勢力，應成為國際反恐的重要組成部分。」 是對此的不打自招，這也說明，儘管中共政權試圖乘西方之危，搭「反恐」戰車；但因做賊心虛，王毅和他的主子習近平、奴才胡錫進、李偉一樣，只有胡攪蠻纏！

中國政府心虛的另一佐證是，我以上引用中國有關「公安部打四黑除四害」報導，這也是典型的中國式報導。寥寥幾筆，只有一段，無頭無尾，沒有詳情，只有指控、單方面報導。而且還不忘在篇首加上，「將維吾爾人被迫的正當反抗，和巴黎恐怖襲擊劃等號」一句話。中共之乘西方危機、搭反恐戰車之目的，如「司馬昭之心，路人皆知！」

根據報導，人們要問，爲什麼事件發生五十六天之後才報導？爲什麼事件發生第一時間未見報導？爲什麼遮遮掩掩？事件是在什麼地方、什麼原因、什麼時間、以什麼樣的形式發生的？這些所謂的「恐怖暴徒」，都是一些什麼樣的人？有多少人？是男的、還是女的？是老人、還是年輕人？這些「恐怖分子」手中是否都有武器？如果有，又是什麼樣的武器？這些「恐怖分子」手中的武器，又是從哪裡弄來的？

　　顯然，看完這份報導後，只要是個頭腦正常、擁有正常思維能力的人，要問的問題，肯定是要比報導內容要多得多！大概也因此，這份報導，在發出不久，很快又被中國各大媒體刪除了。

怎有攜家帶口的維吾爾恐攻分子

　　實際上，中國政府的這篇報導，談的是，發生於東突厥斯坦阿克蘇地區，拜城縣的一事件。

　　根據自由亞洲電台維吾爾語部，歷經1個多月、持續不斷的跟進調查報導：這一事件發生於今（2015）年9月18日的凌晨。三家以養殖打獵爲生計的維吾爾人家庭，因爲持續不斷地遭到政府幹部、員警的騷擾，因此這些維吾爾人襲擊住家附近山區煤礦，殺死五十多名移民礦工，及前來支援的五名員警之後，攜家帶口[3]，老人小孩、婦女一起逃入天山深處。

　　這三家勇敢的維吾爾男女老少，憑藉熟悉的地形，憑藉獵手

3　**攜家帶口**：意思是攜帶家眷，指受家眷的拖累。

長期養成的機警、矯捷；在上有直升飛機、無人機全天巡邏，下有軍警、坦克把守山口的軍警包圍下，以大無畏的反抗精神，與中共殖民政權成千上萬的軍警、民兵，以及被迫參與搜捕的當地維吾爾人，周旋了將近兩個月。

這三家維吾爾人，顯然不是恐怖分子！到現在為止，還沒有聽說過，有哪一個恐怖分子會攜家帶眷，帶著老人、婦女甚至小孩，實施恐怖襲擊的！更遑論和國際恐怖主義有聯繫了！一輩子沒有出過國的、天山深處的三家維吾爾養殖獵戶，怎麼和國際恐怖主義聯繫？如何建立聯繫？

根據自由亞洲電台的報導，這三家維吾爾人，他們堅持宗教信仰、文化傳統，然而他們的一些家庭成員，被強迫參加所謂「反宗教極端主義」學習班，還有一些家庭成員被迫跳「小蘋果」現代舞蹈。因為，凡是拒絕參加的家庭成員，或者被罰款、或者被抓捕關牢。

這是一起典型的「官逼民反」案例，和巴黎恐怖襲擊，有著天壤之別！

在此，我還是想費點筆墨，將這三家維吾爾人、和實施巴黎恐怖襲擊的恐怖分子，進行一簡單比較，指出不同，以便給予那些用嘴吃飯，用屁股思考之中國奴才一點開化、啟迪。

遭迫害而反擊，也不攻擊無辜者

首先，這三家維吾爾人和法國巴黎的恐怖分子不同。他們沒有到中國北京，沒有到他人家園，對無辜者發動襲擊！他們是在

自己的家園，在自己的尊嚴被踐踏、信仰被褻瀆、家庭被侵犯的、一種忍無可忍的情況下，奮起反抗的。這是正義的反抗，任何人有權，保護自己的權利不被侵犯！

習近平的祖師爺、僵屍毛賊澤東不是說過嗎：「哪裡有壓迫，哪裡就有反抗」，「人不犯我，我不犯人；人若犯我，我必犯人。」

第二，這三家維吾爾人和法國巴黎的恐怖分子不同。他們沒有濫殺無辜！我這一說沒有濫殺無辜，「糞青[4]們」要炸鍋[5]了。「糞青」肯定要質問我：「五十多名煤礦移民工人，不是無辜者嗎？」

且慢！如果中國人認為這五十多名移民是無辜者，那麼二戰時，日本派往東北的日本開拓團，也應該是無辜的，也不應該被稱作侵略者。襲擊東北日本開拓團的任何中國人，也都是恐怖分子！王毅外長不是說了嗎：「不搞雙重標準。」

第三，這三家維吾爾人和巴黎恐怖分子不同。他們手中沒有現代化武器，沒有AK47，沒有爆炸物，沒有自殺式炸彈！他們的武器是最原始的棍棒、斧頭、菜刀，外加石頭、辣椒麵等。他們也沒有現代化交通工具以用於逃亡。

第四，這三家維吾爾人和巴黎恐怖分子不同之處，還在於：他們的反抗，是一種被迫的、突發的，在某種程度上，可以說是

4　**糞青**：憤青的別名，憤怒的中國青年。
5　**要炸鍋了**：氣壓太高，鍋要爆炸了。

絕望中的反抗。這三家維吾爾人的反抗，並不是經過長期深思熟慮、詳細組織計畫實施的，否則，這三家維吾爾人，是不會帶著老人、婦女、小孩，拖家帶口[6]一起發動襲擊，然後逃進、明知會被軍警包圍的深山老林。

沒奧援，沒支持，他們一無所有

第五，這三家維吾爾人和巴黎恐怖分子之不同，在於：他們背後沒有任何支持！他們不說獲得國際組織的支援，就連近在咫尺的遠房親戚、相鄰也不敢幫助他們。他們三家維吾爾男女老少，爺孫、父子、夫妻、幼小的兒女，在這艱難困苦的56天中，孤獨無助地進行了一場註定要失敗的，悲劇性的、氣壯山河的、反抗殖民侵略的自由之戰！這三家維吾爾人，唯一擁有的，只是那些還存有一點維吾爾骨氣之維吾爾人默默的祈禱。除此之外，他們一無所有！

我可以肯定地說，這三家維吾爾人，恐怕連完屍都無法留下，更遑論按照伊斯蘭宗教儀式的埋葬，和為他們立墳了！

最後，這三家維吾爾人和巴黎恐怖襲擊，最大的、也是最根本的不同，在於：他們是在自己的祖國——東突厥斯坦，被侵略者侵佔，自己的家園被剝奪，民族、個人尊嚴被惡意踐踏，宗教信仰被有意歪曲、褻瀆，文化傳統被刻意醜化、侮辱。維吾爾人作為一個民族，在自己家園，已經被嚴重邊緣化，而又訴苦無門

6　拖家帶口：帶著一家大小。與「攜家帶眷」同義。

的情況下，奮起反抗的！

因而，這三家維吾爾人的反抗是正義的！如果這三家維吾爾人，眞如中國報導所說，已被中國殖民軍警全部屠殺的話，他們就是我們維吾爾民族的民族英雄，他們的英雄事蹟，將成爲繼諾孜姑麗[7]、沙迪爾帕力萬[8]、埃尼巴圖爾[9]、熱自婉姑麗[10]之後，維吾爾人歌唱的英雄傳奇！

這三家維吾爾人的反抗事蹟，可歌可泣、可敬可佩！

（本文發表於 2015 年 11 月 17 日博訊新聞網）

7　**諾孜姑麗**（Nozgum）：滿清統治東突厥斯坦時，爲反抗滿清殖民統治，而起義南部的維吾爾人女性領袖，後被抓捕，發配伊犁。在逃亡被捕後，被殺死。

8　**沙迪爾帕力萬**（Sadir Palwan）：滿清統治後期，參加伊犁維吾爾、回族暴動的英雄。因反抗滿清殖民統治，曾數次被捕發配。他曾參與伊犁艾拉罕（Elahan）蘇丹國的建立，死後葬於現伊寧縣科拜柯圩子鄉。

9　**埃尼巴圖爾**（Gheni Batur）：東突厥斯坦伊犁人，維吾爾民間傳奇英雄，曾參加1944年11月7日伊犁起義。東突厥斯坦共和國成立後，參與政府事務。後來，共產黨進占東突厥斯坦之後，逃亡蘇聯，死於哈薩克斯坦。

10　**熱自婉姑麗**（Rizwangul）：伊犁維吾爾人。1944年東突厥斯坦共和國成立後，堅決要求報名參加東突厥斯坦共和國國民軍。參軍後，成爲一名戰地護士。在烏蘇戰役中，爲搶救戰場負傷的國民軍戰士，而中彈犧牲。

44 欲哭無淚
——反恐名義下被殘酷屠殺的
維吾爾兒童和婦女

中共軍警，射殺老女老少於山洞內

上週六（2015年11月14日），也就是巴黎恐怖襲擊發生第二天，中共政權宣佈的「歷經56天追擊，對暴恐分子發動總攻，取得重大戰果」，之真相正在浮出水面。

根據自由亞洲電台維吾爾語部的報導：中共軍警出動將近上萬人，包括軍警、民兵、老百姓；天上直升飛機、無人機，全天巡邏；地上坦克、裝甲車，把守山口，所取得的重大戰果是——圍山追捕56天之後，將精疲力盡、躲藏在一個山洞裡的三家維吾爾人，男女老少17人，發射火箭彈，射殺於山洞內！

被中共軍警殘酷屠殺的三家維吾爾男性是，家族長者，祖父：買買提·艾沙（Memet Aysa），60歲、吐爾遜·居馬（Tursun Jume），46歲、木沙·托赫尼亞孜（Musa Tohniyaz），47歲；以及他們的幾個未成年兒子、侄子。

被中共軍警慘無人道屠殺的四位維吾爾婦女是：買買提·艾沙的妻子：佐熱姆·馬木提（Zorem Mamut），55歲；買買提·

艾沙的兩個兒媳婦：阿依木尼莎·茹孜（Ayimnisa Rozi），30歲；熱伊汗·木沙（Reyhan Musa），28歲；以及吐爾遜·居馬的妻子：瑪熱燕姆·阿卜杜熱依木（Meryem Abdurehim），44歲。

被中共軍進無恥地屠殺的三位幼兒是：買買提·艾沙收養的孫女兒：姆尼熱·買買提（Munire Memet），9歲，才上二年級；以及吐爾遜·居馬的兩個學齡前兒子；一個6歲，另一個才剛剛1歲！

無恥的中國外長王毅，和其主子、屠夫習近平，在其軍隊毫無人性地，屠殺手無寸鐵維吾爾兒童婦女之後，居然還敢毫無廉恥地，要求文明世界，支持中國所謂的「反恐」！

恬不知恥，聲稱取得反恐重大戰果

買買提·艾沙，因為收養了孫女姆尼熱，被當地政府以違反計劃生育政策，而罰款。買買提·艾沙並被強制參加學習班，且被鎮幹部當眾拽著脖筋，推擠著，要求其參加跳「小蘋果」現代舞。其他家庭成員也被強迫參加學習班、跳現代舞等。凡不服從者，會被關一段時間的牢房。

根據最早的中國媒體的報導，在實施屠殺前，中國軍警聽到婦女、兒童的說話聲。也就是說，中國軍警確認山洞中有兒童婦女。

在聽到兒童、婦女說話之聲，確認有兒童、婦女之後，還敢手不發抖地，向兒童、婦女發射火箭彈；還居然敢恬不知恥地，

說取得了反恐重大戰果！？這是個什麼樣的軍隊？一群無恥的、沒有道德、沒有人性的儒夫！罵其土匪，侮辱了有黑幫規矩的土匪；罵其畜牲，褻瀆了動物！這是一群雙手沾滿維吾爾婦女、兒童鮮血的劊子手。

我無法想像，藏匿於山洞中的幾位母親和兒童，經歷了多少辛酸、多少恐懼？我也不知道那三個臨死前的孩子，是否來得及喊了最後的一聲：「媽媽！」三個孩子是否在痛苦中哭喊了：「爸爸、媽媽，救救我們！」

我不知道，臨死前的母親，是否絕望地喊著：「孩子，我的寶貝！」牽著她9歲的孫女兒閉上了眼睛？不知道另一位母親是否也喊著：「孩子！孩子！」她是否手牽著6歲的兒子、懷抱著1歲的幼子，閉上了眼睛？我欲哭無淚！

任何一個有頭腦、有良心，接受過現代文明的人，都應該義無反顧地、強烈地譴責中共，對這三家維吾爾兒童、婦女這般慘無人道的屠殺；任何一個沐浴過現代文明的人，都不應該助紂為虐、人云亦云、當中共的傳聲筒，和中共沆瀣一氣、甘當幫兇。

（本文發表於 2015 年 11 月 19 日博訊新聞網）

45 ┃ 幸福與厄運
——記9歲維吾爾小姑娘姆尼熱（Munire）短暫一生

幸運的是，養父母救她、照顧她

姆尼熱，一個9歲的維吾爾小姑娘。因為幸運，她降生、生長在一個有信仰，又給予她深深的父愛、母愛、兄弟親情的維吾爾家庭。

因為極端幸運，當姆尼熱還在母親娘胎時，還未降臨在這個多災多難的維吾爾家園之前，她就遇到了一個極有信仰、非常果斷，堅強、勇敢，又不乏深深愛心、不怕中共淫威，堅決拒絕「中共強制計劃生育」政策的維吾爾養父——買買提・艾沙（Memet Aysa，60歲），和養母，佐熱姆・馬木提（Zorem Mamut，55歲）。

姆尼熱極端幸運。本來，「中共計劃生育」的幹部，要將懷著姆尼熱的母親，帶到縣醫院，去把未出生的胎兒打掉。姆尼熱的養父——買買提・艾沙，此時，不顧自己可能面臨極端的政治迫害，先出手將姆尼熱的母親，帶到天山深處的山洞躲避、照顧，到直至小生命——姆尼熱，安全誕生！

養父母——買買提・艾沙與佐熱姆・馬木提，使姆尼熱躲過「尚未出生、便被扼殺在娘胎」的極端不幸厄運。養父母，使姆尼熱極其幸運地，降生於這個陽光下的黑暗世界。養父母，使姆尼熱在其短暫的9年生命中，得以享受人類父母親情摯愛，得以享受人類摯愛的陽光雨露！

姆尼熱又很不幸，極其不幸！姆尼熱的不幸，在於她出生在一個被壓迫的民族，一個不甘當奴隸的民族，一個不幸的維吾爾人家庭裡！

姆尼熱更不幸，她降生在一個有骨氣、有血氣，錚錚鐵骨、絕不向殖民者屈服求饒的——勇敢的維吾爾人的家庭裡！

這不幸，使小小的姆尼熱，在短暫生命中，得以親眼目睹中共殖民政權之殘暴、無恥，得以親眼目睹維奸奴才之醜惡、卑賤。這不幸，使小小的姆尼熱，成為中共獨裁暴政任意屠殺的羔羊、「反恐」祭壇上的犧牲品。這不幸，又使小小的姆尼熱，成為中共喉舌媒體、無恥文人等，為屠夫歌功頌德文章中的「恐怖分子」！

不幸的是，她被殘暴的軍警屠殺

姆尼熱的不幸命運在於，她降生於一個極有骨氣之維吾爾人的家庭，最終，命運將小小的姆尼熱，帶回那個她在啼哭聲中、幸運降生的山洞裡，那個她得以享受父母、兄弟親情摯愛的山洞裡。而她又非常不幸地，和父母、兄弟姐妹一起，在火海、槍林彈雨中，在無助的恐懼、聲嘶力竭的哭喊聲中，葬身於其降生

地——天山深處的一個山洞！

小小的姆尼熱，和父母、兄弟姐妹、親戚鄉里，一起被殘暴的中國軍警屠殺！

幸運，使姆尼熱的養父母，買買提・艾沙和佐熱姆・馬木提，在人生最艱難的時刻，在生命的最後一刻，一直不離不棄地陪伴著姆尼熱，共同走完生命的最後一刻！

有時，我強迫自己相信：不幸的姆尼熱，和父母、兄弟姐妹一起，在被「強大的人民解放軍」包圍在天山深處的山洞，被「強大的人民解放軍」、「特種部隊發射的催淚彈、震爆彈、火焰噴射器、火箭彈、機關槍輪番射殺時，在她生命的最後時刻，年僅9歲的、小小姆尼熱「幸運」地被第一顆子彈打中，「幸運」地在父母懷抱中，閉上了天真、美麗的雙眼！她「幸運」地沒有目睹父母被屠殺之悲慘一幕。

我強迫自己相信：「幸運」的姆尼熱，在生命的最後時刻，一定是在其敬愛的父母懷抱裡。儘管她是在極度的恐懼、恐怖中，但仍然是在養育她、給予她降生這個世界機會的，深深愛著小小姆尼熱的父母親懷抱中，在父母給予的無限父母親情撫愛中，結束了其短暫、多災多難，但又充滿溫馨、親情摯愛的一生！

痛苦的想像，她無助地求救呼號

或許非常不幸，姆尼熱或許是在目睹了父母、兄弟，被屠殺慘死之狀後，在撕心裂肺的哭喊聲中，衝出山洞時，被擁有

「五千年文明」之崛起中國的、武裝到牙齒[1]的「中國人民解放軍」的特種部隊「勇士」所射殺！

我刻意迴避浮現在眼前的另一幅、令我無法面對的、也是最不幸的畫面：年僅9歲的姆尼熱，在親眼目睹父母被屠殺、或燒死之慘狀後，在硝煙烈火中，一個年幼、無辜，孤單、無助的維吾爾小姑娘，圓睜著驚恐的眼睛，滿眼是淚，滿手是血，在驚恐、絕望中哭喊著、奔跑著。她在狹小的山洞裡，一會兒爬在父親冰冷的屍體呼喊、淒哭，一會兒抱著母親冰冷的屍體搖晃、哭喊，一會兒拍打著兄弟姐妹冰冷的屍體顫抖、呼叫。

她，姆尼熱，一個年僅9歲的孩子，孤零零一個人，在劈劈啪啪的槍林彈雨中、爆炸聲中，在極度恐懼中，聲嘶力竭地哭喊著：「媽媽、媽媽！爸爸、爸爸！你們為什麼不回答我？你們站起來呀？為什麼不抱著我，為什麼扔下我？我害怕……」直至她自己也被無情的火焰吞噬。我不敢想，也無勇氣去想像這一幅悲慘畫面！

在深深悲哀、無助無奈的哀歎中，我只好祈求真主，賜福姆尼熱，給予她在來世享受無限父母之愛之永遠的幸福！我祈求真主，再也不要讓孩子哭泣了！救救孩子們！

（本文發表於 2015 年 12 月 24 日博訊新聞網）

1　**武裝到牙齒**：中國慣用語，意指政府使用暴力機構全副武裝對付民眾。

46 ‖ 被褻瀆的人類之愛

故意誇張維吾爾人救漢人之事

維吾爾人不僅是個粗獷豪爽、熱情好客的民族，而且還是個愛好和平、崇尚仁愛，樂善好施、助人為樂的民族。

但往往，維吾爾人這些單純、樸實，稍嫌幼稚的性格，以及其過分的好客，不僅使維吾爾人易於引狼入室、上當受騙；而且也更易於被別有用心之人所利用。

上週末，我在天山網看到了一篇被任意拔高[1]、刻意強調民族團結、將人類應有之愛高度政治化的宣傳文章，談的是一位維吾爾青年海比爾·艾合麥提，他在郴州市高椅嶺景區，賣烤羊肉串時，救助了一名漢人婦女的事情。

這文章，使我想起了我本人在石河子工作時，認識的另一位維吾爾人，也算是個朋友。

石河子的這位維吾爾朋友，和海比爾一樣，有救人於危難之壯舉。

1　**拔高**：即提高之意。

石河子的這位維吾爾人因上過學，又是工商局員工，漢語也過得去等等的優勢，很快地因獲他所救之人，是一位漢族人士，他和海比爾一樣，成為當地民族團結的「標兵」[2]、先進。之後，很快地，他意外獲得高升，成為石河子市一個區工商所的副所長，可以說是名利雙收。

然而，石河子這位維吾爾人，在成為政府可以宣傳的民族團結先進、標兵，且獲得高升，成為副所長之後，他在維吾爾群體中，卻成為大家茶餘飯後開玩笑、打趣、嘲弄的對象！

大家最愛說的玩笑話是：「他為了升官，趁人不注意，把落水者推入河，再救出來；然後成為民族團結先進、升官獲利等等，獎金和那位落水者平分了等等！」還有的開玩笑說，「他和落水者早就商量好了，現在兩人都獲利了等等。」不一而足。

單純救人卻搞成民族團結模範

開始，每次大家拿他開玩笑，這位救人的維吾爾人，總要臉紅脖子粗地爭辯，他是真的救人，是處於本能，沒有想過其他，更沒有想過要當什麼民族團結先進，要升官等等。後來，他也開始以玩笑回敬大家，他總是說：「我救一個漢人的命，一個維吾爾人當了官，也可以為維吾爾人做點事了，你們不得感謝我嗎？」大家一陣哈哈。

本來，按漢人的說法，「救人一命，勝造七級浮屠。」而

2　**標兵**：大家要學習的榜樣。

且，救人乃一典型彰顯人類友愛之壯舉。凡救人者，在救人那一瞬間，是作為援救同類於危難之本能的愛心行為，不帶任何私心雜念，不為名、不為利。因為大家都知道，救人，特別是拯救落水者，風險極大。弄不好，連自己的命也要打上的。這確實是一件值得每個人都感謝、讚美的英雄壯舉！

然而在中國，特別是在東突厥斯坦，一旦此類彰顯人類互愛、互救之英雄壯舉，牽扯到兩個民族，特別是維吾爾人和漢人，就被共產黨殖民政權刻意宣傳、渲染、拔高。使一件應該被大家以人類之愛讚美、歌頌的英雄壯舉，突然因庸俗的、為殖民統治歌功頌德的、所謂民族團結政治宣傳利用，而被人為矮化、醜化，以至於人類之愛被公然褻瀆。

海比爾的救人之舉，同樣是一件處於人類之愛的壯舉，是一種本能的英雄行為，本來和民族團結無關。但被當地和東突厥斯坦殖民當局，作為民族團結的模範，使得看到此新聞者的第一反應是，中共又在玩花樣、樹「民族團結」的模範來糊弄人！

顛覆道德價值，讓人更加自私

這種刻意歪曲、扭曲事實，拔高個人、人為製造典型的宣傳手段，實際上，不僅使「民族團結模範」，成為殖民政府的宣傳工具，而處於極其尷尬的境地，而且還使救助者及被救者，同時成為政治宣傳的工具和犧牲品！

海比爾救人的事蹟，沒有成為中國媒體重點陳述的故事，反而，他的民族成分和被救者的民族成分，倒成了媒體陳述之重中

之重[3]，而被刻意渲染、宣傳。海比爾救人的英雄壯舉，沒有成為媒體歌功頌德的關注點，反而，民族團結的頌歌倒成了媒體關注焦點！

首先跳入水，和後來援助者——海比爾，與一起實施救人壯舉的另一位漢人，並未成為媒體關注、歌功頌德的焦點。反之，海比爾因為其維吾爾人身份，卻以所謂「民族團結救人」的行為，成為媒體與政府的關注、讚美焦點。更可憐的是，被救助者，她成了政府宣傳「民族團結」的附屬工具，同時，她還得不顧疲勞、虛弱、心力憔悴，被迫在各種場合，對著媒體歌頌海比爾的「民族團結救人」行為！

中共統治以來，這種「將人類互助、互愛行為」，顛倒主次，顛覆道德價值，拔高政治渲染性的宣傳，不僅是現代中國人冷漠、自私的源頭，更是褻瀆、且矮化了原本單純的人類互助友愛、救人於危難之英雄行為，以至於救援者成為大眾嘲弄、諷刺的對象。

可嘆、可悲、可怕！

（本文發表於 2016 年 3 月 29 日博訊新聞網）

3　**重中之重**：比喻一件事是在一些重要的事中最重要的。形容這件事十分重要。

47 帕提古麗·古拉姆
——維吾爾失蹤者的母親

事多待辦，又逢自己父親過世

2016年3月30日，我剛參加世維會執行委員會主席多力坤·艾沙，榮獲「杜魯門－雷根自由勳章」的頒獎儀式，還未來得及苦中作樂、稍事慶祝多力坤·艾沙的自由勳章，和他一起回憶、回顧他所走過的艱難險阻、酸甜苦辣。

帕提古麗·古拉姆（Patigul Ghulam）。照片提供／維吾爾人權項目部落格。

當天晚上，多災多難的祖國——東突厥斯坦，又傳來了不幸的消息。帕提古麗·古拉姆，一位維吾爾母親，一位尋找2009年7.5慘案之後被強制失蹤兒子——伊馬姆·麥麥提·艾力（當時約25歲左右）的維吾爾母親，即將被無恥的中國殖民當局，在東突厥斯坦首都烏魯木齊，於2016年4月7日，以所謂「洩露國家機密」罪，以「不公

開」的方式，開庭審判她。

我當時就想寫點東西，但手頭上忙不完的瑣碎事，使這一想法暫時擱淺。

接著，又從家鄉傳來老父親病危的消息。我焦慮、痛苦，自責、擔憂，不得不放下手頭全部事兒，去關注老父親的病情。有家難歸的我，如同大多數漂泊海外的維吾爾人，最痛苦的，莫過於得知父母病危時，不能立即返家，在父母身邊盡一份最後孝心。

每天，幾乎每隔一個小時，我絕望地拿著電話，向電話那頭哭訴的母親、妹妹、妹夫們，重複著同一句話：「父親怎麼樣，現在好一點了嗎？」

2016年4月5日凌晨，電話那頭，傳來妹夫沉重的聲音：「大哥，父親走了！我們在準備後事，請你自己多保重，節哀順變。」我手拿著電話，沉浸在無限的痛苦中。

父親永遠地離開了我、離開了我們，我再給家裡打電話，沒了父親那堅定、又充滿父愛關切的「兒子，我們都很好，你多保重！」之話音。

兒子被軍警抓走，從此無音訊

儘管自己還在失去摯愛親人的痛苦中，但帕提古麗·古拉姆的案件，也時時刻刻讓我牽掛著，因為，我的父母也曾經歷過，突然失去兒子的痛苦。其實，我的父母一直未能從失去兒子，一個活生生、二十幾歲的兒子，被十幾個漢人暴徒，殘酷殺害的生

離死別中恢復過來。

　　帕提古麗‧古拉姆的年齡，可能沒有我父母那麼大。但她和我母親，同樣是一個維吾爾母親，同樣是一個失去兒子的維吾爾母親。而且，帕提古麗‧古拉姆和我父母一樣，都是因漢人暴徒的殘忍，而失去了正當青春年華的兒子！

　　不同的是，帕提古麗‧古拉姆的兒子是被一群披著員警外衣的，中共殖民政權的職業屠夫所綁架而失蹤；至今，死不見屍、活不見人。

　　帕提古麗‧古拉姆，一個和世界上其他絕大多數的母親一樣、永遠憧憬著兒女美好未來的無辜維吾爾母親，為了尋找她失蹤的兒子，卻因其維吾爾人的民族背景，而經歷了世上其他絕大多數的母親及常人無法想像的、來自殘暴野蠻中國殖民政權的迫害、騷擾，威脅，與利誘。

　　帕提古麗‧古拉姆的兒子——伊馬姆‧麥麥提‧艾力，自2009年7月14日大白天被軍警抓走之後，至今杳無音信，死不見屍、活不見人。帕提古麗‧古拉姆是在兒子被抓走9個月之後，才由兒子的一位同號獄友處得知：兒子伊馬姆‧麥麥提‧艾力被員警酷刑折磨、奄奄一息，送往醫院搶救之後，再也沒有返回被關押牢房的消息。

　　得到此消息後，絕望中的帕提古麗‧古拉姆，開始了漫長的尋兒之路。她不畏強權，流著尋兒母親的血淚，訴說著對兒子的思念，找遍了烏魯木齊大大小小的各個拘留所、監獄、派出所、公安局，找遍了政府各個部門，但始終沒有得到兒子一丁

點的消息！

中共害怕維吾爾母親血淚控訴

帕提古麗·古拉姆，是一位慈祥、堅定的母親，一位和天下大多數母親一樣、願爲兒女犧牲一切之母親。她無時不刻，都在思念她被抓捕失蹤兒子。她不懼中共強權霸道，蔑視殖民政權野蠻無恥。

派出所、拘留所、監獄、公安局，要嘛是推諉、躲避這位母親，要嘛是對她威脅、利誘。更有公安局長、派出所長、街道民警、政府官員，推擠、辱罵這位充滿母愛而又偉大的母親。

殖民政權，爲了阻止帕提古麗·古拉姆尋找兒子的正當行爲，使盡了一切能使用的陰謀詭計、陰險狡詐手段。

但是，帕提古麗·古拉姆沒有屈服於中共的強權淫威，也沒有被中國殖民當局的野蠻殘暴所嚇阻！

帕提古麗·古拉姆，一位堅強的維吾爾母親，持之以恆、鍥而不捨的決絕的尋兒精神，最終使中共殖民當局害怕！

中華人民共和國，一個不斷吹噓自己是繼承五千年文明民族的「崛起大國」，有著一群所謂「先進代表」的「崛起大國」，一個所謂擁有三個自信的強權，卻，居然害怕一個維吾爾母親；害怕一個訴說失蹤兒子的故事，尋求眞相的維吾爾母親；害怕一個只有訴說血淚的一張嘴，和佈滿血絲的淚眼外，手無寸鐵的維吾爾母親。

我確信，習近平也是父母所生；確信，張春賢也是父母所

養；也確信，那些拘禁、關押帕提古麗‧古拉姆的軍警，今天在法庭上起訴、判決帕提古麗‧古拉姆的檢察官、法官也都是父母所生所養，確信他們都不是從牆洞裡、陰溝裡爬出來的老鼠、臭蟲。

維吾爾母親，成為自由的象徵

同時，我也知道習近平、張春賢，及那些抓捕、關押帕提古麗‧古拉姆的軍警，以及那些在法庭上起訴、判決帕提古麗‧古拉姆的檢察官、法官，也都是為人父母。

父母所生養、為人父母者，應有起碼的良心！對一個尋找兒子的母親，應該有一點惻隱之心，中國人不是有句話：「將心比心！」嗎？

由此，可以推斷，習近平、張春賢，及那些軍警、檢察官、法官，已經沒有了良心！他們已經忘記，他們也是父母所生養，也是為人父母者，也有兒女！他們也忘記了他們還是人類的一員！

審判一個以無限母愛尋找兒子之母親的政權，很快，必將坍塌！審判一個維吾爾母親的殖民政權，很快，必將捲舖蓋卷兒滾蛋！審判一個流著血淚之母親的檢察官、法官，不僅將面對良心的審判、人類文明的審判，而且也必將在不遠的將來，面對人民的審判！

不管今天的判決結果如何（我並不看好審判結果），中共以這類無恥的，對善良、無辜母親的審判，不僅使中國的法制、法

治及法律，再一次蒙羞；更使中國文明被褻瀆、被侮辱。如果中國還真有文明的話！

　　中共的膽怯、懦弱，對一個手無寸鐵維吾爾母親的審判，再一次使維吾爾母親，成為自由的象徵，獨立的火炬！

（本文發表於 2016 年 4 月 9 日博訊新聞網）

48 文字改革
——維吾爾人
經歷的「文革」最大劫難

中共對非漢民族文字的敵視

「文化大革命」，爲中共統治下的每一個民族，都帶來了災難，這是不容置疑的！但是，「文化大革命」爲中共統治下的維吾爾、圖博特、南蒙古等各民族，帶來的劫難，則更多表現爲一種「帶有極端大漢民族主義」的種族滅絕性質！

「文化大革命」，這種針對其他「非漢民族」的種族滅絕運動，最突出的表現，爲摧毀其他民族賴以生存的獨特民族性。也就是說，摧毀其他「非漢民族」之所以成爲不同於漢族的「異族」文化、信仰，與歷史的獨特性！

在東突厥斯坦的表現爲：焚燒民族語言珍本經典書籍、摧毀民族特色書法壁畫；推倒民族特色古老建築，如清眞寺、麻紮、莊園、房屋；禁止、摧毀民族特色教育；禁止穿戴具民族特色服飾、珠寶等等。

很多人，特別是漢人學者，在這一點上，始終沒有清醒的認識，包括那些完全否定「文化大革命」的民運人士。當然，我不

否認，這些沒有清醒認識的漢人學者中，不乏因為難於抹去心中大漢族主義、大一統情節的公知[1]、民主人士有意裝糊塗！

「文化大革命」這種針對「非漢民族」的種族滅絕行為之頂峰，可說是以釜底抽薪、斬草除根為目的，以「文字改革」為名義推出的，針對維吾爾等東突厥斯坦突厥語民族，強制實行的文字改革政策！

中共針對維吾爾、哈薩克等突厥語民族，所實施的「文字改革」，自1959年制定、推出，以拉丁字母為基礎的新維吾爾文字肇始，1960年在一些地區試點，到1962年全面推行新維吾爾文字，徹底廢除老維吾爾文字。

「新維吾爾文字」持續到1982年9月13日，才由「新疆維吾爾自治區」第五屆人民代表大會，常務委員會第十七次會議，以《新疆維吾爾自治區人民代表大會常務委員會關於全面使用維吾爾、哈薩克老文字的決議》之名，廢除新維吾爾文字，恢復傳統老維吾爾文字為止。

文字改革使維吾爾人變文盲

這種「種族滅絕行為」，由中共殖民政權，以同化其他非漢「異族」為目的，由維吾爾民族敗類、狗腿子、吹鼓手以「文字改革」為名而強制推行。維吾爾的「文字改革」，耗時二十年，

---

1 公共知識分子，簡稱公知，指的是進言社會，並參與公共事務討論的，具有學術背景，和專業素質的知識分子，通常被寄予具有批判精神和秉持社會公義。

包括所謂的「文化大革命」十年，至少使兩代（以十年基礎教育期為一代人）的維吾爾人，成為了徹底的文盲！

「文字改革」，儘管是由中共變色龍、不倒翁、老奸巨猾的周恩來提出，但其中心主題，還是漢人統治者千年不變的，「非我族類、其心必異」，「只要是處於我大漢統治、就必須漢化」之大一統思想作祟的結果。

這種釜底抽薪、斬草除根的，假「文字改革」之名，實施種族滅絕的政策，綜觀歷史，中國漢人統治者，只要一有機會便會嘗試，只是名義不同而已。

近代，國民黨統治時期的屠夫盛世才，在其統治東突厥斯坦期間，也曾短期嘗試過。這，並非什麼新鮮事！

然而，這種假借「文字改革」之名，推行的種族滅絕政策，在不同時期，都遭到了慘敗，都不成功。不成功的原因，當然不是因為殖民者推行不力，或者是因為，如一些走火入魔共產黨奴才們所謂的「文化大革命」的破壞，而是因為一大批維吾爾、哈薩克等，東突厥斯坦突厥語各民族，仁人志士的激烈反對、強烈抵制，甚至以流血犧牲為代價的抗爭！

很多漢人學者，包括一些維吾爾民族敗類，如賽福鼎·艾則孜（當時任自治區主席）、格爾夏（當時任文字改革委員會副主任）、阿卜杜拉·紮克若夫（當時任文字改革委員會主任），在他們後來的回憶錄中，談到中共對維吾爾人強制實施的「文字改革」時，還時不時地發出慨歎，認為是「文化大革命」阻礙了他們和其主子強制推行的「文字改革」，使其計畫夭折！

假文革之名，推行文字改革

這種以「文字改革」爲名的種族滅絕政策，先於「文化大革命」設計推行，再加上後來「文化大革命」製造的極端恐怖統治，特別是在東突厥斯坦、圖博特、南蒙古製造的血腥恐怖氛圍，很快地，這個政策便假借「文化大革命」之名，得以不容置疑、暢通無阻地全面實施。甚而，即使在「文化大革命」結束之後，也還得以繼續垂死掙扎延續到1982年！

本來，文化大革命十年，就使得那一代的維吾爾人，荒廢了青春，與世隔絕，處於愚昧、無知的年代。維吾爾人在那十年中，沒有學到任何東西。再加上這種使種族滅絕的、超過二十年的，所謂以「文字改革」爲名的人爲製造混亂，更使兩代的維吾爾人，徹底成爲現代文明世界的文盲。

如果我們還勉強認爲「文化大革命」期間，還存在著眞正意義上的「教育」的話，這二十年中受「教育」的兩代維吾爾人，現在，既不能讀、也不能寫！他們所學的新文字，現在被徹底廢止了，而眞正的維吾爾文字，即中共殖民政權所謂的「老維吾爾文字」他們不懂！

這兩代的維吾爾人，他們得以汲取營養的民族歷史之根，被中共人爲砍斷！他們得以汲取現代文明資訊的載體，被中共殖民政權人爲摧毀！這是人類的悲劇、是文明的羞恥！

維吾爾民族，處在這麼一個「對異種文明持仇視態度」之政

權統治下，極為不幸。這兩代的維吾爾人，經歷了「文字改革」二十年、「文化大革命」十年。他們經歷這麼一種災難性的折騰，最終徹底變成「現代文盲」，這更是這兩代維吾爾人的不幸！

文字，是一個民族賴以生存，成為獨特民族的根本特徵，也是一個民族維護其民族獨特性之文化、歷史、信仰、傳統的載體，更是一個民族得以延續其民族文化、歷史、信仰、傳統的民族之根！

一個民族，離開了自己使用上千年的文字，就如同砍斷了根鬚的參天大樹，無論其長得多高多大多茂密，很快地將會乾枯、朽死！這正是中共殖民統治者，假「文化大革命」之名，推行「文字改革」的真正目的之所在。

政策轉變因怕突厥海外尋根

現在，儘管有人還在鼓噪，說維吾爾人應該繼續「文字改革」！使得一些善良之士擔心，「文字改革」是否又會死灰復燃？擾亂維吾爾人的文化之根。但是，實際上，這些鼓噪者並未全面理解其主子的真正用意！善良之士的擔心更是多餘！

中共殖民政權，實際上，在恢復真正維吾爾人文字的時候，就已經有了長遠的考量！

1982年，當中共再恢復真正的維吾爾文字時，並不是因為維吾爾人對新維吾爾文字的激烈反抗、抵制，而是新維吾爾文字，和土耳其使用的文字幾乎一樣。這一巧合的現實，使中共殖民政

權的神經極度緊張。

新維吾爾文，將使維吾爾人很容易和海外的兄弟——突厥民族，建立文化聯繫，藉獨立的突厥兄弟國家，發掘其民族文化、歷史之根！這才是中共殖民政權徹底廢棄新維吾爾文字的根本原因！

也因此，中共殖民政權在所謂「改革、開放」的口號下，不僅以赤裸裸的形式，提出徹底同化維吾爾人的民族滅絕政策，更加以「雙語教育」為名，肆無忌憚的實施民族滅絕政策！

「改變文字」的政策，只能砍斷人民和民族文化、歷史、信仰的聯繫，使民族的滅絕，只能在一個相對較長的歷史過程中實現。「消滅語言」的政策，則更易於徹底、乾淨，且快速地消滅一個民族！

在現代文明的眾目睽睽下，要肉體消滅一個民族，並非容易之事。近代邪惡的兩大中心——蘇聯和法西斯德國，都沒有成功。這成了中共殖民魔頭們的前車之鑒。所以他們不停地巧立名目、以各種不同的名稱，強制推行其民族滅絕政策，企圖徹底同化其殖民統治下各民族，以便永世消除處其心頭之患！

「文化大革命」，是中共殖民統治者，對其種族滅絕政策的第一次嘗試。儘管不很成功，但他們並未一改初衷，放下屠刀、立地成佛，而是變本加厲地嘗試新的政策！

（本文發表於 2016 年 5 月 31 日維吾爾人權項目部落格）

49 ‖ 失去公民權的維吾爾教師

　　中華人民共和國公民有宗教信仰自由。

　　任何國家機關、社會團體和個人不得強制公民信仰宗教或者不信仰宗教，不得歧視信仰宗教的公民和不信仰宗教的公民。

　　　　　　　——《中華人民共和國憲法》第三十六條

　　中華人民共和國公民的住宅不受侵犯。禁止非法搜查或者非法侵入公民的住宅。

　　　　　　　——《中華人民共和國憲法》第三十九條

漢人領導，硬來做客

　　兩天前，一次偶然的機會，我和一位剛從東突厥斯坦，來美國學習的維吾爾小女孩相遇。不經意中，她談到了去年，發生在東突厥斯坦阿克蘇的一件事。

　　維吾爾小女孩在講述整件事的過程中，不知是因爲年幼、單純，還是經歷太多、習以爲常？她講述事件時的態度，既平靜、又坦然。我呢，大概是因爲離開祖國時間太長，聽著，既吃驚、

又憤慨！

事情的經過是這樣的：

去年開齋節後的一天，阿克蘇市一所維吾爾中學的一位老師，家裡迎來了幾個客人。客人，大多數是維吾爾人，也是同事朋友。當然，因為「民族團結」的需要，拜年隊伍中，也被硬性塞入兩個漢人領導。大家在歡聲笑語中，拜年、祝福、吃喝。

餐飲當中，校領導、其他同事，急要上廁所，主人指了一下廁所的方位，就忙於上菜、做飯，招待客人。當天，大家談天敘事，在這位老師家坐了一陣、吃喝一陣之後，也都高高興興地告別了。似乎大家也都很滿意、很高興。

然而，第二天，這位老師到學校上班時，收到的第一個通知，是到校領導辦公室報到。

在校領導辦公室，校長、書記、紀委書記等齊齊坐著，一臉嚴肅。這位維吾爾老師不知道發生了什麼事，站著等領導問話。

要沒收禮拜毯，與可蘭經

先是漢人書記問話：「你知道我們為什麼你叫來嗎？」

老師一臉疑惑：「不知道。」

校長問：「你真的不知道？」

「真的不知道！」老師斬釘截鐵地回答道。

書記：「你是應該知道的，老師是不允許信仰宗教的。」維吾爾老師恍然大悟，明白了校領導叫他到辦公室的意思。

這位老師是一位虔誠的穆斯林，齋月期間，一直在偷偷封

齋、做禮拜。

那天，學校領導和同事前來拜年之前，正好是禮拜時間。他和夫人匆匆忙忙禮完拜後，因為忙著為前來拜年的同事、領導做準備，而快速收拾一下房間，卻忘了將禮拜毯，和平時在家偷偷閱讀的《古蘭經》藏起來。

那天，當領導、同事們拜年離開他們之後，這位老師清楚地記得夫人告訴他，似乎有人進入廁所旁邊、他們夫妻做禮拜的小臥室，可能有人看到禮拜毯和《古蘭經》。

維吾爾老師現在心中有數了，他不慌不忙地回答書記：「我知道，老師不應該信仰宗教，我也沒有去任何清真寺，也沒有做禮拜、封齋呀。」校長：「可是你家有禮拜毯和《古蘭經》，這是怎麼一回事？」

老師：「禮拜毯和《古蘭經》是我老父親留下的，是父親的遺留物。我在家裡保存禮拜毯和《古蘭經》，和宗教信仰無關。睹物思人，我只是想念父親時，拿出來看一看，寄託對父親的一點思念，這不應該犯法吧？」

「思念父親不犯法，但以禮拜毯和《古蘭經》思念父親，就令我們有理由懷疑你是否在做禮拜、讀《古蘭經》、信仰宗教。這可是違法、違規的！」書記一臉嚴肅地說道。

「今天開始，你停課學習、改造思想。禮拜毯、《古蘭經》等宗教物品，回家全部拿來上繳學校，由我們處理。過兩天，我們還要到你家再檢查。如果再查到有關宗教物品，你將被開除公職，讓胡達給你工資吧。聽明白了嗎？」書記惡狠狠地說道。

老師一臉無奈，爲了保住工作，只好點頭稱是。

中共否認維吾爾人是公民

這位維吾爾老師，萬分不願意地，上繳了家裡僅有的一本《古蘭經》，和禮拜毯。並和妻子一起，參加一個多月的「宗教去極端化」學習班。

然而，事情並沒有因爲這樣而結束。

阿克蘇市的教委，藉此事件，展開大規模的、針對維吾爾教師的清查運動。教委們還專門開會，要求維吾爾老師之間互相監督，一旦發現誰家有伊斯蘭宗教物品，包括《古蘭經》，及其他有關伊斯蘭教的書籍，和禮拜毯等，立即報告學校領導。此外，他們並警告維吾爾老師，最好主動上繳伊斯蘭宗教物品，否則將背負嚴重後果！

最令人不可理解和憤慨的是，阿克蘇市教育局領導，還專門組織人員，挨家挨戶檢查每一個維吾爾老師的家，以保證維吾爾老師的家，再不會有伊斯蘭宗教物品。

我一直說，中共在東突厥斯坦，實施的是殖民佔領政策，根本不存在任何的法制，似乎總有人持懷疑態度。

上文所述事件，這種對維吾爾老師私人生活的嚴重干涉，對維吾爾老師宗教信仰權利的嚴重踐踏，對維吾爾老師家庭私生活肆無忌憚的干預，對維吾爾老師、維吾爾人基本人權的野蠻摧殘，再一次證明，中共自己首先就以上述殖民佔領政策之事實，否認東突厥斯坦是中國領土，否認維吾爾人是中國公民！

只有充分享受現代法律、法規（國際、國內）賦予的各項權利，生活在尊重法律的一個法制社會的人，才能自豪地自稱爲公民。

　　維吾爾人及維吾爾社會，在中國已經是完全被邊緣化，完全被排除在法律、法制之外。我確信，每天耳聞目睹此類，針對維吾爾人的荒謬、野蠻，粗暴、殘酷，踩躪、褻瀆，維吾爾人除了選擇獨立、絕處求生之外，別無它途！

　　　　　　　　　（本文發表於 2016 年 9 月 1 日維吾爾之聲）

50 國際社會，請不要再讓維吾爾人絕望

維吾爾人聚會，都會談論民族問題

　　最近，一次偶然的機會，我與一位剛從東突厥斯坦來的，憂國憂民的維吾爾知識份子相遇。

　　我們在短暫交談中，我聽完他對東突厥斯坦目前形勢，極其絕望、悲劇性的描述之後，我在沉重的呼吸中，沉默了一段時間後，我問他，是否可以回答我幾個問題。他非常爽快的說：「問吧，大哥。我盡我所能，就我所瞭解的，回答你。」

　　我問他，處於他所描述的，那麼一種絕望、嚴厲、幾乎令人窒息的獨裁殖民控制下，維吾爾人，以及維吾爾知識份子，是否還有機會、還有膽量，在一些私人場合公開探討民族問題、探討民族的未來出路？

　　他看了我一眼，幾乎是斬釘截鐵地回答說：「當然啦，在我們的私人聚會中，我們還是會談論民族問題。大哥，記住，和以往你在祖國的時候一樣，任何維吾爾人的私人聚會，都要從談論民族問題、維吾爾民族的出路開始。當然，有些場合的談論隱晦一些，有些場合的公開一些。談論問題的尖銳、激烈程度，取

決於聚會場所和在座人員。但是，可以肯定，維吾爾人的任何聚會，都離不開維吾爾問題及其出路的探討，只是程度不同而已。」

我又問：「對東突厥斯坦，維吾爾人的未來，東突厥斯坦境內的維吾爾人，及維吾爾知識份子怎麼看。」

他停頓了一下，說道：「7.5之後，大多數維吾爾人，對中國政府是徹底的失望了。包括那些『過去認為是地方漢人官員太壞，中央應該是好的。只要中央認識到在東突厥斯坦的政策有問題，就會有改變。』的人。也就是維吾爾人當中，那部分對中共政權仍然抱著一線希望的、被我們維吾爾人罵為中共狗腿子的維吾爾人，也都對政府徹底失望了。」

伊力哈木被判無期，警告維吾爾人

他繼續說道：「因此，任何一個維吾爾人，無論是農民、工人、學生、知識份子還是員警、士兵，包括國家公務員，都在思考維吾爾民族的出路。大多數維吾爾人，看到變成日常生活一部分的、充斥於大街小巷、學校、兵營的，員警、士兵、飛機坦克，看到每天由火車站、機場，流入東突厥斯坦的成千上萬漢人移民，以及充斥於各級政府部門的漢人官員；見證著城市各個路口、角落，農村、牧區遍地的檢查站、監視器，似乎看不到希望。然而，還是有一些信仰堅定的維吾爾人、維吾爾知識份子，對未來是抱著希望的，他們認為只要國際上有人支持我們，維吾爾民族是有希望獲得自由的。」

我最後問他道：「對伊力哈木教授被判無期徒刑，維吾爾人及知識份子是如何看的？驚訝、失望、絕望？」

他看我一眼，說道：「都有。大哥。驚訝、失望、絕望，還有憤怒！極端失望，幾乎是絕望！還有就是憤怒。我們圈子裡，沒有一個人想到，伊力哈木教授會被判處無期徒刑！無期徒刑，絕對是出乎大多數維吾爾人，包括政府維吾爾官員預料的。」

他繼續強調說：「如果說，7.5烏魯木齊屠殺，使維吾爾人和漢人之間的民族界限，極其明顯劃分的話，伊力哈木教授被判無期徒刑，使那些對習近平、張春賢上任後的中共新政抱有幻想的，維吾爾政府官員和知識份子，徹底幻滅！」

「我們一大批維吾爾知識份子，包括我本人，一聽到伊力哈木教授被判無期徒刑之後，做的第一件事，便是清理電腦，刪除全部有關伊力哈木的文章，刪除任何有關民族問題的文章。通過伊力哈木教授的審判，中共給維吾爾人，特別是維吾爾知識份子的資訊很清楚：在任何情況下、在任何場所，都不得談論任何中共的民族政策！」

封鎖維吾爾人一切獲得資訊的管道

我又問道：「對國外維吾爾自由運動，國內維吾爾人瞭解多少？怎麼看？」

他說：「對國外維吾爾自由運動，現在，東突厥斯坦的維吾爾人幾乎不瞭解，得不到消息，封鎖極其嚴厲。你知道的，大哥，最早，大家是通過收聽自由亞洲電台廣播，來獲得國外維吾

爾自由運動資訊的。現在中國政府，一是加大了電磁波干擾，收音機的噪音，大得幾乎聽不成；二是在一些地區，公開收繳維吾爾人家裡的收音機。所以，由自由亞洲電台，收聽國外維吾爾自由運動消息，可能性微乎其微。」

「第二個瞭解國外維吾爾自由運動的手段，過去幾年曾經是上網利用翻牆軟體。現在政府查的特別緊，到處是網路員警，一旦發現有維吾爾人，翻牆看國外維吾爾網站內容、或收聽自由亞洲電台節目，立即抓捕、判刑，搞得人人自危。現在，爲了避免不必要的麻煩，有一大批維吾爾人，連智慧型手機都不用了。」

「過去維吾爾知識份子，瞭解國外維吾爾自由運動，還有第三條通道，這便是通過所謂的『反分裂研究專家、學者』所寫的，批判國外維吾爾自由運動的文章，獲得一些國外維吾爾自由運動的消息。儘管來自這些批判文章的資訊比較滯後，但總能發現一些有用的、大家關心的資訊。現在，連這個也沒有了！這些『專家、學者』寫的文章，現在只在內部流通，不再公開發表了、或限制流通範圍。」

維吾爾人祈求國際社會「*毋忘我*」

「現在，可以說，在國內，獲得國外維吾爾自由運動消息的通道，只剩一條：即，通過來自國外、或訪問國外回來的維吾爾親朋好友獲得。」

「怎麼看國外維吾爾自由運動？大哥，國內的維吾爾人，把全部希望寄託在國外，寄託在美國爲首的自由世界！只要有一點

有關國外維吾爾自由運動的消息傳進來，什麼世界維吾爾人大會會議的召開、美國維吾爾人協會會議的召開；美國發表人權狀況報告、宗教自由度報告，以及比較大一點的遊行示威，都會讓我們激動一陣子，振奮一陣子！」

「年初以來，有關伊力哈木教授，要獲得薩哈洛夫人權獎的消息，正在悄悄傳開。維吾爾人，特別是知識份子、一些政府公務員，都特別激動，都希望消息是眞的，希望伊力哈木能夠獲得薩哈洛夫獎，希望伊力哈木還能獲得諾貝爾和平獎！這種國際大獎，儘管不能立即改變維吾爾人的狀況，但大家都知道，這至少說明，國際社會還沒有忘記維吾爾人，世界上還有正義存在！維吾爾人並不孤獨，維吾爾人並不是在爲自由孤軍奮戰！這是莫大的激勵，是希望！」

我默默無語。作爲生活在西方幾十年、奮鬥在海外維吾爾自由運動中心已經將近十多年的一個維吾爾人，我見證了近幾年，西方國家爲了各自的經濟利益，對中共肆意踐踏人權，只是嘴巴上批判一下，實際上則「睜一隻眼、閉一隻眼」之短視行爲，我還能說什麼呢？

我默默地在心裡祈禱：歐洲議會，一定不要辜負東突厥斯坦，這些處於中共黑暗統治的勇敢維吾爾人的期望，一定要把薩哈洛夫人權獎頒給伊力哈木教授！不要讓維吾爾人最後的希望變成絕望！

（本文發表於 2016 年 10 月 3 日國際維吾爾人權和民主基金會）

51 一些維吾爾人又成了共產黨的香餑餑[1]

共產黨培養密探來監督群眾

我今天登陸天山網瀏覽，首先映入眼簾的是，以〈親戚越走越親，朋友越走越近，各族幹部群眾的心，要越貼越緊〉為題，吹噓、吹捧東突厥斯坦新上任總督陳全國，去和田拜訪其維吾爾親戚——托合提汗·庫爾班（Tohtihan Qurban）的消息。

根據報導，我想，這位托合提汗·庫爾班，一定是共產黨大肆宣傳的庫爾班·吐魯木（Qurban Tulum）的親戚。據年齡，應該是庫爾班·吐魯木的女兒。這消息使我想起了小時候，我從父親的一位和田籍朋友那裡，聽到的有關庫爾班·吐魯木的故事。

據父親的這位朋友說，庫爾班·吐魯木是村裡比較懶的一個農民，但他心裡的小九九[2]特別多，喜歡耍小聰明、信口開河，可以說是村裡的小混混兒。而村裡人也喜歡拿他開玩笑。

1　**香餑餑**：加了糖、香料等的白麵饅頭，吃起來味甜，香味撲鼻，大家都愛買。此處指一些維吾爾人，投共產黨所好，共產黨也樂得推銷他們感恩共產黨的說詞。

2　**小九九**：小算盤多，特別計較，為個人謀劃。

他在一個稍微富裕一點的維吾爾人家裡打工糊口，那個富裕人家對他不薄。

中共侵入東突厥斯坦後，50年代初期，開始發動所謂「苦大仇深的窮人」，來鬥地主、鬥有錢人，剝奪其財產，然後將其財產，分給鬥爭辛勤勞作致富者的無賴、懶漢。在於田縣，中共官員很快就物色到村裡的無賴、懶漢之一的庫爾班・吐魯木。懶漢庫爾班・吐魯木也不辜負中共官員的厚望，很快進入角色，扮演起維吾爾「白毛男」[3]！

由於庫爾班・吐魯木特別賣力，共產黨做主，將以前庫爾班・吐魯木為之打工的、自己的維吾爾民族同胞「巴依（財主）」家的房子等財物，分給了他。這種天上掉餡餅的事，使庫爾班・吐魯木這種好吃懶做者，更加喜歡共產黨。很快地，他成了村裡共產黨信任的紅人。

當時，整個和田地區還不是很穩定，共產黨還沒有徹底站住腳，維吾爾人反抗殖民侵略的暴動，時不時在各地爆發。所以共產黨特別需要培養一批如庫爾班・吐魯木似的，見利忘義的密探、奸細狗腿子，幫政府打探消息、監督群眾。

3　**白毛男**：中國共產黨在四十年代，編造了《白毛女》戲劇。主人公喜兒，因父親被惡霸逼債致死，逃入深山。喜兒對「舊社會」苦大仇深，共產黨使一夜白了頭的白毛女——喜兒重返人間，憶苦思甜，狠鬥地主。此處指共產黨用同樣的辦法，製造維吾爾人的白毛女。本文中的庫爾班是男人，因此我寫為「白毛男」。

庫爾班‧吐魯木熱愛共產黨

庫爾班‧吐魯木獲得共產黨信任，成為村裡共產黨的紅人之後，一天到晚騎著毛驢到處遊蕩，好吃懶做，幫著村裡的共產黨官員監視村民。他一見到村裡的殖民官員，立即點頭哈腰，見到其他維吾爾村民，則趾高氣昂。

維吾爾村民看著這個無賴，借侵略者的威風欺壓自己人，翻臉不認為其提供工作、使其能夠養家糊口的同胞之恩，反過來，認賊作父，靠侵略者的權勢，霸佔同胞辛勤勞作積攢財富，一時都氣不過，但又不能惹他，所以就時不時拿他尋開心。看到庫爾班‧吐魯木騎著毛驢走在街上，就嘲弄他說：「哎，庫爾班，你這是幹嘛去呢？是要去見你毛爸爸嗎？」

一開始，庫爾班‧吐魯木知道，村裡人是在諷刺挖苦他，是在嘲弄他的無恥，儘管他很惱怒，但也只好無奈地咧嘴笑一笑。到後來，一聽到村裡的維吾爾人拿他尋開心，不知羞恥的庫爾班‧吐魯木不但不以為恥，反而不等人家把話說完，就搶白說：「是的，我要去見毛主席，他是我的大恩人，是我的爸爸！」。慢慢地，村裡人一見到庫爾班‧吐魯木騎著驢上街，就互相開玩笑說，庫爾班又要去見他毛主席爸爸了。

久而久之，這玩笑話傳到鄉里殖民官員的耳朵裡。他們立即如獲至寶，很快，將一份編造的庫爾班‧吐魯木熱愛共產黨、心向毛澤東的「事蹟」上報到于田縣委及和田地委，地委又上報到「維吾爾自治區」。最後庫爾班‧吐魯木的「事蹟」，傳到了王

恩茂那裡。王恩茂是「維吾爾自治區」的黨委書記，他正在物色能擔任維奸、狗腿子榜樣的維吾爾人。

高官的維吾爾親戚怎變窮的

就這樣，庫爾班·吐魯木無意中，又撿到天上掉下來的另一塊兒餡餅！很快，他被選爲自治區勞動模範，接著到北京參觀農業展覽，然後就是被安排和毛澤東見面。再後來，就成了共產黨宣傳民族團結的一面旗幟，庫爾班·吐魯木的故事也越編越神奇。

然而，事實雄辯於宣傳！共產黨掠奪庫爾班·吐魯木的維吾爾同胞「巴依」的財產後，這個無賴、奸細庫爾班·吐魯木，至死，也僅獲得共產黨把巴依的房子分他。此外，他也只是參加了幾次共產黨的花瓶會議，蹭了幾頓殘羹剩飯，也僅此而已。可以這麼說，一生替共產黨賣命的庫爾班·吐魯木，生前是個無恥敗類，是個藉侵略者勢力，無恥地霸佔自己同胞財產的無賴。除此之外，他還是個窮光蛋！

今天，我看陳全國拜訪維吾爾親戚托合提汗·庫爾班的報導，以及其他共產黨官員拜訪其維吾爾親戚的報導，內容千篇一律，都是有關共產黨官員拜訪維吾爾窮親戚的故事。爲什麼被拜訪的窮人，都是維吾爾人？從來沒有人問過這個問題？

首先，由這些報導，可以肯定的是，維吾爾人是東突厥斯坦最貧窮的民族。這說明了，這塊兒土地的主人，在自己的家園，已成爲需要別人（即侵略者）施捨的對象！

一開始，是那些如庫爾班・吐魯木之流的懶漢、甘當侵略者狗腿子的無恥之徒，需要共產黨的施捨。現在，是庫爾班・吐魯木之流的後代，以及大多數在貧困線掙扎的維吾爾人，需要侵略者施捨的殘羹剩飯，而且還被強制要求，要像庫爾班・吐魯木一樣，要感恩侵略者。

過去，侵略者像強盜一樣，剝奪自己的同胞，而維吾爾人，要為能分得的殘羹剩飯感恩。今天，侵略者掠奪自己家園的土地之後，而維吾爾人，要為能分得的殘羹剩飯感恩。昨天和今天一樣，羊毛出在羊身上，卻要維吾爾人感恩剪羊毛的人！

總督陳全國，已經黔驢技窮

其次，這報導說明，包括庫爾班・吐魯木之流的無恥之徒，他們雖然靠共產黨侵略者，獲得一些搶奪來的房子、財產等不義之財，但因為他們的本質上，是好吃懶做的無恥之徒，他們還是扶不起的劉阿斗！勤勞的維吾爾人巴依的財產，只能幫一時，幫不了一世！同時，這報導還說明了，庫爾班・吐魯木之流，不僅是個不勞而獲者，還是個背靠大盜的小強盜！和山大王、屠夫毛賊澤東之流一樣，都是殺人越貨的一丘之貉！

再次，自庫爾班・吐魯木在50年代初成為共產黨的紅人，至今，他的後人除了那套搶奪來的房子外，還是什麼都沒有、一貧如洗。而且，他的後代，還繼續無恥地依靠殖民者——共產黨，恩賜掠奪來的一點小恩小惠而苟且偷生。這，本身不僅是對共產黨殖民統治的一個莫大諷刺，更是對共產黨殖民統治的一個極大

的控訴！

　　為殖民者賣命者，如果落得這麼一個靠施捨過日子的悲慘下場，其他人還對殖民者抱什麼幻想呢？「非我族類，其心必異。」無論你是卑鄙無恥的民族敗類，還是平民百姓！

　　最後，這說明，共產黨殖民統治東突厥斯坦將近七十年，共產黨自佔領初期，培養的維奸、狗腿子——如庫爾班・吐魯木及其後人，他們的生活尚且如此貧窮無著落，還在繼續靠共產黨主子，施捨一些殘羹剩飯來艱難度日，可以想像，其他處於共產黨殖民統治暴政下，被占領土維吾爾人的生活會是什麼樣了！

　　共產黨高官不斷地、無恥地，宣傳他們和貧窮的維吾爾人結親戚、施捨殘羹剩飯，只能說明，不僅共產黨在東突厥斯坦的殖民統治，已經徹底失敗；而且東突厥斯坦的共產黨殖民當局、總督陳全國，已經黔驢技窮！

　　　　　　（本文發表於 2016 年 12 月 1 日維吾爾人權項目部落格）

52 | 習近平上任後的東突厥斯坦局勢

徹底同化或斬草除根

因維吾爾人的反抗持續不斷，東突厥斯坦的局勢一直動盪不安，持續惡化。很多關心東突厥斯坦、維吾爾人的海外學者、中國學者（御用學者及良心學者）、民主民運人士，包括一些海外維吾爾自由運動的領袖認為：是中共的民族政策有問題，只要中共調整其失敗的民族政策，東突厥斯坦問題應該有解，本人根本不同意這種看法。

中共目前在東突厥斯坦實施的，是赤裸裸的殖民佔領政策。中共迷信、崇拜暴力，以「反恐」名義，血腥鎮壓東突厥斯坦的維吾爾人所表達的不滿，無論維吾爾人是以言論，或是以和平示威方式表達不滿。中共要麼徹底馴服、奴化東突厥斯坦維吾爾人，要麼以屠殺、驅逐之策，根除東突厥斯坦的維吾爾人。

這種要嘛馴化、奴化，要嘛滅絕之政策，並不是中共政權的發明，而是中原以儒家奴化文化為統治術，歷經各朝、各代統治者，持續一貫的擴張政策！因「非我族類，其心必異。」所以要「遠交近攻」、「以夷治夷」，徹底同化，或斬草除根！

習近平上台以來，一直忙於中共內部權鬥，忙於鞏固個人權力，根本無暇顧及東突厥斯坦以及維吾爾問題。

東突厥斯坦的局勢，日趨惡化。習近平實際上是繼續被動地，應付東突厥斯坦局勢的發展；被動地繼續採用自治區一群吃慣了「反恐飯」、由王樂泉所培植的殖民官員提供的權宜之計。而且，習近平是被這些吃慣「反恐飯」的既得利益者，繼續牽著鼻子走！

專吃「反恐飯」的官僚利益群體

中共目前在東突厥斯坦，實施的殖民佔領政策，上溯至江澤民、胡錦濤時期，也還是持續既有政策：仍延續中原統治者，一貫實施的鼓勵移民、強化所謂「屯墾戍邊」的軍事佔領實力，強化東突厥斯坦的漢人移民政治、經濟總體實力，邊緣化土著各民族之策。

只是中共在策略上，時軟時硬、胡蘿蔔加大棒；似對濫殺無辜、濫用暴力還是有所顧忌。有點類似民國時期楊增新所實施的、被中國御用文人稱讚為「無為而治」的，放任各級地方官員自作主張、自定政策保穩。結果，也促成了以王樂泉[1]為首，專以吃「反恐飯」，而尋求升官發財之道的官僚利益集團，日漸坐大。

1　**王樂泉**：時任中國共產黨新疆維吾爾自治區委員會書記（1994.9.24 ~2010.4.24）。

二〇〇九年烏魯木齊七五事件，中共對維吾爾人血腥鎮壓事件發生後，張春賢[2]接替王樂泉。在中國喉舌媒體和御用學者眼裡，似乎是胡（錦濤）、習（近平）交接期，中共政策走向懷柔、安撫。因此，一些人想入非非，甚至為張春賢大唱讚歌。

張春賢的上任，僅只是中國政府派到東突厥斯坦，殖民總督的人事更換。張後期之所作所為，即強勢、密集的，軍、警、兵團之全方位，對東突厥斯坦的軍事管制，以及對維吾爾人全面的、赤裸裸的，包括居住、遷移、就業、出國等的空前遏制、監控。

張春賢以嚴刑峻法，來對付維吾爾人表達不滿的言論，他以血腥屠殺，來對付手無寸鐵、僅以示威表達不滿的維吾爾民眾。這些行徑，都再一次證明：中國派去的殖民總督，都只為中國漢人統治者的利益行使權力；無論誰去，殖民政策不變，只是玩弄策略而已！

新任的陳全國也不例外，要麼是繼續張春賢的「胡蘿蔔加大棒」策略，要麼是重複王樂泉的強硬血腥屠殺策略。陳全國，極有可能成為中共最後一位東突厥斯坦總督，結局如果他不死在其任上，最終將和其主子一起被審判！

2　**張春賢**：接替王樂泉，任中國共產黨新疆維吾爾自治區委員會書記（2010.4.24~2016.8.29）。

習氏治維策略的四個特點

觀察東突厥斯坦近幾年日趨惡化的形勢，特別是自習近平上台之後的策略轉換，主要有四點：

一、以辦內地初高中班爲名，遷移維吾爾人。

對正處於發育期、成長期，正在形成世界觀之維吾爾青少年，中共保證讓他們考上比較好的大學，保證他們畢業後有較好的工作。中共以此爲誘餌，大規模將維吾爾的青少年，送往中國內地的各大中城市，使他們在遠離父母，遠離維吾爾鄉土，與維吾爾文化、信仰、傳統徹底隔絕；使他們失去培養維吾爾文化、宗教、傳統身份意識的環境、氛圍。同時，使他們生活於強勢的漢文化之氛圍，對他們強力灌輸共產黨、儒家的奴化忠君思想，並馴化、同化之，以便中共對存在千年以上的維吾爾文化、宗教信仰、傳統，釜底抽薪，斬草除根。

然而，這種策略只是中共的一廂情願。

近幾年，不斷傳來，中共政權以「分裂、顛覆罪」，抓捕、審判在中國內地的初、高中維吾爾年輕人的消息。中共將維吾爾年輕人，送到中國各地學習，同時抓捕他們當中拒絕被同化的維吾爾年輕人。中共本來是要培養同化後的維吾爾奴才，但結果相反，中共的做法，是使維吾爾年輕人更堅決，要求回歸維吾爾文化。

二、以轉移勞動力遷移維吾爾人。

中共，以中國內地各大城市，及沿海發達地區，缺少勞動力，因而，爲「致富南疆貧困地區少數民族」之名，強制「轉移」所謂東突厥斯坦維吾爾青年男女「剩餘勞動力」，至中國內地，做廉價勞力打工。

中共硬性規定，將成千上萬、正當豆蔻年華的維吾爾年輕男女（明文規定必須是未婚男女），強制遣送至中國發達地區城市，做廉價勞動力。這些原本應該在自己家鄉戀愛婚嫁的年輕人，被迫遠離父母親友，遠離熟悉的文化環境和傳統社會，遠離自己民族信仰千年的、且獨具特色的伊斯蘭宗教氛圍。他們被迫生活在陌生、無助的異國他鄉。而中共更爲陰險的目的，是要「人爲」地促成維吾爾與漢人的民族通婚。

實際上，這些被強制遣送至中國各大城市，去打工的維吾爾年輕人，有可能成爲一個個不定時炸彈，難保哪天不會爆發。二二六韶關玩具廠，漢人暴徒襲擊維吾爾打工者事件，就是一個典型例子。沒有二二六韶關玩具廠暴徒襲擊維吾爾打工者事件的發生，就不會有徹底改變東突厥斯坦、維吾爾人的七五烏魯木齊大屠殺發生！

三、以危舊房改造、城市化之名，逼遷維人。

維吾爾古老城市、社區（如喀什噶爾老城），已存在了幾千年，卻被中共以改造危舊房、城市化之名，強制拆毀。中共對一

切形成維吾爾特質、維吾爾文化、維吾爾伊斯蘭信仰、維吾爾傳統身份的文化氛圍、環境，竭盡破壞之能事。

維吾爾人被迫遷居，到政府安排的高樓大廈之後，大廈裡攝像頭密佈、前後大門崗哨林立、進出門要檢查身份證。維吾爾人在自己的家鄉、家園，感到孤獨、陌生、恐懼。

這種硬性製造的民族混住，民族融合，民族團結的假象，雖然給予地方官員一時的成就感，然而，強扭的「瓜」，不僅使維吾爾人的危機感陡增，自我保存維吾爾文化，保護信仰、延續傳統的意識空前高漲，也激發了新一波勢頭強勁的文化、宗教、傳統復興自救運動。

一大批維吾爾學者、文化人士、演藝界名人，他們因此藉科學、資訊技術的發展，利用各種機會，發揚光大維吾爾文化，使維吾爾民族的自豪感空前高漲！維吾爾人，只要條件允許，相互之間，就一定講維吾爾語；只要條件許可，就一定穿戴維吾爾服飾。維吾爾人利用一切可能的機會，將東突厥斯坦各地區的地名、街道名，全面維吾爾化等。……維吾爾人被強制遷離的仇恨和不滿，在心中醞釀發酵，隨時都可能爆發。

四、監控、騷擾以及「秘密」煽動遷移維人。

中共以鋪天蓋地之勢，強化對鄉村、中小城鎮的軍警監控，強化對維吾爾伊斯蘭信仰實踐者的監督、干涉，以無端騷擾、抓捕拘留，擾亂維吾爾鄉村社區正常的宗教實踐，迫使基本信教的維吾爾民眾，無法進行正常的宗教實踐，使之失望、乃至絕望。

中共暗中派遣神秘的伊斯蘭宗教人士，讓他們在崗哨、密探林立的鄉村、城鎮，「秘密」地宣講，說：「穆斯林如果無法在自己的家鄉，正常進行宗教實踐的話，可以，也應該『遷移』到允許自由實踐其信仰的伊斯蘭國度去。」中共暗中煽動一部分不知就裡的、絕望的普通維吾爾伊斯蘭信眾，使他們糊裡糊塗地被迫販賣僅有家產、土地，背井離鄉，流落他國異鄉。當然，此舉也使一部分虔誠的維吾爾穆斯林，在生活無著的情況下，不得不在一些極端主義氾濫的國家尋求避難，被極端主義思想洗腦，成爲極端恐怖主義分子的炮灰。

然而，有相當一部分的維吾爾人在遷移之後，很快發現自己上當了。但他們，既來之、則安之，在尋求生活的同時，也學習國際政治，參與維吾爾人獨立運動。他們不僅使國外的維吾爾獨立運動，日益發展壯大，而且很多人已經成爲海外維吾爾獨立運動的骨幹。同時，他們無意中，也爲維吾爾獨立運動，培養一批經歷過戰火洗禮的自由戰士。必要時，這些自由戰士，能夠拿起武器捍衛自己家園。

壓力越大、反彈越強

中共，對伊力哈木‧土赫提教授終身監禁的審判，已堵死一部分對中共政權抱有幻想者的民族和解之路，使以和平、理性進行民族對話，實現和解的可能性爲零。

習近平執政至今，統治東突厥斯坦的策略是：將維吾爾人，遷離其熟悉的、孕育其文化、信仰、傳統的家園，奴化再同化。

如有不服從、表達不滿的維吾爾人，則以血腥暴力殺光！

壓力越大、反彈越強。維吾爾民族，經歷了將近兩百年，中原統治者的黑暗統治之後，不斷在反抗、失敗、再反抗、再失敗的迴圈中，正在總結經驗。如果我們在上世紀，能夠前仆後繼、在很短的時間內，兩次建立獨立的東突厥斯坦共和國的話，我相信，東突厥斯坦各族民眾，經歷過第二共和國上當受騙的失敗經驗後，一旦面臨再來的歷史機遇，絕不會再重演前輩的歷史悲劇！

（本文發表於 2016 年 12 月 8 日國際維吾爾人權和民主基金會，以及新世紀網站）

53 ‖ 如火如荼的「認親」政治運動

漢人高幹來認維吾爾親戚

我寫完〈一些維吾爾人又成了共產黨的香餑餑〉之後，我總感覺到，有什麼觀點沒有說到，有點意猶未盡的感覺。我思來想去，發現我忽略了幾個非常重要的問題，沒有談到。於是我決定，再寫一篇有關共產黨「認親」的政治運動，一述胸懷！

現在的中國，人與人之間的關係，說是「爾虞我詐，勢利、自私」一點不過分。基本上，人與人相互間的信任感，蕩然無存；人與人之間，有的只是防範心理。

不說外人，只說同胞兄弟姐妹一家人。兄弟姐妹之間，因為父母留下的一點遺產而打得頭破血流，或兄弟姐妹因爭遺產而反目成仇的例子，大家聽得耳朵都長繭子啦。說這類案件比比皆是，我以為一點都不過分。

薄熙來和習近平，他們兩人不是曾經為「文革」的難兄難弟嗎？然後，習近平不是照樣把薄熙來關進秦城監獄嗎？現代的中國，別說難兄難弟、朋友，就是親兄弟、親姐妹也不一定靠得住！很多的事實，都證明了這樣。

然而，在這麼一個極其缺乏人情和信任的中國人文環境，突然，維吾爾人成了香餑餑，一下子冒出了好多、好多的大小官員親戚，讓好多維吾爾人一時反應不過來，有點受寵若驚、驚慌失措。維吾爾人無奈之餘，除了被動接受前來「拜把子」、「認親」的高幹漢人兄弟、姐妹、乾爹、乾娘之外，似乎也沒有其他的選擇！

　　我可以肯定，這場轟轟烈烈的「認親」運動，是一場單向的、選擇性的、歧視性的，中共官員居高臨下的「拜把子」、「認親」政治運動！

不能拒絕漢人拜把子兄弟

　　由自治區和中國境內的報章雜誌、各大影視媒體及網路，對「拜把子」、「認親」活動，特別詳細、密集地報導來看，這是一場自上而下的、有自治區黨委和政府統一安排的「拜把子」、「認親」政治活動。我可以確認，這是新任總督陳全國的「民族政策新思路」，大概是陳全國的「新官上任三把火」中，在沒收了維吾爾人護照之後，點燃的第二把火！

　　陳全國的第三把火，說不定就要給維吾爾年青人，指定結婚對象——漢人姑娘。這是中共最快的同化辦法！在「人定勝天」的共產黨統治下，什麼都可能！

　　我確認「認親」活動是單向性的，根據在於：「認親」是在自治區黨委和政府的統一安排下，由黨政官員和機關事業單位公務員出面，認維吾爾人窮「親戚」、「拜把子兄弟」。而且，根

據報導，大多數「拜把子」、「認親」的官員、公務員是漢人官員！只有極少一部分「拜把子」、「認親」的官員是維吾爾人。

我觀察視頻中，被「認親」的維吾爾人的表情，大多木訥、呆滯，皮笑肉不笑。顯示這些維吾爾人是沒有選擇權的，必須無條件地接受這些來自自治區各地的、突然冒出來的、共產黨「恩賜」的各級官員「拜把子兄弟」和「親戚」！維吾爾人拒絕突然自天而降的漢人「拜把子兄弟」和「親戚」、或者挑三揀四，肯定是不被允許的。碰到是誰，就是誰啦！

至少，是不能拒絕黨「恩賜」的、找上門來的漢人「拜把子兄弟」、「親戚」。拒絕，往輕裡說，是意味著不重視民族團結，往重裡說，是有民族情緒，這在現在的東突厥斯坦，那可是萬萬使不得的，這明擺著是在找麻煩！

貧窮、可憐的這些維吾爾人，不但不能拒絕這些共產黨、習近平「恩賜」的「拜把子」、「親戚」，而且還要時時刻刻感恩共產黨、感恩習近平！感恩這些大官「拜把子」、「親戚」，猴年馬月送來的一袋米、一袋麵、半斤羊肉、一瓶清油！

拜把子、認親是選擇性的

另一個單向「拜把子」、「認親」的根據是，維吾爾人窮人，根本無權挑選官員「拜把子」、「親戚」。一旦雙向了，說不定一些聰明的維吾爾人，會選擇「拜把子」、「認親」彭麗媛、王岐山等，可能還有人想「認親」梁振英等的香港「同胞」。沒有證件，寸步難行的維吾爾人，怎麼去拜訪這些大「親

戚」呢？說不定，那位庫爾班・吐魯木的大女兒，想認習近平爲「拜把子兄弟」、「親戚」呢，而不是認陳全國爲「親戚」！這還了得，不打亂了嗎？

實際上，也沒見有報導說，哪一位維吾爾人前往烏魯木齊或其他地方，隨便走進那一家機關事業單位，隨便抓住一位漢人官員「認親」的事例。據自治區境內的媒體報導，我們瞭解，貧窮的維吾爾人，別說去烏魯木齊，隨便走進哪一家機關事業單位去「拜把子」、「認親」，維吾爾人想跨區、跨縣，走親戚，都要幾道手續才行！

「拜把子」、「認親」是選擇性的。根據在於天山網報導的幾則「認親」事例，比如有關陳全國到和田「認親」的報導，就是個典型的例子。陳全國的維吾爾「親戚」托合提汗・庫爾班，就是共產黨大老毛賊澤東的「親戚」，庫爾班・吐魯木的女兒。

可以肯定的是，官員要認的維吾爾「親戚」，不但要有一定的來歷，而且還要能讓那些「拜把子」、「認親」的官員洗腦。所謂「有一定的來歷」，就是在歷史上，一貫爲共產黨唱讚歌的維吾爾家庭，換一種說法，就是一些和共產黨政府或多或少有點貓膩[1]的維吾爾人。而能讓那些「拜把子」、「認親」的官員洗腦，指的是，在共產黨看來，可以被洗腦、改造的維吾爾人，會出面感恩共產黨的維吾爾人，才有資格被漢人官員「拜把子」、「認親」！

1　**貓膩**：暗中有關係，偷偷摸摸爲政府做事，當密探。

「拜把子」、「認親」帶有明顯的歧視意味。根據報導，幾乎被認的窮「親戚」一律都是維吾爾人。他們被官員「拜把子」，「親戚」就要給予「幫助」。維吾爾人被迫送去了一些麵粉、大米、清油、羊肉、衣服等，卻還要被迫感恩！

是共產黨官員單向的恩賜

最讓人不可接受的是，官員傲慢、驕橫的問候，儼然一幅主人派頭，和被「拜把子」、「認親」的維吾爾人的無奈、委屈，卑躬屈膝，形成強烈對比！這種由政府安排的「認親」的單向、和選擇性，本身不僅是嚴重的歧視性的行為，而且更是對維吾爾人基本人權的惡意踐踏！

「拜把子」、「認親」，是高高在上的共產黨官員單向的「恩賜」，所以維吾爾人必須要感恩！因為，只有官員可以選擇有點來歷的維吾爾人，作其「拜把子」的「親戚」，這不是維吾爾人的選擇。這本身就是對被「拜把子」、被「認親」的維吾爾人一個極大的侮辱。我確信，這種做法，對任何一個生活在現代社會的、有尊嚴的人，都是個侮辱！

想一想，現代社會，就算是兩個要結婚的人，也都要先花費一段時間，瞭解一下彼此，然後再戀愛一段時間，最後才是談婚論嫁。一見鍾情可能有，但大多是時候，是電影和電視劇裡的浪漫愛情故事，現實生活中是難得一見的現象！

中國傳統文化中的「拜把子」、「認親」，也是兩人有了交情，志向相同，英雄惜英雄，有了一段時間的同甘苦、共患難之

後，才會「拜把子」、「認親」，稱兄弟！

　　但生活在現代社會的維吾爾人，卻被共產黨硬性「拉郎配[2]」，被共產黨殖民政府「拜把子」、被「認親」！苦難貧窮的維吾爾人，突然成了香餑餑，突然發現天上開始掉餡餅！突然冒出了這麼多的漢人大官「拜把子」、「親戚」，這怎麼能不使維吾爾人受寵若驚、茫然呢？維吾爾人毫無思想準備，他們已經習慣被殖民政權，以漢人為主要決策者的官吏隊伍，對其打壓、抓捕、失蹤、屠殺了。誰又敢肯定，這是不是又一場「黃鼠狼給雞拜年」的陰謀詭計呢？

　　　　　　　　　（本文發表於 2016 年 12 月 16 日博訊新聞網）

2　**拉郎配**：硬把兩人拉在一起配對、結婚。此處指將兩個不同文化、信仰的人硬拉在一起結為親戚，而不尊重個人意願。

54 ‖ 極端主義籠罩下的東突厥斯坦

繳護照、認親、大跳交誼舞，全是被迫

近幾個月以來，東突厥斯坦，似乎又進入了新一輪極端主義的漩渦。中共先是收繳全體維吾爾人的護照，無論你是記者還是國家幹部，都必須上繳護照，沒有例外、沒有商討餘地。誰如果膽敢不按時上繳手中的護照，中共就將從系統裡，登出其護照。

接著，中共又推動「拜把子」、「認親」運動。即全東突厥斯坦範圍內，漢、維吾爾幹部、公務員的「拜把子」、「認親」運動。全自治區的幹部、公務員（包括已退休者），都必須「拜把子」、「認親」。自治區的機關事業單位，街道、社區，鄉村、牧場，都在轟轟烈烈地開展「拜把子」、「認親」運動。

似乎，陳全國認定，非把全維吾爾自治區的漢人與維吾爾人，都變成極其廉價（一袋麵、一斤油、半斤羊肉）的「拜把子兄弟」、「親戚」，決不甘休！

最近，我在朋友的微信上，又看到了一個視頻[1]：好幾百名

1　即影片之意。

維吾爾人，在一個大廣場，以統一的服飾，大跳交誼舞。視頻上，一大群維吾爾男女，上身穿著白色襯衣，下身穿著藍黑色褲子，伴隨著擴音器放送的音樂，雜亂地移動著腳步，卻踩不著地上的點。他們漫無表情地跳著舞。從舞者的表情看，根本看不出這是一場令人享受的舞蹈。

我查近代歷史，這種大規模「發動」群眾，穿著統一服裝，進行大型的舞蹈表演，只出現在希特勒的法西斯德國、共產帝國蘇聯、「文化大革命」時期的中國，以及包括朝鮮在內的一些共產主義極權國家。而朝鮮是將其極致化到高峰的一個極權國家！

我小時候，趕上「文化大革命」末期，也參加過幾百人的廣播體操表演，但從沒有見過幾百人，穿著統一服裝，在大喇叭音樂聲中，大跳交誼舞的。我倒是聽大人說過，「文化大革命」時，曾經有過幾百人，一起跳「忠字舞」的表演。

維吾爾學生穿漢服，趴在竹做的課桌上

我所見過的，大規模的、好幾百人、幾千人，穿著統一服裝，跳的舞蹈表演，是朝鮮的「阿里郎」，是在電視裡。那似乎是金家王朝的王牌表演！也是極權政府所能達到的極致吧！這可不是我個人的觀點。查一查中文網站，對朝鮮金家王朝「阿里郎」表演的評論，可以看到幾乎一邊倒的中文輿論，嘲諷世界僅存的共產極權木乃伊——朝鮮極權暴政，及其強迫民眾跳「阿里郎」的評論！

現在，習近平派遣總督陳全國，已經開始在東突厥斯坦，復

活中國共產極權鼎盛期、也是最黑暗期的木乃伊——「文化大革命」！

據一位剛從東突厥斯坦來美國探親的維吾爾知識份子講：東突厥斯坦南部的維吾爾人，主要是喀什噶爾、和田、阿克蘇的維吾爾人，被組織起來跳交誼舞，已經有一段時間了。城鎮、鄉村牧場，男女老少都必須學跳交誼舞；不能請假、不能缺席。

那位知識份子搖著頭對我說：「最令人難於接受的是，同一家的男女，必須分開學跳交誼舞。也就是說，甲家的男人要和乙家的女人跳；乙家的男人，可能和甲家的女人，或丙家的女人跳！這令一些傳統的維吾爾老人極其不舒服，非常憤怒！」

另一個在維吾爾社交媒體上，流傳較廣的兩幅「反應陳全國極端主義」的圖片，更是在令人捧腹之餘，油然而生一股怒氣！

一大群維吾爾孩子，穿戴著「假定古代漢人學生」的服飾，席地而坐，趴在「假定古代漢人學生」使用的、似乎是竹做的課桌上，不僅顯得滑稽可笑，而且特別不倫不類。尤其是那統一的學生帽子，有點像馬戲團表演的小丑所戴的帽子。

要求穿戴舞步一致的極權政府所剩無幾

另一幅照片，是同一群維吾爾孩子，仍然穿戴著那套「假定古代中國漢人」的學生服飾，站在一起拍的照片，也是一幅極端滑稽像！

陳全國想像著：強迫維吾爾人跳交誼舞、穿戴假定的古代中國漢人服飾、打麻將喝酒抽煙，就能馴化、同化維吾爾民族。陳

全國要嘛是腦子進水，要嘛是有點狗急跳牆。

　　據我的瞭解，中國有幾所大學，也有一些腦子進水的漢人老師、學生。他們企圖弘揚、復興古代中原王朝漢朝——漢服，但很不成功，回應者寥寥，並沒有形成規模。

　　我們也沒有看見，揚言要復興中華民族、要做「中國夢」的習近平，以及其他的中共官員，穿戴漢服會見賓客！更未見陳全國及其隨從奴才、維吾爾敗類雪克來提·扎克爾[2]等其他殖民政府官員穿戴漢服！

　　看起來，東突厥斯坦殖民政權，現在已經是黔驢技窮，走向了極端。新任總督陳全國企圖打著「去極端化」的招牌，以極端主義政策的手段，迫使維吾爾人就範，改變維吾爾人的文化、信仰、傳統等維吾爾的身份象徵。

　　然而，回顧一下歷史，所有這種「強迫民眾參加規模大型，統一穿戴，統一舞步表演」的極權政府，最後都無一例外地，崩潰了！法西斯德國、極權蘇聯，已經進入了歷史的垃圾堆。極權朝鮮及其靠山中國，正在做垂死掙扎，最終，也將走向崩潰！世界上凡是能搞這種大型的，統一穿戴、統一舞步表演的極權政府，已經所剩無幾！

　　　　　　　　　　（本文發表於 2016 年 12 月 16 日維吾爾之聲）

2　**雪克來提·扎克爾**：維吾爾人，維吾爾自治區主席。父親阿布杜拉·扎克爾，曾參加東突厥斯坦共和國建立，後參加中國共產黨。

55 | 極端主義的政策，是失敗的「經驗」！

推動已失敗的經驗，既愚昧且無知

「經驗」一詞，根據我對漢語的理解，即便不是褒義詞，也應該是中性詞，但絕不應該是一個貶義詞！

然而，如果一個人，一個有著正常思維能力的人，將一個失敗的極端政策，當作其工作成功的「經驗」，還要原封不動地，照搬到其他地方再實施，這不僅將使漢語的「經驗」一詞，變成貶義詞，也凸顯將失敗的極端政策，當作「經驗」的統治者的愚昧和無知！

現任東突厥斯坦殖民政權的總督，陳全國，就是這麼一個愚頑的統治者。陳全國不僅使中文一詞「經驗」蒙羞；又凸顯他的狂妄和頑固！

據說陳全國在任西藏自治區總督時，依靠其號稱「六板斧[1]」的強硬政策，即，收繳圖伯特居民手中護照、大中城市建

1　**板斧**，一種古兵器，扁平而寬的大斧頭。古代多用作兵器，亦爲樵採的工具。此處比喻壓服人的強硬手段。

立密佈的員警崗樓、城鄉各地成立互相監督的「雙聯防隊」等等的極端政策，保住了西藏的穩定，沒有出現大的問題。

事實真的是如此嗎？西藏真的在陳全國統治時期，穩定、沒有出大問題嗎？

網路的時代，這不應該成問題，查一查中文網就知道。陳全國是2011年8月25日上任西藏自治區書記的，2016年8月28日卸任。

再看陳全國統治期的西藏形勢，根據維基百科，對藏區連環自焚事件的陳述：「藏區連環自焚事件，是自2009年2月，在中國部分藏區內的一系列藏人自焚事件。截至2015年8月，經報導，至少大約已有142名喇嘛、女尼，或包括農牧民在內的藏人自焚，其中至少約122人死亡。西藏女作家唯色稱之為「近代史上最偉大、最慘烈的，政治抗議浪潮。」

陳全國高壓治藏，藏人自焚案暴增

「2012年11月，藏人自焚事件猛增，一個月內有至少20名自焚者喪生。」

根據唯色女士臉書統計：2011年，陳全國上任後的9-12月，總共發生12起自焚；2012年1-12月，總共發生86起自焚（境內藏地85起，境外1起）；2013年1-12月，28起自焚；2014年1-12月，11起自焚；2015年3-8月，7起自焚；2016年2月，2起自焚。

從上引資料可以肯定的是，自焚最多的年份，正是陳全國上任整一年之後，也就是2012年。西藏圖伯特人的反抗，也正是在這一年，進入到史無前例的最慘烈、最悲壯的高峰。

同樣，根據上引資料，陳全國自2011年8月起，接任西藏自治區書記，到2016年8月底，轉任維吾爾自治區書記為止，統治西藏自治區總共整整60個月，這段期間，圖伯特人的自焚事件，總共發生156起。可以說，陳全國的統治期，平均每個月，就有2點6起圖伯特人的自焚抗議！這還能被稱為是「穩定」嗎？

156起自焚事件，就是156個鮮活的生命！如果我們再算上自焚事件發生之後，被牽連的自焚者家屬、朋友等，就是幾百、上千人！這還不是大問題嗎？「人命關天」呀！？

老子曰：「民不畏死，奈何以死懼之。」

陳全國企圖以極端主義政策，威脅、利誘圖伯特人，使用其所謂的「六板斧」極端主義政策之「經驗」，恐嚇圖伯特人。然而，陳全國的極端主義政策，不僅未能威脅、利誘勇敢、正直的圖伯特人，反之，卻迫使善良自律，以不殺生為信仰終極，視信仰和尊嚴高於一切的圖伯特人，轟轟烈烈、大義凜然地走向自焚抗議！在人類近代，反抗極權暴政、爭取獨立、自由、尊嚴的鬥爭史上，書寫了最為悲壯的一頁！

失敗的統治者，竟被誇譽為有經驗

陳全國，就這麼一個極端主義崇尚者，一個雙手沾滿了圖伯特人鮮血的劊子手，一個因強力實施其極端主義政策，引發一場史無前例的自焚抗議風潮，而被文明世界所唾棄的屠夫。一個因那麼多鮮活生命的失去，而完全可以定義為失敗者的奴才陳全國，卻仍然被一些中共御用的華文媒體，譽為「點子多」，有

「經驗」！御用華文媒體，可謂無恥之極！

如果陳全國的這些極端主義政策，也能被稱爲是「點子」、「經驗」的話，那應該說，法西斯鼻祖希特勒，更有「點子」，更有「經驗」！日本軍國主義頭子東條英機，侵華日軍最高司令官岡村寧次等，也應該是很有「點子」、「經驗」！共產鼻祖列寧、史達林、毛澤東，及其徒子徒孫波爾布特[2]、英薩利[3]，朝鮮金家三代也都應該被冠以「點子王」、「經驗」高手！？

極端主義的政策，可以逞一時，但不能逞一世！這是近代納粹德國、法西斯義大利、軍國主義日本，共產蘇聯、東歐，以及柬埔寨等，共產主義極權政權已反復證明的事實！中國的共產極權，也正在走向其終點。

照搬失敗的極端主義政策，只能說明，極權政權已經無計可施、無路可走，正在走向最後的瘋狂，直至其崩潰的終點！

如果陳全國的政策，在西藏是失敗的，那麼，搬到維吾爾自治區，也不會成功！只會引發維吾爾人更多、更爲慘烈的反抗！直至陳全國夾著尾巴滾蛋，或被正義審判！

（本文發表於 2016 年 12 月 23 日博訊新聞網）

2　**波爾布特**：赤柬（紅色高棉）總書記。後被越南支持的洪森推翻，退守泰柬邊界森林，後死在那裡；是柬埔寨大屠殺的罪魁禍首。

3　**英薩利**：赤柬（紅色高棉）外交部長；赤柬被越南支持的洪森推翻後，在國際社會壓力下，英薩利後被國際刑事法庭，以大屠殺罪（反人類罪）被起訴審判。

56 什麼時候「尊老敬師」也變成了「極端」?

維吾爾學生比漢人學生有禮貌

自由亞洲電台中文（普通話）部，於2017年4月11日的一篇題為：〈和田維族官員因不敢在長者面前吸煙而被撤職〉的報導，在社交媒體上引起了不小的騷動。

那一則消息很短。以最近中共在和田，將九十七名地方官員，以各種指控撤職為背景，講述了九十七名被撤職官員之一，和田縣布紮柯（Buzaq）鄉，阿茲納巴紮村的黨支部書記，吉力里·麥提尼亞孜（Jelil Metniyaz）被撤職的原因。

吉力里·麥提尼亞孜被撤職的原因，是不敢當著村裡宗教人士的面前抽煙！荒唐、無理嗎？不用我說，稍有理智、懂一點文明禮儀的人，都會異口同聲地說：「確實荒唐、無理！」

孔子說：「不知禮，無以立也。」不懂得禮儀、尊重，就不能立身。

被中共標籤為文化「落後」的維吾爾社會，事實上非常強調禮儀、禮貌的重要，特別強調對師者、長輩，及老幼的尊重、禮貌！這是維吾爾文化、傳統的一部分！這禮儀、禮貌，構成每一

個出生並成長於維吾爾社會之維吾爾人的文化身分。

記得我在大連上大學時，漢人老師對維吾爾學生，最不吝嗇的讚美之詞，是維吾爾學生極其有禮貌，這樣的評語，體現在「學生無論何時、何地，從不當老師的面前抽菸。」有時，老師進到學生宿舍，即便是正在抽菸的學生，也立即將菸踩滅、藏起來，且全體站起來，迎接老師並問候致意！

這就是維吾爾的傳統，不需要「三講四愛」、「八要八不要」等等的教育，也不需要不停地在高音喇叭裡，聲嘶力竭地喊「尊老愛幼是我們民族的傳統」。維吾爾社會將禮義廉恥、尊師敬老，作為其文化的核心，在每一個維吾爾孩子的成長過程，灌輸這個傳統於他們的身心，使其自然地成為每一個維吾爾人的文化身份之一，並非常自然地展現在他們與社會的交流過程中。

維吾爾宗教人士也是知識菁英

宗教人士，自古至今，在每一個民族的傳統社會中，不僅是宗教信仰及其禮儀教育的師者，而且也是每一個民族及其社會文化發展、傳統得以延續的傳承者，以及其社會道德規範的示範者；當然，維吾爾社會也不例外！

如果大家沒有忘記的話，一兩年前，有關中國一些和尚，喝酒抽菸、找小姐的報導，曾經在中國各類社交媒體出現，甚至在一些官方媒體上，也掀起過軒然大波，並遭到官民大家一致的撻伐。為什麼呢？

和尚不也是人嗎？他們也有七情六欲，抽菸喝酒找小姐，花

自己的錢，正常啊！中共官員不也都天天在幹嗎？為什麼只揪著這幾個和尚不放呢？當然，因為他們是和尚，是宗教人士，社會對他們的要求，一般是高於對普通人的要求，漢人社會也不例外！

如同其他各民族、各國各社會一樣，維吾爾人的宗教人士，在過去、在中國殖民統治前的維吾爾傳統社會中，不僅是伊斯蘭宗教信仰、禮儀規範的教育者、執行者、保衛者，同時也是維吾爾社會的知識菁英，領路人，傳道解惑者，是為人師表的師者；也是維吾爾文化、傳統、歷史之承上啟下的傳承者，是維吾爾社會得以延續的中流砥柱！

同時，維吾爾宗教人士大多數時候也是村社、城鎮、社區裡的長老、長輩，他們身體力行，以模範帶頭作用，引導維吾爾社會，健康向前發展！因而他們在維吾爾社會，享有著崇高的地位！

不在長者面前吸煙，哪裡極端？

如上世紀初，在中國殖民者暗中指使下，被維吾爾奸細暗殺的、現代維吾爾新式教育的宣導者、奠基者，維吾爾社會改革者，詩人，東突厥斯坦著名伊斯蘭維吾爾宗教人士阿卜杜卡德爾·大毛拉（Abduqadir Damolam），庫特魯克·阿吉·紹柯（Qutluq Haji Shewqi）；以及1933年11月12日成立東突厥斯坦伊斯蘭共和國的奠基者、維吾爾人的國父——薩比特·大毛拉·阿卜杜巴克·卡瑪利（Sabit Damolam Abdulbaqi Kamali）等就是最

典型的例子。

　　上述三位維吾爾著名的先行者，除了國父薩比特・大毛拉，被共產黨不顧歷史事實，醜化為帝國主義特務之外，其餘兩位——阿卜杜卡德爾・大毛拉和庫特魯克・阿吉・紹柯，至今，共產黨也不敢明目張膽地，否定他倆在維吾爾社會現代化期間的地位。

　　因而，如同其他民族社會一樣，在一個正常、健康的維吾爾社會，宗教人士總是享有極其崇高的地位，受到維吾爾全體社會一致的尊重！這不是靠共產黨的提攜，或者是走後門送禮，所能贏得的尊重。

　　再說，根據現代健康醫學，抽菸有害健康；吸二手菸，危害更甚。在長輩、尊者、女士面前抽菸，已被現代人認為是極其不禮貌的行為。何況，不經允許，就是當著平常不抽菸者的面吸菸，也被認為是極端的不禮貌！這是社會文明進步的表現，怎麼在共產黨統治下，就變成了極端主義呢？

　　其實，這是共產黨殖民政權在打著「去極端」的幌子，企圖顛覆、瓦解維吾爾社會，賴以生存之最後的文化、信仰堡壘，徹底摧毀維吾爾的道德規範；以徹底重新以共產黨的無神論、領袖崇拜文化，構造一個無法無天、沒有任何道德禁忌、忌諱的，只崇拜金錢、權利的，僅僅反應動物本能的奴才社會而已！

（本文發表於 20176 年 4 月 20 日維吾爾之聲）

57 ∥ 只有維吾爾人是「恐怖分子」?

嫌犯不是維吾爾人,就不是恐怖份子

昨天,有關徐州幼稚園爆炸的消息,迅速傳遍了中國境內外華文媒體。圖片、視頻[1]上,血肉橫飛、衣不蔽體的受害者,慘像令人目不忍睹。恐怖主義橫行的今天,這血肉模糊的圖片、視頻,馬上使人想到:又是可惡的恐怖分子!該死的恐怖分子,為什麼對無辜的婦女、兒童下手?

根據報導,到今天為止,爆炸已造成8人死亡(包括實施爆炸者),65人受傷。中國喉舌媒體,一如既往,報導統一,短短幾行、寥寥幾字。中國宣傳機構、網警、五毛,對有關消息的引導、刪帖、控制,也一如既往神速、快捷、全面。

中國公安更是一如既往,不僅破案神速,而且定性[2]極快:「初步判定為刑事案件,已初步鎖定嫌疑人。」避免過多的猜測,省時省力!

---

1 即影片之意。
2 定性,確定錯誤或罪行的性質。

我看到上述報導，馬上為死難者哀悼，為受害者哀痛。同時，我心裡的一塊石頭，也總算落了地。首先，我確認嫌疑人肯定不會是維吾爾人！也確定嫌疑人不是恐怖分子！案件也不會是恐怖襲擊案！

今天早上，當我再看到：「爆炸嫌犯是一名許姓男子……嫌犯因為植物神經功能失調，從某學校休學後，在案發地附近租住打工。」的消息之後。我心裡最後的一點疑問也消失了。

至此，我百分之百的確認：儘管嫌犯在一個公共場所，對一群無辜者實施殘暴的屠殺，而且是身綁爆炸物引爆；儘管嫌犯做法，和國際恐怖分子一貫做法一模一樣——人肉炸彈，但考慮到嫌犯不是維吾爾人，他一定不會是恐怖分子！這是在中國，要符合中國國情。

重大社會案件，公安說什麼就是什麼

我佩服中國公安，破案神速，我佩服中國喉舌媒體，新聞報導點到為止的功夫，我佩服中國政府在最快的時間，以中國國情，給案件做出符合中國的一貫做法，我佩服他們的定性之餘，我也馬上讀出了有關該案定性的畫外之音。

中國大眾、包括受害者及其親屬，必須由此定性報導，推理得出如下結論：嫌犯是因為腦子有病，而實施爆炸襲擊的！嫌犯不存在因對政府不滿，而報復社會的可能。嫌犯也不存在因被政府冤屈不公，而實施犯罪的可能。

因而，任何人（包括死難者、受害者及其親屬，新聞記者）

不得妄議、擅自推理、傳播不同於中國公安定性、新聞宣傳部門報導的任何有關該案、該嫌犯的資訊。如有違反者，一律以傳播「謠言」論處；輕則拘留，關押幾天，重則起訴審判，蹲監獄！

由此，我也找出這個長期困惑我的問題之最終答案：在偉大、英明的中國共產黨領導下，在博覽群書、無所不知的習主席、習大大為核心的中央領導下，中共政權已經發現了一個，不准任何人持有異議的、按中國國情，處理中國社會問題之方法。

維吾爾人涉案，就劃歸恐怖主義襲擊

該方法是：

無論任何事件，只要牽涉維吾爾人，無論維吾爾人使用的武器，有多麼的原始落後，如辣椒麵、石頭、棍棒、刀斧；無論維吾爾人的死亡數字，遠高於被襲擊者的人數，高得有多麼離奇；無論維吾爾人是在自己家裡被打死，還是在荒無人煙的高山峻嶺、戈壁沙漠；無論被打死的維吾爾人是襁褓中的嬰兒、還是耄耋老人、孱弱婦女；無論被打死的維吾爾人手中是否有東西；反正，只要是維吾爾人，只要是維吾爾人表達反抗不滿，就一定要歸類為恐怖分子，案件一定要劃歸「恐怖主義」襲擊案！

而且，發動「恐怖襲擊」的維吾爾人，一定要和國外恐怖分子有聯繫！

根據中共這一方法之精神，大家一定要推論出：

只要嫌犯是漢民族的人，嫌犯都必定是腦子有病之人；只要

嫌犯是漢民族的人，無論其使用什麼樣的武器，汽油、爆炸品、大刀還是其他；無論嫌犯殺死了多少無辜者；無論死者是老人，還是婦女、兒童；無論嫌犯是手持大刀、身綁炸彈自殺式襲擊幼稚園，還是在公共汽車上點燃汽油彈；無論嫌犯是在不同的居民樓[3]、政府大樓，安裝十幾個炸彈同時引爆；嫌犯也絕不能是恐怖分子，案件也絕不是恐怖主義襲擊！

大家也不能埋怨政府！精神病嘛！防不勝防！

這個方法還讓大家明白：中國政府對恐怖主義，從不搞雙重標準！維吾爾人、漢人，分明是兩個不同的種族，文化、歷史、宗教信仰不同，甚至長相也不同；最重要的一點，維吾爾人是信仰伊斯蘭教的，是穆斯林，大家應該明白……！

所以，縱使遇到同樣性質的案件，維吾爾人與漢人犯案，案件要分開處理，以便得出符合中國國情、符合中國國民心理的定性。這樣，才合情合理！

（本文發表於 2017 年 6 月 17 日國際維吾爾人權和民主基金會）

3　北京方言，即國民住宅。

58 | 禁止特定維吾爾人名
背後的荒謬邏輯

慷慨歌燕市，從容做楚囚，

引刀成一快，不負少年頭。

先是大名鼎鼎，而後臭名昭彰

對近代中國歷史不太瞭解的人，讀到這首獄中詩，肯定會被此詩的悲壯、豪邁所感動，一股發自內心的敬意油然而生。他們一定想知道，詩的作者，是哪位英雄豪傑。

詩的作者是汪精衛。他是中國近代史上，被定性[1]的大漢奸。但汪精衛寫這首詩的時候，他確實是一位年輕有為的英雄豪傑。當年，他刺殺滿清攝政王醇親王的時候才29歲。當年，他義無反顧、單槍匹馬，從日本返回中國，在北京刺殺醇親王。當然，他的目的是推翻滿清王朝。這首詩就是在其刺殺失敗被捕後，在獄中寫的詩。

汪精衛，本名兆銘。他加入同盟會後，在1905年辦《民報》寫文章時，按中國傳統，為自己取了一個新名字「精衛」，取自

1　定性，確定錯誤或罪行的性質。

中國神話「精衛塡海」，以表達其堅決地、不屈不撓，一定要推翻滿清王朝的決心。

汪精衛刺殺醇親王失敗、被捕入獄，創作豪邁的獄中詩。汪精衛本來並不是很出名，他因而幾乎一夕之間，就成為反清義士的民族英雄。自此，汪精衛不僅大名鼎鼎，而且還成為革命先行者孫中山身邊，不可或缺的重要人物，也成了中國近代史上的大名人。

再後來，日本入侵中國，抗戰爆發。汪精衛逃離重慶，投入日本人的懷抱，讓日本得以侵華，汪精衛因此落了個大漢奸的罵名，孤死東京。

汪精衛成為漢奸前的前半生，也確實不辜負「精衛」之名。他曾大名鼎鼎、震耳欲聾。但最後，因一失足成千古恨，而臭名昭著、千夫所指。

某個人的名字，只是一個符號

當然，如果我們有足夠的時間，還可以輕而易舉地，舉出很多類似的、以冒險勇敢，使自己的名字成為「大名鼎鼎」的例子。以中國近代史為例：蔣介石、毛澤東、鄧小平、郭沫若、賽福鼎・艾則孜等，這些人，無一例外，都曾經輝煌過、大名鼎鼎過；但後來，伴隨歷史的進步，他們幾乎都成為千夫所指的、臭名昭著的歷史罪人。

人的名字，在某種意義上，只是一個符號。無論所取名字的意義如何，名字如何震耳欲聾，完全取決於名字持有者，在人生

長河中的成功與失敗。任何一個名字，可能會伴隨名字持有者的默默無聞，悄然而來、黯然逝去。也可能伴隨名字持有者的轟轟烈烈、如雷貫耳，成為眾人崇拜、膜拜的對象。

一個人的名字，是大名鼎鼎、被眾人崇拜的對象，還是千夫所指、臭名昭著，關鍵在於這個人（即名字持有者）的性格培養、所成長環境好壞、所受教育程度、對社會所作貢獻、在人生長河中的成功與失敗等等！

希特勒的名字，在希特勒出生之前，是個很普通的名字，有成千上萬人用過，現在也還有人繼續在使用。希特勒發動二戰、屠殺猶太人之前，沒有人對「希特勒」這名字，有過特別的興趣，也沒有人認為希特勒這名字邪惡。

列寧、史達林的名字，也曾經是很普通的俄羅斯名字，過去有人用過，現在也有人用。但列寧、史達林，他們成為共產恐怖主義政權首腦之前，人們也不曾對列寧、史達林的名字，有過特別興趣，也沒有人對此名字有過厭惡感。

王精衛、張精衛、李精衛，王澤東、張澤東、李澤東的名字，在中國，也都多如牛毛。汪精衛改名「精衛」前，人們只知道「精衛填海」的故事，不知道「汪精衛」這個名字。毛澤東靠謊言宣傳、血腥屠殺、欺騙竊取中國政權前，人們也只知道，身邊普普通通的千千萬萬個「澤東」，卻不知道中國將要出個「紅太陽」。

默罕默德是被禁用的維吾爾名

我囉哩囉唆這麼多，是要指出，一個稍有頭腦之人，不用費

力，就能得出的一個簡單真理：名字不重要，重要的是內容！這就如同市場上的品牌一樣，不在於名字是否宏大、富麗堂皇、神秘，而在於產品，在於產品的品質！人名也不例外。

維吾爾自治區最近頒佈的，禁止維吾爾人使用的名字之名單，大多源自阿拉伯－伊斯蘭文化。但一個人（維吾爾人）的言行舉止，關鍵不在於他的名字，是否源自阿拉伯－伊斯蘭文化，而在於他的家庭與社會，如何培養持有該名字的孩子！

如果名字的持有者，在一個民主、自由、開放的社會長大，受到良好的教育，那他可能就會成為對社會有用的人。如果他在一個充滿仇恨的、獨裁專制的國家長大，一生不斷被政治洗腦，他可能會成為一個反對專制的民主鬥士，但也可能僅只成為一個奴才！

維吾爾人的名字源頭，有三大塊兒，以突厥－維吾爾傳統文化為主，以波斯－伊斯蘭文化、阿拉伯－伊斯蘭文化為輔。但是，維吾爾人使用其他來自非突厥兩大文化的人名時，都已將其維吾爾化了。在上千年的變遷中，那些源自波斯－伊斯蘭、阿拉伯－伊斯蘭文化的名字，早已經變成維吾爾文化的一部分，很多人名的發音已被維吾爾化了。

例如，自治區當局禁止維吾爾人使用的名字之名單裡，「默罕默德（Muhammed）（維吾爾語發音為Memet麥麥提）」，對維吾爾人而言，這是個極普通的名字。在阿拉伯、伊斯蘭世界，也有成千上萬人取這名字，這也是個極普通的名字。根據維基百科，美國就有很多非穆斯林的人，使用「默罕默德」這個名字。

使用「默罕默德」這個名字的人，可以肯定，三教九流、各行各業、各色人等都有。但能夠使「默罕默德」這個名字大名鼎鼎的人，卻屈指可數，拳王默罕默德‧阿里是其中一個。

害怕這些名字有分離主義意識

維吾爾人之中，較為有名的「默罕默德」，只能算80年代期間擔任自治區副主席的玉速甫‧默罕默德（Yusup Muhemmedi）。當然，可以肯定他是忠誠的共產黨員，肯定沒有因為名字叫「默罕默德」就成為恐怖分子、或極端主義者，要不然，怎麼通過中共組織部審查，官至中共中央委員、自治區人民政府副主席呢？

自治區禁止維吾爾人使用的名字之名單中，另一個名字是「賽福鼎（Saypidin）」，對維吾爾人而言，這也是個極普通的名字，自治區範圍內就有成千上萬個「賽福鼎」。而有點名聲、大名鼎鼎的「賽福鼎」，只有一個，那就是「偉大的共產主義戰士」、「毛澤東的好學生」，死前高官至中共中央政治局委員、全國人大副委員長的賽福鼎‧艾則孜。賽福鼎終身為中共服務，老死北京。取名為「賽福鼎」的維吾爾人，應該可以肯定不是什麼極端主義、或恐怖主義者。

自治區禁止維吾爾人使用的名字之名單中，另一個名字「麥迪那（Medine）」，源自阿拉伯－伊斯蘭文化，也是現代沙烏地阿拉伯的一個地名。此字詞，在維吾爾文化中，已維吾爾化為Medinay、Medenyet。而且，在維吾爾文化中，這個詞不僅是個

人名，而且還是文化、文明（Medenyet）的意思！這個詞，在維吾爾文化中是不可或缺的。

自治區政府，可以禁止維吾爾人取名為「Medine、Medenyet」，但無法禁止維吾爾人在日常生活、學習研究時，使用該詞指稱文化、文明（Medenyet）。

自治區禁止維吾爾人使用的名字之名單，官方給出的禁止理由是：這些名字具有極端主義、分離主義思想。這和「老子英雄兒好漢，老子反動兒混蛋」是同一個邏輯！

自治區頒佈這份維吾爾人名禁止使用名單的官員認定，凡是名為「默罕默德」、「賽福鼎」、或「麥迪乃提」的人，他們長大後，就一定會是極端主義、分離主義分子；這如同在說，凡是叫「精衛」、「佛海²」、「秦檜」的人，長大後一定會是漢奸的同一個邏輯。中共自治區的官員，思維如此簡單，邏輯如此混亂、荒謬，令人哭笑不得。

（本文發表於 2017 年 7 月 25 日自由亞洲電台）

2　**周佛海**（1897年5月29日－1948年2月28日）。湖南沅陵人，本名周福海，是近代中國重要政治人物。周曾是中國共產黨早期領導人，中國共產黨發起人之一。周是中共一大代表（首任代理書記），後放棄馬列主義信仰，加入國民黨，成為國民黨官員，抗日時期加入汪精衛南京政府，成為南京國民政府主要領導人之一。

59 ‖ 民族壓迫下的「大義滅親」

葉公語孔子曰：吾黨有直躬者，其父攘羊，而子證之。孔子曰：吾黨之直者，異於是，父為子隱，子為父隱，直在其中矣。——《論語·子路第十三》

新刑事訴訟法第188條規定：「經人民法院通知，證人沒有正當理由不出庭作證的，人民法院可以強制其到庭，但是被告人的配偶、父母、子女除外。」

日本《改正刑法草案》規定：直系血親或者配偶，為了本人的利益犯前兩項（指隱滅證據、藏匿證人罪）之罪的，不處罰；其他親屬，為了本人的利益犯前兩項之罪的，可以免除處罰。

維吾爾老母親講述遠親悲慘故事

上個月，我在一個朋友家中，不期然，遇到了一位來自東突厥斯坦的維吾爾老母親。這位老母親大約70歲左右，過去還是個中學老師，看過很多書，也非常健談。這次，老人家是來美國看

望兒女的。

　　一開始見面，老人似乎有點顧慮人多，不怎麼說話。但我發現，老人似乎有話想說，有點欲言又止的樣子，還時不時地看看我。我就慢慢湊近老人跟前，避開大家，跟她小聲噓寒問暖，聊家常。

　　不一會兒，老人就放開了。開始跟我聊東突厥斯坦、維吾爾人問題，並還向我提了一些建議。老人還一再叮囑我：不管東突厥斯坦的局勢，變得多麼險惡，民族在殖民者鐵蹄下的呻吟，多麼的令人憂心，殖民者的政策，變得多麼殘暴無恥，千萬不要放棄、不要氣餒，一定要堅持到底！只要希望在、理想在，民族就一定有希望！她畢竟是當過老師的老一輩維吾爾知識份子，心懷民族大業，堅持理想，追求自由、民主、平等！

　　談話中，老人在講述東突厥斯坦南部，維吾爾人在中共殖民統治、民族壓迫下，艱難掙扎的生活現狀時，她告訴我一個發生在喀什噶爾葉城縣，她遠親家的一個真實、悲慘的故事。

　　在一個星期天，老人遠親的一個兒子和他的兩個朋友，來到葉城縣的公園玩耍。當三個年輕人正在說笑打鬧時，走來了三、四個協警[1]。一向霸道慣了的協警，大概看這三個說笑打鬧的年輕人不怎麼順眼，於是其中一位咋咋呼呼[2]地對他們喊道：「笑什麼笑？不許大聲笑！」三個年輕人不屑一顧地，看了看協警，

1　**協警**：警察臨時雇用幫忙人員，不是正式警察，但比警察更兇惡，更肆無忌憚。

2　**咋咋呼呼**：故意大聲說話，讓每一個人都聽見。

回敬道：「怎麼啦，笑還不行嘛？連笑你們也管嗎？我願意笑就笑，這是在公園，又不是在你家，管得著嗎？」

逃亡者，官員要其家人勸他投案

協警們覺得自己被冒犯了，立馬就將三個年輕人圍起來，手拿棍棒，喊叫到：「我們就是要管，今天我們管定了！拿出身份證來，先查一下你們的身份證，拿出來！」

三個年輕人開始嘟嘟囔囔，極不情願地掏口袋，拿身份證。但其中一位，翻遍口袋，也沒有找到自己的身份證，看樣子是忘在家裡了。無奈，他對協警說：「我忘在家裡了，是我拿來？還是跟我去家裡查看？」

「沒有身份證，跟我們先去派出所！走！」協警惡狠狠地推、拽那位年輕人。年輕人火了：「拽什麼拽，有話好好說。」

三、四個協警，一下子衝上來，就開始以棍棒，狠狠擊打那個沒有帶身份證的維吾爾年輕人。在混亂中，那個年輕人拿出口袋裡的小刀，刺向衝在最前面的協警。天下大亂了，其他協警馬上拿起步話機[3]要求支援，說是有幾個恐怖分子襲擊員警！

很快，公園被大批軍警包圍，三個年輕人當中一位，當場被開槍打死；一位受傷被抓捕；拿小刀刺協警的那位，趁亂逃跑了！

當地政府官員很快地，將逃亡者的父母兄弟姐妹找來了。父

3　步話機，即對講機。

母被要求，拿著一個大擴音器，帶著家人滿城轉，沿街喊：「兒子，快回來吧。政府將寬大處理你，逃跑沒有好下場，請相信政府。你逃也逃不了，政府已經布下了天羅地網。」等等。

第二天、第三天，父母家人繼續被要求，手拿擴音器，走在縣城街頭小巷，郊區的田間地頭，一路喊著，要兒子回來向政府投降。政府官員告訴逃亡者的父母：「你兒子一天不回來，你家人一天不能過正常日子，什麼時候抓住了你兒子，什麼時候你全家才能過正常日子。」

逃亡歸來的兒子被軍警上門綁走

第三天的深夜，父母和家人剛回到家，正在長吁短嘆[4]。突然聽到有人敲門，膽戰心驚的父母打開門一看，是兒子！

父母抱著兒子痛哭流涕。稍過一會兒，父母讓兒子坐下，母親開始給兒子做飯。兒子告訴父母，他自公園逃亡後，不吃不喝，在一個蔬菜大棚的角落裡，已經躲了三天，現在是又餓又累，被蟲子咬、被蚊子叮，實在是受不了了，所以決定回家弄點吃的，然後再逃跑。

父母給兒子做了他最喜歡的拉條子拌麵，把家裡所有的肉都用上了，然後看著兒子吃完第一碗麵，父親讓母親再給兒子盛上一碗。然後，父親告訴兒子：「兒子，你慢慢吃，我出去找你叔叔借點錢，一會兒就回來，在家安心等我，兒子！」父親出門

4　**長吁短嘆**：長一聲、短一聲不住地嘆氣。形容發愁的神情。

前，又走回桌前，拉起正在吃飯的兒子，深情地看了看兒子，將兒子拉進懷抱，緊緊、緊緊地抱著，然後，父親頭也沒有回，就走出了家門。

　　大約過了二、三十分鐘，一群軍警衝進房子，將正在和母親說話，等待父親回家的兒子，一擁而上，五花大綁、連推帶擠，帶出了家門。在院子裡，在五花大綁中，正艱難掙扎呼吸的兒子，看到了雙眼癡呆、無神，木呆呆站著的父親！

　　兒子那絕望的眼神，似乎在向父親祈求援助，似乎在問，「爲什麼，父親，爲什麼？」父親似乎是爲了迴避兒子那責備的眼神；他痛苦地閉上雙眼，癱倒在地上！

　　　　　　　　　　（本文發表於 2017 年 8 月 9 日維吾爾人權項目部落格）

60 ‖ 維吾爾自治區又開始禁書

中國歷史是虛構和編造的偽歷史

我小時候讀歷史書，看中國歷史，我常為錚錚鐵骨的歷史學家，他們的獻身精神所感動。比如，記錄「崔杼弑其君」的三兄弟，春秋戰國藺相如迫使「秦王擊缶」的歷史典故，司馬遷受宮刑而奮筆疾書《史記》的故事等等。

然而，人過中年後，再回過頭來，反思這些中國歷史典故，反思中國歷史，反思中共編造的「自古嚮往統一」的維吾爾歷史，以及自我懂事、開始讀書以來，自己所經歷的中共統治，這半個世紀來的風風雨雨，我有一種被這些歷史典故愚弄的感覺。

為什麼其他國家、民族，沒有出現因為記錄「弑君」，而三兄弟接連被殺的現象？為什麼其他國家、民族，沒有像藺相如一樣的義士，迫使史家不敢記錄偽歷史？為什麼其他國家、民族，沒有因為受了宮刑而奮筆疾書，記錄歷史的歷史學家？

首先，這說明了一個現象：在中國，記錄真實歷史的史學家，是要承擔相當嚴重的後果，是要冒殺頭危險的！

其次，說明中國歷史，存在虛構和編造的偽歷史；存在一些

在強權威逼下、在蠻橫霸道者的脅迫下，違背歷史眞實而記錄下的假歷史！這種製造僞歷史的強權，不僅存在於春秋戰國、漢唐宋明至清的過去，而且現在還在繼續！

這種僞造歷史，篡改、編造歷史的歪風，也直接影響到維吾爾人及其歷史。

維吾爾人的歷史、維吾爾自治區的歷史，也在中國政府的威逼利誘下，被編造得面目全非。遠的不說，就說自上個世紀至今的近代歷史，已被中共前後不一的塗抹、修改，編造得面目全非，成了一筆糊塗賬。

維吾爾文的文學、歷史書全下架

僞造歷史的結果，維吾爾人堅決不相信中國政府、或帶有中國背景的任何人，所編寫的，有關維吾爾人的歷史。而中共呢，也爲了推行其編造的僞歷史，爲了讓維吾爾人，接受中國版的維吾爾歷史，而費盡心機卻不得其道。最後，中共乾脆就繼續秦始皇的「焚書坑儒」──焚書、禁書，迫害屠殺維吾爾知識份子，特別是研究歷史、書寫歷史的維吾爾知識份子。

最近，維吾爾自治區政府又一次下命令，要求自治區範圍內，各大書店，必須下架全部維吾爾文的文學、歷史書籍！

無疑，這又是一次要大規模修改維吾爾歷史的前兆。這次修改、編造的目標，似乎是「1933年在喀什噶爾成立的東突厥斯坦伊斯蘭共和國」，和「1944年在伊犁成立的東突厥斯坦共和國」的歷史，特別是後者的歷史。

1944年成立的東突厥斯坦共和國，是在當時的蘇聯（也是中共老大哥）援助下成立的，後來又有毛澤東御批的「三區革命是中國革命之一部分」的說法；這些史實，一直讓中共如鯁在喉，吞不下去、吐不出來。

　　實際上，維吾爾文書籍的收繳，幾年前就在自治區的一些地區開始了。但這次的下架是全面性的。下架的書籍，包括賽福鼎‧艾則孜的回憶錄，歷史小說等等。賽福鼎‧艾則孜是維吾爾人認為的民族敗類，他是毛澤東的忠實追隨者，也是唯一曾擔過任自治區主席、區黨委書記、軍區司令員的維吾爾人。

　　我以為，這次收繳、禁書之目的，在於修改、禁止1944年伊犁成立東突厥斯坦共和國歷史的原因，就在於收繳包括賽福鼎‧艾則孜的回憶錄、歷史小說。

　　因為，賽福鼎的三卷本回憶錄，主要就是記錄那一段歷史的。而賽福鼎本人，是毛澤東的忠實追隨者，也應該是習近平崇拜的毛澤東，及其父（習仲勳）一樣的紅色老一輩！如習近平父執輩的賽福鼎，連他寫的書都被禁，只能說明書的內容，讓現在的執政者不舒服，需要修改、潤色！

書越禁，人們越是想讀

　　其實，上世紀至今的維吾爾人歷史，尤其是中共當政以來，這半個世紀，可以說是沒有專業的維吾爾歷史學家出現過。原因，當然是因為處於中國統治下，歷史學家的風險太大，尤其是要當一個維吾爾人的歷史學家，付出太多，多數時候是要搭上生

命[1]的！

　　近代維吾爾歷史，尤其是自1949年共產黨統治以來，出現的幾個大名鼎鼎的歷史學家，都是半路出家的維吾爾歷史學家。大名鼎鼎，並不是因為他們的著作標新立異、有新發現，而轟動世界，而是因為中共的禁書政策，使他們突然進入維吾爾歷史的宏偉篇章，成為維吾爾人的民族英雄，得以青史留名。

　　吐爾貢・阿勒瑪斯（Turghun Almas），早年以詩聞名於維吾爾人。1980年代他寫了《維吾爾人》、《匈奴簡史》、《維吾爾古代文學》等，三本有關維吾爾人歷史的書，而後突然地，他的書被大肆批判，人也被隔離審查。

　　當維吾爾人聽說圖爾貢・阿勒瑪斯的書被禁，包括我本人，立即就開始通過各種管道，打聽哪裡能買到該書。當時的烏魯木齊，因為維吾爾人企圖以各種管道，買到圖爾貢・阿勒瑪斯的三本禁書，一時出現洛陽紙貴的現象。

　　最後，我本人也是費了九牛二虎之力，通過一位當時在石河子任教的美國朋友，找到了一本《維吾爾人》。圖爾貢・阿勒瑪斯的其他兩本書，我也是很久之後才找到的。

　　圖爾貢・阿勒瑪斯的三本書，嚴格地說，是一位業餘的歷史愛好者，在「文化革命」蹲監獄、被隔離審查期間，利用中國史學典籍，和其他國內外史學研究新成果，而撰寫的歷史學術書籍。這些書並非沒有缺陷。

1　**搭上生命**：某件事情的代價太大了，會犧牲自己的生命。

這些書，本來完全可以用學術研討、辯論形式，進行學術爭論、辯駁。但共產黨政府卻選擇「禁書」一途，使作者因此成爲維吾爾人的民族英雄。而且，一些原本沒有打算要讀那三本書的人，突然因此興趣大增！無意中，共產黨不僅替圖爾貢・阿勒瑪斯做了廣告，而且還對維吾爾大眾，普及了維吾爾歷史知識。

書雖下架，但網上還可以找到

中國政府在維吾爾自治區，長期實施審查、禁書政策的結果，使得維吾爾知識份子——主要是維吾爾的歷史學家，不僅寫書時膽戰心驚，而且書出版後，還時時擔心，哪一天因爲內容而闖禍、大禍臨頭！

專業的維吾爾歷史學家，或半路出家的維吾爾歷史學家，爲自身安全起見，乾脆選擇以下三種方式來進行。一是避開近代歷史題目，寫一些不著邊際的著作；二是找漢人史學家合著歷史著作，替他人做嫁衣裳；三是寫歷史小說，拐彎抹角，戲說維吾爾歷史。

但這也帶來了問題。維吾爾民眾把歷史小說，當歷史來學習、普及！這又讓中共政權惴惴不安、心神不寧了！這不，共產黨又開始「焚書坑儒」了，戲說歷史也不行了！但是現代世界，資訊傳播管道之廣泛、速度之快、範圍之廣，禁得了嗎？

賽福鼎的書在自治區下架，但網上還可以找到，中文、維吾爾文都有！印刷版，國內、國外到處都是，很多維吾爾人家裡肯定也都有。中共不可能挨家挨戶搜查查禁，就是挨家挨戶搜查，

也不一定能完全禁得了！

　　穆罕默德‧伊敏的《東突厥斯坦歷史》，自上個世紀三十年代，第一次在喀什米爾出版發行以來，儘管在中國境內從未出版過，但若問一下稍有歷史知識的維吾爾人，哪一個人沒有讀過默罕默德‧伊敏的《東突厥斯坦歷史》？

　　過去篡改歷史，只要「焚書坑儒」，基本上就可以實現統治者的願望。但現在，知識的傳播，不再僅僅依賴印刷技術。書只要寫出來了，出版了，那就註定是要流傳、延續的。政府越是禁止，只會加快那本書的流通，讓更多人感興趣！塞翁失馬、焉知非福。

（本文發表於 2017 年 8 月 31 日自由亞洲電台）

61 中國的邊疆政策——只要土地不要人

是故重新疆者所以保蒙古，保蒙古者所以衛京師。西北臂指相聯，形勢完整，自無隙可乘。若新疆不固，則蒙部不安，非特陝甘、山西各邊時虞侵軼，防不勝防，即直北關山亦將無晏眠之日。——左宗棠《複陳海防塞防及關外剿撫糧運情形折》

文化同化，或肉體消滅「非漢」民族

由以上左宗棠的奏摺，我們可以很清楚地知道，左宗棠征服東突厥斯坦，並不是爲了什麼國家統一，更不是爲了國家領土「尺寸不可讓人」。左宗棠目的很明確，征服東突厥斯坦「以保蒙古，保蒙古者所以衛京師」。顯然，左宗棠要保的是大清政權，要保的是其主子老佛爺慈禧太后的皇權。和今日中共，整日高唱要保衛紅色江山，如出一轍。

我以爲，中國歷代中原政權的本質，是擴張主義的。擴張主義的本質，確定了中國歷代中原政權之邊疆政策，是以「非我族類、其心必異」爲圭臬而設計制定的。因此，中原政權，要嘛是文化同化其征服地區的「非漢」民族，要嘛是肉體消滅其征服

地區的「非漢」民族。

按許倬雲先生的表述：是將「非漢」民族的「他者」變爲「我」，以一勞永逸地去除後患。如果我們瞭解，歷代中國中原政權的這一擴張主義本質，承認擴張主義的本質，那麼，中共在東突厥斯坦、圖伯特、南蒙古，實行的現行政策，也就不難理解了。

近一年來，自東突厥斯坦傳來的，有關正在實施的各類政策的消息，基本上是似曾相識的、令人難於置信，而且，一聽就感到有點心驚肉跳、瞠目結舌的消息。很多人初次聽到，中共正在東突厥斯坦實施的這些五花八門、難以理喻的政策時，都有點不敢相信自己的耳朵。但，消息都是眞的，而且一點都不誇張！

中共在東突厥斯坦實行的這些令人心驚肉跳、瞠目結舌的現行政策，用一句話概括：就是「以漢文化爲中心」之擴張主義爲目的，以同化、肉體消滅其他「非漢」民族爲手段的，種族滅絕的，極端（漢）民族主義政策！

中共在東突厥斯坦正在實施的這些極端主義政策，大致可以歸納爲如下幾點：

一、對維吾爾人信仰的嚴厲限制。

限制中小學學生、大學生、公務員、幹部，進寺禮拜，信仰宗教。限制維吾爾家長，在自己家庭向自己兒女傳授伊斯蘭信仰，並以虛假承諾，誘騙兒女，舉報父母宗教行爲。收繳維吾爾家庭私人收藏的《古蘭經》，及其他伊斯蘭教讀物。收繳維吾爾

家庭禮拜毯等，剝奪維吾爾人在自己家庭實踐自己宗教信仰之任何機會。這不僅是對維吾爾人私人宗教領域的公然侵犯、踐踏，更是對維吾爾人伊斯蘭信仰的釜底抽薪。

二、對維吾爾語言的排斥和限制。

自今（2017）年9月份起開始實施，限制在一切中小學，使用維吾爾語教學，甚至當學生無法理解課堂內容時，也不允許使用維吾爾語解釋、講解。學校範圍內舉辦的任何活動，都不得使用維吾爾語。企事業單位公務員、職工，也都必須講漢語，不得在工作場所使用維吾爾語。

這等於是，把維吾爾語的使用範圍，限制在家庭和朋友聚會場所。而且，如果在這種場合，有漢人在場，也必須講漢語。維吾爾語，被壓縮成家庭用語。而大多數的城市維吾爾家庭，都是雙職工，長期處在強勢漢語環境，難免家庭也會成為漢語為主，如此發展下去，維吾爾語很快將失去其社會、文化、經濟、科技的功能，淪落為瀕危語種。

三、收繳、下架維吾爾語書籍。

收繳、下架包括賽福鼎・艾則孜、吐爾洪・阿力瑪斯、祖爾東・薩比爾、柯宇穆・土爾迪等，維吾爾政治家、作家、詩人書寫的回憶錄、小說、詩歌集等，以及其他各類維吾爾文版宗教、歷史、政治、文學書籍。已出版發行的，要求上繳收回。中共對維吾爾文文學書籍，進行大規模的收繳，毫無疑問，就是對維吾

爾文化的攻擊，就是要消滅維吾爾文化，以漢文化替代維吾爾文化——赤裸裸地要同化維吾爾人。

四、對知名維吾爾知識份子、文學藝術家的抓捕、判刑。

最近幾年來，尤其是自陳全國上任以來，中共政權以打擊「雙面人」[1]爲藉口，以各種名義，指控抓捕、判刑著名的維吾爾知識份子、作家、文學藝術家。

被抓捕、關押的維吾爾作家有：著名記者海來提・尼牙孜，經濟學教授伊力哈木・土赫提，作家努爾買買提・亞森，作家、評論員亞力坤・茹孜，詩人圖尼亞孜，歌唱家阿布杜熱依穆・海提，莫敏江等等。這樣大規模的整肅，比文化大革命時代，有過之而無不及，這明白表示，中共要對維吾爾文化藝術界，再一次進行大清洗、肅反。

五、對維吾爾人穿戴的限制和規定。

中共以去極端化爲名，不僅強迫維吾爾人，不得穿戴特定的帶宗教色彩的服飾，而且還特別以標準化維吾爾服飾爲藉口，有意淡化維吾爾民族服飾的獨特色彩。新服裝，特別是正在學校受教育維吾爾兒童的校服，特意突出漢民族的傳統文化特色，而且，還在很多場合，強迫維吾爾中小學生穿戴漢服！同化的目的

1　**雙面人**：也稱「兩面人」。是指當面一種態度，背後另一種態度。此處是指中國殖民政府，以「雙面人」（當面似乎忠於中國政府，實際更忠於自己維吾爾民族）之名，打壓維吾爾官員和知識菁英。

極其明確、赤裸裸，一點都不掩飾。

六、對維吾爾人社區重新安排。

以「加強民族團結」為名，強迫民（民族，即維吾爾族）漢混住。不僅使維吾爾人，一天二十四小時，處於其漢人鄰居的監視當中；將來如再有類似2009年的7.5事件的爆發，也會使維吾爾人，成為漢人鄰居砧板上的肉，任其宰割。這明白表示，中共要維吾爾人在自己家園、在自己的社區，失去可信任的鄰里，成為無依無靠的極端弱勢者。這是中共對維吾爾人，明目張膽地顛覆其社會連結。

七、以金錢、政策，優惠「拉郎配[2]」，製造人為民族通婚。

對維漢民族通婚，以大額金錢獎勵，房屋、工作優先安排的優惠政策，是民族同化政策的另類赤膊上陣。最近這一段時間，東突厥斯坦的報章雜誌，對這類維漢通婚的報導，幾乎是鋪天蓋地。中共政權希望重賞之下有勇夫出現，儘快幫其解決民族問題。這近乎是以拉郎配的形式，公然誘惑失去信仰、拜金維吾爾男女成為中共所謂「第二代民族政策」之「民族融合」的實驗品。

2　**拉郎配**：硬把兩人拉在一起配對、結婚。此處指將兩個不同文化、信仰的人硬拉在一起結為親戚，而不尊重個人意願。

八、以轉移剩餘勞動力爲名，遷移維吾爾人口。

以所謂轉移剩餘勞動力爲名，強迫維吾爾青年男女，到中國沿海大中城市打工。使用陰謀詭計、金錢誘惑，使他們留在打工之地，而且，通過每週週末舉辦各類聯歡會、舞會等形式，鼓勵他們和當地漢人、工廠漢人員工交朋友、談戀愛，直至通婚。這大概是中共想復活中國古老的華夷通婚外交政策，通過嫁娶控制，消滅其他民族，實質上這是一種殺人不見血的種族滅絕政策。

九、對維吾爾農民世世代代耕耘種植土地的掠奪。

以開發、再分配等名義，剝奪維吾爾農民的土地，將其轉給漢人開發商、或者新來的漢人政治移民。同時，給予新來漢人政治移民，各種政策優惠，包括免費送房屋、耕種土地、安排子女上學等，使新來漢人政治移民，昧著良心，成爲中共政權掠奪、邊緣化維吾爾農民的幫兇。

當然，最終目的，是要讓維吾爾農民，在自己家園成爲無家可歸者，成爲不得不依附於政府的窮苦貧民，使他們無暇他顧。中共政權以這種方式，使作爲維吾爾文化身份之基石的維吾爾農民，失去任何抵抗力，以便對維吾爾文化與傳統釜底抽薪。

十、以極端主義、分離主義、恐怖主義之名，濫殺無辜。

對不服從、表達不滿、反抗的維吾爾人，無論男女老少，無

論是以何種形式表達反抗，一律抓捕、屠殺。輕則重刑，重則當場以恐怖分子之名，槍殺完事，或者強迫失蹤，或者成為官僚和有錢人的器官備胎。這是對維吾爾人肉體消滅的現在進行式。同時，共產黨通過這種濫殺無辜，企圖威懾其他的維吾爾人，殺雞儆猴。中共告訴維吾爾人：出路只有一條，或者接受同化、奴役，做「中華民族」之順民，或者反抗、表達不滿，則被抓捕、槍殺。

勇敢者，以極端方式挑戰權威

以上，是習近平時代，所謂中共民族政策的一些極端表現，這些政策和納粹德國對猶太人的政策，本質上沒有什麼區別。在極端方面，卻遠超納粹德國，和中東的伊斯蘭國有得一比。

以上中共種種極端民族主義政策，只能證明，中共還是在繼續中國古老的邊疆政策——無限擴張，且只要土地，不要人！

既然中共赤裸裸地跳出來，要實施「只要土地，不要人」的極端民族主義同化、擴張主義政策，那麼其他在中國的「非漢」民族，還有別的出路可選嗎？

如果中國及其領導人，這種以同化、肉體消滅其征服地區其他民族，實施漢文化擴張主義的觀點、思維方式不改變，其他民族除獨立之外，根本沒有任何選項！

上述的極端主義政策，只會使任何一個熱愛自己民族的人，深感憤怒；並且將迫使其中一部分人，走向極端，以雞蛋碰石頭的悲壯，去挑戰中共的極端主義統治。

任何一個民族，當其受到民族壓迫、面臨危機時，可能，大多數會選擇沉默、選擇適應壓迫逆來順受、苟且偷生。但總會有一部分勇敢者站出來，挑戰權威。這部分的人，儘管數量可能不會太多，可能僅占一個民族總人口的10%～20%。但如果如維吾爾人一樣，總人口為一千多萬的民族，其10%的數目，就不再是一個小數目！

高壓政策，短時間可能有效，但時間一長，總會有疏忽的時候。不是有個說法嗎？「老虎也有打盹的時候。」；那就是勇敢者，以極端方式，挑戰權威的時機。

獨立，是維吾爾人唯一的出路

中共的宣傳機器，不停地說：民族分裂分子「十年一小鬧」、「三十年一大鬧」，似乎維吾爾人沒有事幹，要等十年、三十年憋悶了，要鬧騰、鬧騰[3]。根本就不是這回事。十年一鬧，是因為極端高壓，而不得不短時間忍氣吞聲、醞釀。三十年一大鬧，是人們都清醒了，認識到非獨立，民族就無法生存。人命關天，不是鬧著玩的。中國居然還有人相信這類荒唐、荒謬的共產黨宣傳，奇哉怪哉。

好在，中共極端主義政策，使越來越多的維吾爾人認識到，維吾爾人在中國統治下，根本沒有出路，也沒有其他選擇。所以，維吾爾人無論付出什麼代價，必須獨立，重建自己自由、平

3　**鬧騰**：擾攘不安。

等的東突厥斯坦共和國，自己的命運自己做主！現在，做好準
備，等待機會，伺機而動；一旦機會來臨，毫不動搖地走向獨立
自由之路！

　　能不能獨立呢？我相信，只要希望在，理想在，有準備，掌
握機會，就一定能獲得獨立，重建獨立、自由、平等、民主的東
突厥斯坦。半個世紀前，誰想到過蘇聯會崩潰，那些加盟共和國
會獨立呢？誰又想到過東帝汶會獨立呢？誰又想到過科索沃會獨
立？

　　可能，更沒有人想到過，伊拉克的庫爾德人，可能會有一個
獨立的國家；西班牙的加泰羅吉亞人，可能會獨立建國，今天，
這些想不到得事，都在一一實現。

　　誰又能保證，中華帝國不會重蹈蘇聯崩潰的歷史？在東方地
平線上，出現幾個平等、自由、民主、友好的新型國家呢？！

　　　　　　　（本文發表於 2017 年 10 月 6 日維吾爾之聲）

62 ‖ 驅趕「低端人口」始自烏魯木齊

烏魯木齊比北京更早經歷

　　自2017年11月19日北京大興區公寓大火以來，北京當局以查處安全隱患爲藉口，開始大規模的「城市清理運動」，驅趕所謂的「低端人口」。

　　立即，這一「城市清理運動」，遭到了中國公知[1]、民眾，以及海外新老民運等人一致的強烈譴責。也有人將中共北京當局此次的「城市清理運動」，和納粹德國二戰前，驅趕猶太人的「水晶之夜[2]」相提並論。還有人搬出了中共在六十年代，文化革命前期，以清理階級敵人之名，將近十萬人驅趕出北京的歷史老賬。

　　甚至，一些西方的大媒體也不甘落後，發表了幾篇大塊兒

1　**公知**：爲大眾發聲的公共知識分子。
2　**水晶之夜**：是指1938年11月9日至10日凌晨，納粹黨徒到處襲擊猶太人及其店舖，也象徵納粹反猶太主義，開始進入有組織地迫害猶太人的階段。此處指中國政府有組織地，公然驅趕下層弱勢民眾及非漢族群的暴行。

頭的文章，譴責中共當局，如當年的希特勒納粹德國，卸磨殺驢[3]，將靠血汗掙錢的平民百姓，當「低端人口」驅趕出北京！

習近平上台以來，中共強勢鎮壓異議人士、人權律師、自媒體[4]大腕[5]，中國公知因而逐漸消沉，一直沉默不語。但這次，他們似乎也有了點勇氣，他們也勇敢地發起連署簽名運動，呼籲北京當局，停止驅趕弱勢的「低端人口」！

但是，無論是中國的公知，還是海外新老民運，大家都沒有把北京當局，此次的驅趕「低端人口」暴行，與幾年前中共當局在烏魯木齊，大規模驅趕維吾爾人的事件相聯繫！不知道是大家健忘？還是其他什麼原因？

2009年的7月5日，烏魯木齊歷史上，最為血腥的民族衝突爆發。民族衝突發生後，中共維吾爾自治區當局，不是坐下來深刻反思，民族衝突發生背後的深層社會問題，而是很快地，以抓捕恐怖分子為名，出動大批軍警，開始大規模的抓捕維吾爾人

3　磨完東西後，把拉磨的驢卸下來殺掉。比喻把曾經為自己出過力的人一腳踢開。

4　**自媒體**：（英語：self-media 或英語：we media），為網際網路術語，是指普羅大眾化的傳播者藉由網路手段，向不特定的大多數人或者特定的單個人傳遞規範性及非規範性資訊的新媒體的總稱。意指在網路技術，特別是 Web 2.0的環境下，由於部落格、共享協作平台與社群網路（如：Facebook、Instagram、YouTube等）的興起，使每個人都具有媒體、傳媒的功能。

5　**大腕**：自媒體網絡上，擁有大批粉絲，可以左右引導輿論的一些自媒體大人物，台灣稱為網紅或KOL。

暴行。

當時的烏魯木齊，天上是低空盤旋的武裝直升飛機，街頭巷尾、清眞寺門口、維吾爾社區周圍，是虎視眈眈的坦克、機槍，街上到處都是持槍巡邏的軍警。

年輕兒子與慈母都失蹤了

大概是從7月9日開始，連續幾天，烏魯木齊軍警，在當地員警引導下，分片分組，包圍了烏魯木齊的幾個維吾爾「低端人口」社區，粗暴地闖入維吾爾人家庭，挨家挨戶搜查，不分青紅皂白，大批抓捕維吾爾年輕人。

這次抓捕中失蹤的維吾爾人，就有勇敢的維吾爾母親——帕提古麗・古拉姆（Patigul Ghulam）的兒子，維吾爾小夥子——伊瑪目・麥麥提艾力（Imam Memetili，約25歲）。

帕提古麗・古拉姆，這位偉大的母親，自2009年7月14日兒子被軍警從家裡抓走之日起，她便走上一條尋找兒子下落的艱險不歸之路。至今，帕提古麗的兒子活不見人、死不見屍。

帕提古麗・古拉姆，也因為急於找到兒子下落，而不停地到自治區各級政府、派出所、公安局上訪，而被當局當作不穩定因素，被監視、軟禁。再後來，帕提古麗在絕望中，接受自由亞洲電台的採訪，因而遭到中共以洩露國家機密罪，將帕提古麗秘密審判。

現在，誰也不知道帕提古麗・古拉姆的下落。就這樣，年輕的兒子和慈祥的母親，都先後在眾目睽睽之下，在進入中共公

檢法[6]的魔爪之後，都失蹤了。一個維吾爾家庭，在光天化日之下，遭遇家破人亡的慘劇。

2010年開始，自治區當局首先在烏魯木齊，開始一場以危房改造為名的，驅趕維吾爾「低端人口」的運動！很快地，烏魯木齊的黑甲山、賽馬場、大灣等幾個維吾爾社區，來自自治區南部重鎮的喀什噶爾、和田、阿克蘇等地的維吾爾城市打工者、做小生意者、開飯館的等，外地的維吾爾人，全部被掃地出門，趕回家去！

很快地，這場驅趕「低端、危險的維吾爾人」的運動，蔓延了全自治區；喀什噶爾、和田、阿克蘇、庫爾勒等地區的大城市，也都不甘落後，開始了清理「低端、危險的維吾爾人」的運動。

沉默者也嘗被迫害的經歷

可憐的維吾爾農民工、小生意者，他們連抱怨的權利也都沒有。作為其同胞的維吾爾知識份子、公務員，更是個個處於「泥菩薩過河、自身難保」的境地，哪敢吭聲啊！

當時國內，除了伊力哈木教授，在北京利用其「維吾爾線上」，發表了幾篇文章、向海外呼籲了幾次之外，中國境內，幾乎沒有人，對此驅趕維吾爾人的中共暴行，皺一下眉、表達一下憤怒！

6　中共公檢法，即中國的公安、檢察院，與法院。

儘管這場發生在維吾爾自治區境內的、大批驅趕維吾爾「低端人口」運動的規模極大，並不比北京小，而且這次的驅趕暴行，只針對維吾爾人，和二戰前納粹德國，「水晶之夜」驅趕猶太人，相提並論，並無不當。然而，除了海外維吾爾組織之外，幾乎沒有任何其他正義人士的聲音。中國公知，全體一致，視而不見。海外民運，也幾乎是萬馬齊喑[7]。英美媒體，也只是寥寥幾筆，一帶而過！

　　但不幸，中共當局重複驅趕「低端人口」的暴行，應驗了維吾爾人一句諺語：「降臨到壯牛身上的厄運，早晚也會降臨到小牛身上。」厄運降臨到維吾爾人頭上的時候，因為事不關己，大家沉默，甚至還有人落井下石、助紂為虐。但是，今天，厄運也降臨到了當年那些保持沉默、看熱鬧者的身上、也可能降臨到了一些落井下石者身上。

　　中國也有句話：「三十年河東、三十年河西」，如被壓迫者不團結一致反抗暴政，暴政將分而治之，隨意迫害任何其認為是「低端人口」的社區、族裔！靠辛勞血汗掙錢養家的「低端人口」，將永遠處於被暴政驅趕的命運！唯有團結反抗，才是出路。

　　　　　　　　（本文發表於 2017 年 12 月 26 日自由亞洲電台）

7　喑：啞。所有的馬都沉寂無聲。形容人民不敢講話。

63 ‖ 帶著枷鎖的演出

集中營關押百萬維吾爾人

自2016年，維吾爾自治區大規模興建集中營，抓捕關押超過一百多萬維吾爾人的問題浮出水面以來，中國政府一開始一概否認、抵賴，拒絕承認集中營的存在。

聯合國、美國的「自由亞洲電台」、關注維吾爾問題的專家學者，與西方媒體，史無前例地關注、報導集中營的現象與問題。世界各地的維吾爾人，因而紛紛走上各種社交媒體，講述父母親人失蹤的悲慘遭遇。集中營倖存者自我作證，他們被抓捕關押的情形。事實鐵證如山。

去年（2018年）8月份開始，中國政府被迫進入蠻橫狡辯、胡攪蠻纏的階段。在這一階段，中共地方官員和中央官員出現口徑不一的現象。地方官員粉飾、狡辯，中央官員否認、抵賴。

新年（2019年）初始至今，大概是因內外交困、四面楚歌，中國當局撐不住國際社會的壓力，集中營問題又出現新的動向。中共突然變臉，承認集中營的存在，但以強勢宣傳手段，開始對外粉飾、美化集中營的表演。

中共先是頻繁地邀請一些特別選定的，「重賞之下，會替中共極權政府唱讚歌」的中外記者、駐中國外交官，前往維吾爾自治區，參觀、採訪一些所謂的「職業培訓中心」。中共企圖通過這些無視職業道德、和做人基本標準，自願進入角色之記者和外交官之口，實現粉飾、美化特定幾個「模範集中營」，使「職業培訓中心」狡辯站穩腳跟之目的。

當然，從中央電視台對這些參觀、訪問的報導來看，作為主角的「職業培訓中心」的維吾爾學員們，非常不辜負當地幹部和共產黨政府的希望。他們滿臉堆著「幸福」的笑容、爭先恐後地，告訴前來參觀的中外記者、外交官：他們因為犯了罪，所以在公安人員的親切關懷與感召下，自覺自願地來到「職業培訓中心」學習。而且，這些男女學員還特別強調指出：為了不影響學習、改造，他們聯手機也都沒有帶進集中營。

中國政府大轉變邀人看戲

非常有趣的是，在電視新聞片段中，當有好事的記者，多嘴地問一位學員：「你犯了什麼罪？」時，維吾爾女學員有點不知所措、有點慌亂，似乎問題超出了指導教師預定覆蓋的答案。但機靈的維吾爾小女孩，還是很快地找到了恰當的、不至於給自己找麻煩的答案。

維吾爾女學員回答說，是因為聽了別人的講經（講解《古蘭經》），所以腦子裡就產生極端思想。但她很幸運，在公安的感召下，找到這些不要錢、免費學習的「職業培訓中心」。

似乎，好事的記者得到了答案，也可能是記者不想再爲難學員，他停止了追問。但作爲一個有尊嚴和有思考能力的現代人，我們馬上應該在心裡，產生其他至關重要的疑問：員警怎麼知道該學員腦子裡產生極端思想的？再者，難道聽講經，就必然會產生極端思想嗎？

　　當然，考慮到集中營的現實境況，也爲了不爲難那些年青維吾爾「演員」，大概沒有人打算再追問下去，就權當是女學員自覺自願，找員警自我坦白的。

　　更令人驚訝的是，緊接著這部分記者、外交官的參觀、訪問之後，中國政府——過去一向以傲慢、蠻橫的態度，拒絕聯合國及其他西方國家政要，參觀集中營要求的中國政府，卻出人預料地，讓其狐假虎威的外交部發言人，大膽邀請聯合國官員，前往維吾爾自治區參觀、訪問「職業培訓中心」。但末了，外交部發言人還是不忘強調，必須遵守中國法律，且必須聽從中國政府的安排。

　　這一切來得太突然，讓人有點眼花繚亂。使人不得不問：這齣突然上演的，有關「世界上最幸福維吾爾穆斯林」的表演劇，到底意味著什麼？

導演要求須按照劇本演戲

　　首先，這說明，有關「世界上最幸福維吾爾穆斯林」的表演劇，劇本已經編寫完成，上演景點的各項佈置妥當，各路演員也已經選好，演員的台詞也已經背熟。邀請部分特選中外記者、外

交官參觀、訪問，則是彩排。

　　其次，外交部發言人的慷慨陳詞、盛情邀請聯合國官員參觀、訪問，正說明：導演認可了彩排演出的成功，表演劇現在可以正式上演。

　　當然，作為導演，中國政府也明白，表演與現實之間，存在天堂地獄之差別，所以還是不敢掉以輕心，因而特別叮囑，要求外交部發言人，在發佈這齣戲的演出廣告時，必須強調要遵守中國法律，聽從中國政府安排。弦外之音，一切要以導演安排為準！

　　實際上，中國政府這是在明確地告訴聯合國官員，就算你是聯合國官員，也必須要按中國編寫的劇本表演，不得自行發揮，更不能隨心所欲。這也包括，不許向學員提問沒有標準答案的任何問題，以免傷害那些滿臉堆笑、爭先恐後回答問題的維吾爾男女學員的「幸福感」，以免「打擊」那些自願前來「職業培訓中心」，「學習淨化」思想的維吾爾青年「積極性」！也為了避免「褻瀆」中國員警的親切感召力。

　　撇開不管視頻上那些年輕的維吾爾男女，他們的滿臉堆笑和爭先恐後，也不論他們是否被「自願培訓」，有幸福的感覺，我就權當他們是在做「中國夢」，進入角色；權當他們就如其陳述的，是因為聽了講經，腦子裡蹦出極端思想，因而，必須到警察局自我坦白，在中國員警親切之感召下，「自願」進入到「幸福的」培訓中心去「學習」。

真正菁英，被迫關押在營

　　但是，如何解釋那些被失蹤、被抓捕、被關押於集中營的，維吾爾自治區各大學的維吾爾校長、教授，自治區教育廳的維吾爾廳長，自治區民族語言委員會的維吾爾主任、副主任和科員，各類民族語出版社的領導、編輯，自治區社科院的維吾爾領導、研究人員，中亞歷史研究所的維吾爾領導研究人員，電腦科技等學術研究機構的維吾爾專家、學者，以及那些著名的維吾爾詩

這些是維吾爾族優秀的知識精英，他們被無辜地關進了中國監獄長達5年之久（目前下落不明）。 中國政府正在在東突厥斯坦對維吾爾等民族進行種族滅絕！照片合成者 / Bahram Sintash。

人、作家、小品演員、歌唱家、民間歌手、足球運動員和拳擊運動員等？

難道他們也都是因聽了講經，而腦子裡蹦出極端思想，自願到警察局坦白，並在感召力極強的員警的親切感懷下，自願被失蹤、自願進入監獄、自願到「職業培訓中心」，要求免費的職業培訓，尋找維吾爾人的「幸福感」嗎？

稍有頭腦，理智正常的人都明白：教育廳長、大學校長、教授、學者、文學、藝術人士、體壇名將等，肯定不是一聽講經，腦子裡就會蹦出極端思想的幼稚青年、凡夫俗子，他們是維吾爾民族沐浴現代文明的菁英，是繼往開來的維吾爾文化、傳統之傳承者。

他們更不會沒事幹、傻乎乎的「自覺自願」，到警察局坦白自己腦子裡的思想，又在員警親切感召下自願跑到監獄、「職業培訓中心」學習技能、淨化思想。因為他們每天思考的，不僅是如何將千年的維吾爾文明，積澱傳承延續；更多思考的，是如何將維吾爾古老文明，與現代文明銜接，如何使維吾爾人，躋身於世界文明各民族之行列。

民族團結模範不敵文化清洗

他們是一群維吾爾知識菁英，不僅在國內外著名的高等學府，受過最現代化的教育，擁有博士、碩士學位，而且還是一群有思想、有理想的維吾爾領路人！

其中大多數，不僅能夠用維吾爾語、中文進行流利的會話、

學術交流，而且還至少掌握一門其他的國際語言，如英、法、德、日、俄語等。而且，直到被「自願」強制失蹤、「自願」進入監獄、「自願」進入「職業培訓中心」學習前，都還是享受維吾爾自治區政府津貼的專家、學者，有的還是先進、模範！

甚至，按照中共組織部的幹部提拔制度，如教育廳廳長、林業廳廳長，自治區幾大名校校長、社科院領導，和自治區語委幹部等，還都是廳局級的幹部，百分之百都是中國共產黨的黨員，有的人還連續幾年被評為「民族團結模範」。怎麼突然一轉臉的功夫，中共培養的這些知識型高級民族幹部，要嘛都變成了「兩面人」、要嘛都需要「職業培訓」了呢？

我百思不得其解！但痛定思痛，翻一翻中國史書，尤其是自中共執政以來，血跡斑斑的近代歷史，答案其實也並不難找。中原王朝傳統的以「非我族類，其心必異」、「以夷制夷」、「遠交近攻」、「分而治之」等的血腥擴張，及近現代以「五族共和」、「中華民族」之名，行「鎮壓地方民族主義」、「肅反、鎮壓反革命」、「文化大革命」等的殖民統治，那一個不是以血腥屠殺、肉體消滅異己民族，或以清洗異己民族文化，實現強制同化為目的的血腥擴張？

顛倒黑白，指鹿為馬的表演

對這種血腥強制同化擴張的粉飾、美化，顛倒黑白，指鹿為馬的表演，在各中原王朝的歷史記載，真可謂是比比皆是；按中國人的說法：「古已有之」！明明是中原帝王被迫嫁女，卻美化

爲「昭君遠嫁塞外」、「解憂公主和親」等。明明是從異邦來做生意的，記載竟成爲「萬國來朝」、「朝貢」等。明明國家是被異族征服，卻恬不知恥地美化爲「統一」，不一而足。

明明是大兵壓境的侵佔，而美化爲幫助少數民族建設社會主義。明明是城下之盟，而美化爲和平解放農奴。明明是惡政造成的餓殍遍野，卻粉飾爲自然災害。明明是內戰，卻美化爲「文化大革命」。那一個不是表演？那一個不是在導演的策劃下的演出？

如今這歷史上屢見不鮮的表演，又再一次降臨處於生存危機的維吾爾人頭上。不用說，是更多災難即將來臨的先兆，我欲哭無淚！只盼世界能夠清醒，人類能夠清醒，能夠識破這種拙劣的、重複的殘酷表演，拯救維吾爾人於危難中，拯救人類文明於混沌中。

（本文發表於 2019 年 1 月 30 日阿波羅評論網及博訊新聞網）

64 劫後餘生
一位維吾爾人女士的陳述

哈薩克姐妹來訊想談恐懼經驗

兩個月前，我的推特[1]多了一個朋友。看她的名字，是個哈薩克姐妹。很快這位朋友給我發了訊息。然後通過訊息，我們交流、認識了。我得知她目前人在土耳其。

然後我們彼此就是偶爾的訊息往來。在往來中，她有意無意地提到，她2018年五、六月份回了一趟烏魯木齊的事，但她只是一帶而過，沒有詳細內容。我有種感覺，她有很多話想說，卻沒有說出來，或說不出來。

我為了得到更多、更新鮮的有關東突厥斯坦的消息，於是冒昧地給她我的電話號碼，我告訴她，她如不介意，我們可以通過電話進行交流，那樣方便，也快捷。很快，她在WhatsApp[2]上加了我。我再沒有催她，想給她點時間。

過了一兩天之後的一個下午，她發訊息問我，能否打電話給

1　推特，即社交媒體 twitter。

2　WhatsApp，一種可以傳送文字、圖片，並可使用語音通話的通訊軟體。

我，我立馬回復可以。

電話鈴響了，我拿起電話，聽到的第一句話是：「中國能否知道我給你打電話？」這問題太突然，我稍微猶豫了一下，告訴她應該沒有問題。

電話沉默了一陣後，那邊傳來這位女士特有的低沉，稍帶沙啞的聲音：「我想哭，其實，我每天都在哭，我一直都生活在恐懼中。我回烏魯木齊的經歷，我不敢回憶，不敢想；但它也揮之不去，像個陰影籠罩著我。」我鼓勵她道：「我可以理解，你大概是經歷一段可怕的遭遇吧。沒事，我聽著，你說出來，可能，說出來會好一點。」

又是一陣沉默。然後她緩慢的，以略帶沙啞的聲音，開始陳述她的經歷。「你知道嗎？我父親是個很有名氣的維吾爾詩人、作家，在東突厥斯坦文學界也很有名氣。我自小上的是漢語學校，和你一樣，是個民考漢。我早早就下海做生意了，很早就離家，闖蕩中國各地、中亞各國，及土耳其等。我在各國都有朋友，也有很多土耳其、哈薩克、柯爾克孜、烏茲別克、漢等朋友。因走南闖北做生意，還認識了很多中國各界的漢人官商大老。我一直以為，自己出身名門，又有一口流利的漢語，認識各國官商大老，官場能力無限，應該能應付一切。」

機場海關見維吾爾姊妹遭羞辱

她深深的吸了一口氣，繼續道：「直到上一次，大概也是我最後一次回烏魯木齊之後，這一切都改變了。可以說，我被徹底

擊垮了。我沒有想到，他們居然也那麼對待我，我的那些官商朋友也無力回天，根本就幫不上忙。他們怎麼能這樣對我們呢？爲什麼？」然後是啜泣聲。我不知道該怎麼辦，只好蒼白無力地安慰說：「別難過，別哭，慢慢說，說出來就好了。」

「我還是從上上次回烏魯木齊說起吧。2017年的年底，我因爲公司事務回烏魯木齊，一到機場就發現一切都不一樣。你大概想不到，我很早就把我的民族改成了哈薩克，我拿的也是哈薩克護照。你知道嗎？當時，我只是圖方便，把民族改了，拿了哈薩克護照。但我一點也沒有想到，哈薩克護照救了我。在海關，我被帶到了一間房子裡，那裡早已聚集了好幾十位維吾爾男女老少，一會兒來了幾個員警，把那些男的，都非常粗暴的推走了。」

「房間裡，只剩下我和7、8位維吾爾女士。一會兒，又來了幾個男女員警，更爲粗暴，不由分說的要那幾位女士脫衣服，要脫光，他們要檢查。我看到那些維吾爾女士，都非常順從地脫下了衣服，只剩內褲和胸罩，她們不知是因爲羞辱，還是因爲冷？看得出來身體在瑟瑟發抖，但都毫無表情，默默地低著頭站著。你知道嗎？那一場景讓我如夢初醒，永遠難忘。我第一次感覺到，自己的尊嚴被侮辱了，我覺得我也已經被脫光，我也赤身裸體站在她們中間。其實，當時，我眞的希望，自己也和那些被脫光的維吾爾女士在一起，那可能會稍微減輕點我的羞辱感。」

縱使是熟識的員警也要審訊我

「突然，一位員警喊著我的名字說道：『你，你過來。』我

也開始身體發抖，慢慢地、幾乎是拖著腳步，極其艱難地走到他的前面。他指著外面說道：『你出去，派出所員警來接你了。』我沒有敢回頭看那些站著的維吾爾女士，低著頭走出了房間。」

「外面站著的是我認識的，我家社區派出所的一個哈薩克員警。我似乎看到了親人，想要衝到他懷裡大哭一場。他似乎感覺到了，像是躲瘟疫一樣，一臉很嚴肅、狠狠地對我說：『走，我帶你去派出所談話。』然後，看也沒有看我，就押著我走出了機場。」

「上到派出所警車裡，哈薩克員警對我說：『你怎麼不提前打個電話告訴我你要來，現在一切都不一樣了，幸虧我來的快，要不，還真不知道會有什麼事發生。這樣，我現在帶你去派出所登記，過一下程式，但你不能回家住，你必須住在自治區制定外國人住的賓館。你也不能開你自己的車，也不能使用你過去在這裡登記的手機，也不要給這裡的親人打電話。千萬記住我告訴你的這些話，不要給自己找麻煩，也別給你的親人找麻煩；一旦你被國安、國保，或連我們都搞不清的其他人抓進去了，如果我們及時得不到消息，不能及時找到你的話，後果就很嚴重。』」

「我腦海裡，還是那幾個維吾爾女士赤裸的身體，和她們無奈的順從、沉默，及其給我帶來的羞辱、委屈，我只是不停地機械地點頭。」

「派出所裡的談話，實際上也並不如我所期盼的那麼輕鬆。儘管是認識的員警，似乎也帶著朋友的關懷，但明顯的，那並不是談話，是審訊；大概員警也要自保吧。」

漢人商業夥伴同行完全免受檢

「自機場那一幕起，我已經沒有過去每次回家時的興奮和回到家的感覺。枯燥而又沉重的審訊，在不停的重複中，持續了將近四個多小時。走出派出所，我早已經是又餓又累、心情沉重。感覺自己來錯了地方，似乎來到了一個不認識的地方，一個恐怖的黑森林，不知道吃人的野獸，會從哪個角落衝出來吞噬我。」

「更認不出這曾經是自己的家園，是父母養育我的故鄉。這裡已經變得既陌生又冷酷，充滿了羞辱與荒謬、無恥。我好不容易擋了個計程車，找到了指定外國人住的賓館。但這裡，又是一場不亞於派出所的審問，又是近一個多小時的前廳工作人員問話。」

「拿到鑰匙，開房門，屁股還未坐熱，紛亂的思緒還未收攏來，又有人敲門了。打開門又是員警，是附近派出所的。又是一個多小時，同樣一些問題的重複審訊、登記。」

「員警走了之後，儘管肚子很餓，但也不想出去，害怕、恐懼籠罩著。我也沒有敢給任何親戚打電話聯繫，包括和我最親的姐姐；我只給幾個漢人朋友打了電話，告訴他們我到了。他們告訴我，第二天在賓館等他們來接。」

「第二天一大早，一位漢人女士，我的商業合作夥伴，也算是我的朋友，她來接我。但一路上，只要有檢查站，我們倆總是被分開。漢人朋友可以不檢查、或裝模做樣地檢查一下她。輪到我，就是特別待遇，搜身、問話等等。每次檢查完，備受羞辱的

我，當萬般無奈的看那位漢人朋友時，她也只是略微尷尬的笑一笑。」

家裡有禁書而被抓走的人不少

「當天，搞完了公司業務的洽談後，我請求我的漢人朋友，開車把我送到姐姐家。這之前，我借用漢人朋友的手機，給姐姐打了個電話，告訴她，我已經到了烏魯木齊，下午完事後，去她家看她和其他親人。但第一次，我聽到電話那頭的姐姐，說話有點吞吞吐吐、欲言又止。我告訴她晚上見面再說，然後就掛斷了電話。」

「下午，我來到了姐姐家。家裡只有姐姐、姐夫和她們的兩個孩子，其他親戚一個都沒有來。我有點奇怪，還未等我發問，姐姐示意我跟她走到廚房。只見姐姐打開水龍頭，讓水嘩嘩地流著，然後，貼近我耳朵，小聲說道：『妹妹，我沒有通知其他親戚來看你，這裡形勢不好，你最好儘快離開，再不要回來了。這裡一切都變了，沒有人是安全的，我們也都非常的害怕。妹妹，國外有親人的是重點，儘管他們可能不知道你是我親妹妹，但難說不會有人打小報告，我怕我們會被抓進去，請你原諒我。還有，爸爸留下的那些維吾爾語的書籍，你能帶走的，就帶走；帶不走的，你看能否乘人不注意，幫我扔到街頭公共垃圾箱裡？』」

「我姐姐從小就膽小，謹小慎微，但我覺得她也有點太膽小了。那都是父親一生收藏的書本啊！父親曾一再叮囑我們，什麼

都可以扔，但書本不能扔。那是知識，是歷史，是傳統，是維吾爾民族的過去和未來。大概是看到我有點生氣吧，姐姐小聲說道：『你不知道，妹妹，現在是一天一個政策，不知道哪一天哪一本維吾爾語的書會被定為禁書。家裡有禁書而被抓走的人不少呢，我們都害怕呀，妹妹，害怕，你知道嗎？請你理解我。』」

好吧，我來幫你處理爸爸的書

「我不知道該說什麼，看著可憐的姐姐，那恐懼、祈求的雙眼，我只好點點頭說：『好吧，我幫你處理爸爸的書。』」

「姐姐似乎還有話沒有說出來，欲言又止。我說：『姐姐，你有話就直說，別猶猶豫豫的，我們是親姐妹，什麼話不能直說呢。』姐姐稍微猶豫了一下，對我說：『妹妹，晚上吃完飯，你還是回到賓館住吧，家裡有點吵，可能會影響你休息。』我突然領悟到了姐姐的意思，她是害怕我住到她家；我的心又一次被深深地刺痛了，再害怕，我也是她妹妹呀，姐姐怎麼能這樣呢？但我還是極力裝作沒事，盡可能以坦然的口氣說：『沒事，姐姐，我正好晚上和生意夥伴有活動，也正想著，怎麼告訴你早點離開呢，我一會兒就走。』」

「大家都陷入了一種無聲的尷尬。我們都不知道該說什麼，還能說什麼。姐姐幾乎是在沉默中開始做抓飯，我和姐夫勉強東拉西扯了一些無關痛癢的話，然後就沒話說了。姐姐的兩個孩子似乎也突然長大成熟了，也都變得非常的沉默寡言，和我只是簡單問候一陣之後，就說要寫作業，各自進到了自己的房間。」

「我開始默默地走到書架前，查看爸爸留下的書。看著那些散發著重重油墨味兒的書，每一本都重要，但我無法全部帶走，必須選擇。我再三挑選，選了十來本自認重要的、有著父親簽名的書，我把書小心翼翼地，裝到姐夫遞過來的一個小包裡。這時，姐姐喊：『吃飯了。』大家就圍坐在一起，幾乎是默默地吃完了飯。」

妹妹，別回來，千萬別再回來

「飯後，我打破沉默對姐姐說：『姐，我該走了，得回賓館，我的合作夥伴肯定等急了。』姐姐、姐夫深深地嘆了一口氣，也未挽留。我一站起來，姐姐就走過來，緊緊地握著我的手，似乎怕我跑了似的，一直握著，把我送到了門口。當我回頭看她時，我看到了她眼裡的淚水，看到她極力控制著自己不哭出聲來，我說道：『再見，姐姐，保重！』姐姐一下子把我拉到了懷裡，再一次緊緊地抱著我，把頭放在我肩上，極力壓低聲音、極其傷心地哭起來。我感覺到她身體的顫抖，我從未見姐姐這麼傷心地哭過。這哭聲讓我揪心、難過，也想哭。但我還是控制住自己，抱緊姐姐對她耳語說：『姐姐，會好的，一切都會好的，比這困難的時候，我們都經歷過，不要哭。我還會再來看你。』姐姐立即回答說：『別，妹妹，別回來，千萬別再回來！』」

「離開烏魯木齊之前，我和一位可以信任的漢人生意夥伴一起，有她開車，匆匆忙忙去了兩趟姐姐家。按約好的，主要是將一些爸爸留下的維吾爾語書籍拿走。其他的一些書，我親手扔到

了街頭公共垃圾箱。你知道嗎？每次扔書，我都有一種揪心的感覺。我的心在流淚，與其說是流淚，還不如說是流血，似乎我是在扔掉爸爸留給我們的最後留戀，最後思念。我小時候聽父親講過燒書的事，但這回我經歷了過去，就我來說，比過去還可怕！你要親手扔掉你父母留下的、他們曾經珍愛過的書本啊！」

「每次見到姐姐，她都是那副驚恐的模樣。每次離開前，像是永遠的告別，讓我揪心，讓我痛。」

「就這樣，我本來打算要待一段時間，結果在害怕與恐懼中，結束了商業上的洽談，告別姐姐和親人，告別自小長大的烏魯木齊，帶著羞辱和憂慮，帶著無盡的傷感和遺憾，匆匆地回到了哈薩克。」

維吾爾商業夥伴回中國就失蹤

「回到哈薩克，回到家，關上自己的家門，長長地舒一口氣，靜靜地坐在沙發上。腦子裡，還是烏魯木齊之行那幾天，以及姐姐那驚恐的眼睛，和那訣別的哭泣，始終縈繞在我的眼前、耳邊。一、兩個星期，一直處於一種噩夢剛醒來的感覺，惶恐、驚悚，及慶幸那只是一場噩夢的苦澀。我第一次感到，哈薩克才是我的家，我的棲身之地。」

「我試圖忘記那一段噩夢似的經歷，盡可能使自己忙於工作。然而，我身邊的人，大多是做邊境貿易的維吾爾人、哈薩克人，我不得不和他們打交道。而每天，他們帶來的消息，要嘛是誰的朋友失蹤了，要嘛是誰的親人被抓走了。隨著時間的流逝，

傳來的消息，一天比一天可怕，什麼南部農村維吾爾人被整村、整村的關進了再教育中心，家裡只留下了一些老弱病殘，連孩子都沒有人照看了。什麼維吾爾知識份子也開始被抓捕、失蹤，都是些很有名氣的詩人、作家，其中還有一些是我父親的朋友、同事、學生。再往後，就是誰家的親人死在了關押中，屍體沒有了等等的消息。」

「又過了一段時間，大約是2017年年底，2018年年初，更有甚者，和我做同樣生意的維吾爾夥伴當中，有幾個持中國護照的，說是家裡要求一定回一趟家，就把哈薩克的生意交代給我們幾個合夥人，先後都回了中國。他們過了邊境後，就再也沒有音訊了。幾個大活人，就這麼悄無聲息地失蹤了，沒有能回到哈薩克。打他們的電話，回答都是空號。後來經過輾轉途徑，我們得知他們也沒有回家；也就是說，這幾名維吾爾人就此失蹤了。」

維吾爾名人陸續被抓捕、關押

「這更使我憂心忡忡，擔心我在烏魯木齊的親人，特別是我姐姐。這期間，我多數時候是用我的中國手機，發微信向姐姐問好，也順帶問詢其他親朋好友的消息，偶爾也打電話。過去，本來我們姐妹倆，一聊就是好幾個小時，有時，一直聊到電話沒電了為止。但自從那次烏魯木齊之行回來後，我也開始有點猶豫了，可以說害怕給姐姐打電話，害怕聽到什麼噩耗，也怕聽到姐姐那帶著哭腔的低聲細語。」

「和姐姐幾次通話之後發現，每次都是我在說話，姐姐只是

在那兒嗯嗯啊啊，最多是：『我們都很好，不用擔心。』很明顯，姐姐害怕，她在等我掛斷電話。慢慢的，通話少了。只多在微信上留個言，問個好；或者發個問候表情。」

「過去電話視訊一打通，爭著、吵著要和我說話的侄子們，偶爾和我開開玩笑的姐夫，也都沒有了。視訊聊天成了過去。接電話，再也沒有人說維吾爾語的薩拉姆了。開始說你好，或者用漢語問候了。」

「你知道嗎？過去，大概是因為幾乎每天都和姐姐及親朋好友聊天、視訊，而且幾乎是隨叫隨到的電話、視訊聊天，我沒有過太多異國他鄉的感覺，也沒有經歷過那種折磨人的孤獨。但這次回來後，特別是伴隨和家人、朋友的電話聯繫的減少，直至最後的沉寂，我時時有一種莫名的恐懼和孤獨籠罩，不能自拔，只想哭。有時我會坐在家裡，幾個小時呆呆的看著父母的遺像，及其他兄弟姐妹、朋友們的照片，默默地哭；可以說越哭越傷心，越傷心越想哭，幾乎每天都沉浸在無盡的痛苦與孤獨中。」

「日曆很快轉到了2018年。因為阿拉木圖離邊境不太遠，而且在哈薩克做生意的維吾爾人、哈薩克人，包括漢人，大多也都住在阿拉木圖附近的緣故吧，新年一過，小道消息，各種令人害怕、擔憂的噩耗越來越多。今天是教育廳廳長被抓的消息，明天是新大、醫科大校長被抓的消息，後天是作家、詩人、歌唱家被抓的消息。總之都是維吾爾人，尤其是一些維吾爾名人被抓捕、關押的消息。」

連絡不上姊姊，內心非常擔憂

「我開始擔心姐姐、姐夫了。姐姐一直就在烏魯木齊一家事業單位當會計，姐夫是一個中學的老師，可以說都是些本分人。但從那邊傳來的消息，越來越恐怖，包括那些我們過去認為是共產黨紅人的一些維吾爾人，也開始被抓，還傳說有的已經死在了監獄。我怕姐姐、或姐夫會出事。我很後悔，為什麼沒有把姐姐家那些爸爸的書，全部幫她扔掉，特別後悔，為什麼在哈薩克員警朋友強調了少去、或別去親人家的情況下，還去了姐姐家幾次。」

「每天都是提心吊膽的過日子，總有一種會出事的感覺。大約是在四月底的一天，我早上醒來，查看手機。發現姐姐沒有回覆我前一天的問候，心裡有點擔心，但自己安慰自己，可能太忙沒有看到，再等等。一天、兩天、到第三天，我感覺不對勁，因為姐姐從來都是我這邊一發訊息，她那邊就立即回覆。偶爾，也只是當天晚上晚一點，或在特別情況下，是在第二天的大早晨回覆。三天都不回覆，從未發生過。我猶豫了一下，決定還是給姐姐打個電話，確認一下。電話打過去，沒有人接。再給姐夫打，還是沒有人接。我開始害怕了，我抱著電話一邊哭，一邊給朋友打電話，但也是沒有人接電話。」

「我淚眼模糊的翻著電話本，尋找那些能幫忙的人，突然，那位哈薩克員警朋友的號碼，出現在眼前。我如獲至寶，趕緊給他打電話。」

「電話通了，我剛開始說話，他就打斷我說道：『打我的辦

公室號碼。』然後就掛斷了。我再撥他的辦公室號碼，打通了。我哭著跟他講，我和姐姐聯繫不上，擔心她是否出事了，祈求他能否幫忙查一下。」

「他稍微沉默了一刻，告訴我：『別急，我幫你查一下。對了，你不要給我打電話，有事我會給你打過去。』我趕緊說：『行，我等你的電話。』」

員警朋友建議找漢人領導幫忙

「下午再繼續給姐姐打、姐夫打。突然，姐夫的電話打通了。我趕緊問：『你們還好嗎？姐姐怎麼不回我訊息，你們怎麼都不接⋯⋯？』話還沒有說完，姐夫急切的打斷了：『我們都很好，你不要再給我們打電話了，你姐姐去參加學習了。』然後就掛斷了電話。」

「你姐姐去參加學習⋯⋯，再不要給我們打電話⋯⋯，匆匆掛斷電話⋯⋯，這一切告訴我，姐姐出事了。這裡有關再教育營的消息，早已滿天飛。什麼只有進、沒有出，甚至，有的維吾爾人進再教育營後，過一段時間，家人收到的是一份冰冷的死亡通知書，連屍體都沒有。越想越可怕，姐姐身體太瘦弱，肯定受不了再教育營的虐待。」

「該怎麼辦，還是先等一下那位員警朋友的電話，他應該能有一些準確消息。等待最令人難受，但我從來沒有經歷過這種，令人萬般折磨、難熬的等待。那一天是怎麼度過的，說實話，我不知道。我一直在房子裡，從這間屋子，走到另一間屋子，不時

看一看牆上父母姊妹的照片，然後眼淚就像是斷了線的珠子，不停的流。晚上我是幾點睡的，自己也不知道。早上突然醒來，發現自己還穿著衣服，手機就在身邊；趕緊查看手機，還是沒有電話。洗臉、洗漱，繼續那漫長煎熬的等待。」

「又一天過去了。又是下午了，我幾乎要失去控制了，要急瘋了。電話突然響了，拿起一看，是那位哈薩克員警朋友打來的。我急忙接通了電話，那邊傳來那位哈薩克員警朋友熟悉的聲音：『你不要著急，我打聽到了，你姐姐現在在拘留中心被調查，可能要轉送再教育中心，我還沒有搞清原因。我再找人，我會盡我所能幫你。但我的建議是，你趕緊找你的漢人朋友幫忙，最好是找你姐姐單位的領導，要是他們能出面作保，你姐姐應該可以不去再教育中心。但一定要快，晚了，一旦轉到再教育中心就不好辦了。抱歉，我幫不上更多的忙。記住，不要給我打電話，有新情況我會給你打電話，再見。』還沒有等我回過神來，電話就斷了。」

只能待在哈薩克四處託友幫忙

「放下電話，我一點、一點回味剛才電話裡的資訊。拘留中心？那不就意味著姐姐被抓了嗎！找人，要找漢人朋友幫忙，最好是姐姐單位裡的領導。」

「我首先想到的是，在北京當官的一位漢人朋友，他是從維吾爾自治區，升官到北京的，不僅有權勢的，而且在維吾爾自治區有很多老部下、朋友。幾年前，我曾經幫他，安排他的孩子就

讀哈薩克一個有名的大學，可以說，我們的關係相當好。我立即撥打他的電話，很快接通了。我告訴了他，姐姐被抓的事情，請求他幫忙！他聽完，嘆了一口氣說：『別急，讓我想想辦法；這也太不像話了，你姐姐他們也抓，他們這是在幹什麼？想要把維族都推到分裂分子那裡去嗎？這樣吧，給我一兩天時間，我找一下我的老部下及其他朋友，瞭解一下情況，我會盡力幫你的，你千萬別著急！』」

「我又給我在烏魯木齊的商業夥伴打電話，讓他們也想一想辦法，讓他們找一找，有誰認識姐姐單位的領導，找關係好一點的，花多少錢都行。就這樣，我抱著電話，在煎熬中，度過了我這一生中最艱難的幾天。」

「一兩天之後，北京的朋友打來了電話，他說：『事情不太好辦，那裡的情況極為複雜，而且很多單位都換了人，有點難度。不過，我通過朋友，找到了你姐姐單位的領導，稍微瞭解了一下你姐姐及她家的情況。我看，最好還是讓你姐夫出面，找你姐姐的單位領導說一說。你呢，現在，就在哈薩克待著，記住，千萬別去烏魯木齊，你就是去了，也不一定能幫上忙。你就待在哈薩克，通過你在烏魯木齊的朋友，給你姐姐的單位領導打點、打點，他們出面作保，把你姐姐保出來，應該問題不大，我在這邊也會盡力。』」

友人告知姊姊即將被送往南疆

「我找到一個在阿拉木圖做生意的漢人朋友，我用他的中國

手機，在離邊境很近的地方，給姐夫打電話。在邊境打電話，那邊顯示是伊犁。姐夫一接電話，不等他開口，我就告訴他，趕快找姐姐單位領導，將姐姐保出來，花多少錢都行，我的律師朋友會給他送去一些錢，儘管花，一定要把姐姐保出來。姐夫嗯嗯了兩聲就把電話又掛斷了。」

「和姐夫通完話，我就趕緊給烏魯木齊我的合夥公司律師朋友打電話，要她給我姐夫送點錢過去。之後，我第一次稍微鬆了一口氣。」

「接著幾天，我就是不停地打電話找人。可以說，只有漢人朋友的電話，可以暢通無阻、無所顧忌，談話也沒有那麼多顧慮。其他民族的朋友，維吾爾、還是哈薩克，不管是員警還是官員，拿起電話都是小心翼翼、戰戰兢兢，唯恐多說話。」

「在煎熬、忙碌中，度過了一周多，阿拉木圖、北京、烏魯木齊，電話、資訊不停。最後，大約是我得到姐姐被送去學習消息之後的第三周，5月初，我在烏魯木齊合夥公司的律師朋友，來電話告訴我：『告訴你一個好消息，你姐姐出來了！』我高興地流著淚對朋友說：『謝謝你，謝謝你們……』朋友打斷我說道：『古麗，你先聽，你姐姐是昨天下午回的家，現在在家裡休息，聽她單位的領導說，休息一段時間後，你姐姐要下基層去南疆，時間可能會很長，聽說一般是兩三年。』。『什麼？下基層、兩三年？』我懵了。」

「高興沒有持續幾分鐘，南疆基層……兩三年……，我得去一趟，無論如何我都要去一趟，親眼見一見姐姐，在姐姐去南疆

之前，去和她見個面。主意已定，我開始做準備了。」

「說心裡話，要不是姐姐，我是一點都不想再踏上那塊兒土地，但為了姐姐，無論如何我都得去一趟。再見姐姐一面，什麼屈辱、侮辱我都無所謂了。」

為了姊姊，再次前往烏魯木齊

「儘管做好了自入關開始，再一次經歷令人屈辱的搜查、審訊的思想準備，但我還是心裡害怕、緊張、恐懼。一想到那脫衣檢查，和兇神惡煞般的中國員警嘴臉，我身體馬上就會不由自主地顫抖。我正在猶豫，是否給那位哈薩克員警朋友打個電話，他自己就打來電話，告訴我姐姐回家的消息。我怯怯地告訴他，我準備去烏魯木齊見姐姐，問他能不能幫忙，到機場接我一下。他猶豫了一下，說：『行，我去接你，告訴我你的航班，到達時間。』」

「訂票之前，我一一和朋友商量好到達烏魯木齊後的安排。北京的朋友來電，再三委婉地告訴我，到烏魯木齊後，不要和維吾爾親朋好友見面聯繫，以免引起不必要的麻煩。和姐姐見完面之後，就趕緊返回哈薩克。」

「就這樣，我猶猶豫豫、膽顫心驚的，再一次於2018年5月中旬，來到了烏魯木齊。海關手續對維吾爾人更為可怕。過去入關時，偶爾還有海關人員和我開開玩笑，現在一個一個虎視眈眈，如臨大敵，似乎每一個手持外國護照進入烏魯木齊的人都是敵人，每一個手持中國護照返回自己家園的維吾爾、哈薩克人都

是敵人，時刻準備抓捕！」

「我大概是因為有那位哈薩克員警朋友，一位我們烏魯木齊合夥公司的漢人律師，及北京朋友的老部下等來接我，待遇稍微好了一點。只是被帶到一間隔離室，被審問了約一個小時來烏魯木齊的目的，準備待幾天，會見誰，這邊有沒有親人等。我告訴他們，是因為公司事務來的，看情況大約要待幾天，只和公司相關人員見面，這邊沒有親人。就這樣，在那些海關員警虎視眈眈的疑慮目光中，我戰戰兢兢，幾乎是在幾個接機的漢人朋友的攙扶下，走出了烏魯木齊機場。」

姊姊虛弱到微微顫顫站不住腳

「走出機場，哈薩克員警朋友匆匆告辭走了。走之前，他把我叫到旁邊，告訴我千萬不要和姐姐家人聯繫，有事找他的話，就用漢人朋友的電話聯繫。可以看得出來，他也有擔憂，似乎想說什麼，但又說不出來。最後，他看著我，意味深長地說：『這裡，一切都不一樣了，照顧好自己，儘快安排和姐姐見面，然後立即返回哈薩克。』不知是因為在幫助我而擔心，還是他也有自己的什麼心事，他一臉的憂鬱。」

「儘管有漢人律師朋友的陪伴，到賓館的登記入住，還是和前一次一樣，逃脫不了那令人心煩意亂、萬般屈辱無奈的前台審問，以及隨後的附近派出所員警折磨人的重複盤問。」

「安頓下來後，我和律師朋友商量一下要見姐姐的事宜。她告訴我，見面安排在一家比較高檔的賓館餐廳雅座，她會來接我

去那家賓館。姐姐單位的一位漢人朋友，負責將姐姐接到那家賓館餐廳。朋友再三叮囑我，見到姐姐後，好好聊一聊，但時間不宜太長。一想到明天要和姐姐見面，心裡甜酸苦辣五味雜陳，但一想到要在餐廳見面，而不是在家裡，令我難過傷心，且難於接受和想像。」

「第二天更是難熬，我幾乎是在等待的焦慮和期盼中度過的。我一直在想像著姐姐現在的樣子，瘦了？精神怎麼樣？以及我們姐妹相見時的歡樂與痛苦。總算等到了晚上，我迫不及待地和律師朋友，提前來到要和姐姐見面的那家賓館雅座等待。」

「大約半小時後，一個漢人幾乎是攙扶著一位顫顫悠悠的女士，走進了雅座。乍看之下，我還以為是什麼人走錯了門呢？再看，那是我姐姐！我再怎麼想像，也沒有想像到，姐姐會突然變得這麼瘦弱、老態！那一頭秀髮怎麼也沒有了！姐姐！姐姐！我衝過去抱住了姐姐，她似乎要摔倒，微微顫顫地，搖搖晃晃站不住！姐姐哭不出聲來，聲音嘶啞。她的身體在我懷裡劇烈地顫抖著，手卻緊緊地、緊緊地抱著我，似乎一鬆手我會跑了。」

姊被剃光頭髮，一身瘦骨如柴

「不知什麼時候，律師朋友把雅座的的電視打開了，聲音不小。她走到我們跟前，對我輕輕的說道：『古麗，讓你姐姐坐下，你們聊一會兒；我和朋友出去到前台點菜，我會把門關上，不會有人來打擾你們，姐妹倆好好聊一會兒。記住，千萬別關電視！』」

「我讓姐姐坐下，她還是兩手緊緊地抓著我的胳膊，還在哭。我極力控制住自己，擦乾淚水，勉強擠出一點笑容，兩手捧著姐姐的臉，看著她說道：『別哭姐姐，你還好嗎？姐夫他們好嗎？姐姐你的頭髮呢？』姐姐淚眼汪汪的看著我，哭得更厲害了。說實話，看到姐姐的樣子，立馬浮現在我眼前的是，幾年前看過的《戰地琴人》電影裡，華沙集中營的猶太人形象。我輕輕地擦拭著幾個月不見，變得骨瘦如柴的姐姐的淚眼，說著一些安慰的話。」

「時間過得好快，兩位漢人朋友回來了，姐姐單位的那位女士說：『古麗，你姐姐過幾天要去南疆下基層，大約是三年，這也是給你姐姐一個機會。你姐姐的頭髮是在拘留所剃掉的，那是拘留所的規矩，我們也沒有辦法。今天，你們倆再聊幾分鐘，我還得把你姐姐送回去。』我看看我的律師朋友，幾乎是祈求地說道：『請你們幫個忙，我們再見一次面，明後天行嗎？今天姐姐的情緒特別不穩，她一直在哭，我們幾乎沒有說話，我想和她說幾句話。』律師朋友說：『古麗，今天就這樣吧，我和朋友商量商量，我們盡可能再安排你們見一面。』律師朋友一邊說著，一邊看著姐姐單位的那位女士，她也點了點頭。」

中共清除烏魯木齊的維吾爾人

「姐姐不想離開，我也不想讓她走，她緊緊地抱著我。但考慮到姐姐的安全，我強忍著淚水，控制著自己，讓她單位的那位女士，幾乎是把她從我懷裡強行拉走了。看著姐姐一步一回頭，

戀戀不捨地離去，等雅座的門一關上，我立即癱坐在椅子上，不由自主的放聲大哭，這是什麼世道啊？我們這是怎麼了？怎麼又回到了眼見骨肉分離、卻什麼也做不了的那個冷酷年代？」

「律師朋友把電視聲音放大，坐在我身邊，輕輕拍著我的肩膀，說道：『古麗，別哭，這一切都會過去，慢慢都會好的。這不，今天姐姐也見到了不是嗎？我還會盡力幫你安排再見一次面，我保證。』」

「大約是過了兩天吧，在朋友的安排下，我和姐姐又在那個餐廳雅座見了一面。這次姐姐情緒比上次要好一點，但姐姐還是那麼虛弱，也還是在她單位那位女士的攙扶之下而來的。姐姐精神上似乎已經被徹底擊垮了，對生活、一切，都沒有了信心，她不停地小聲叮囑我：『千萬再不要來烏魯木齊，保重自己。』」

「我說，『等你從南疆回來，我還會再來看你。』姐姐抬頭看看我，輕輕靠近我耳邊說：『妹妹，你以為他們真的會讓我們回來嗎？他們這是在清除烏魯木齊的維吾爾人，我們這一去，能活著再見到你就是萬幸了！妹妹，我愛你！謝謝你把我從拘留所裡救出來。如果再晚一點，恐怕你可能就再也見不到我了！』」

永難忘與姐姐告別的悽楚場面

「姐姐像是自言自語，又像是向我傾訴，繼續輕輕的對我說：『那裡面太可怕了。妹妹，一進去，他們就把我的頭髮給剃了。每天三頓，每頓只有一個饃饃和一碗水，根本吃不飽。打罵侮辱每天有，似乎是有意要折磨我們，還有長時間的夜間審訊，

一句話說錯就打罵、坐老虎凳。大早晨排隊升旗、唱歌，然後就是學習，還要背誦習近平講話。你知道嗎？那裡面關押著一大批維吾爾知識份子，好多是大名鼎鼎的學者。有一天，在我被拉去審訊室，我在走道裡，見到了父親的一位詩人學生，他滿臉血跡，幾乎是被拖著拉走了。他們看樣子是要徹底清除我們。』」

「一會兒，時間又到了。我和姐姐再一次告別的時刻到了。這次，說實話，一種預感告訴我，這是我們的永別！我再一次緊緊地抱著姐姐，親吻著她的臉、頭髮，眼淚也不由自主地順著臉頰往下流，嘴裡輕輕說著，『姐姐、姐姐！』姐姐把我抱得更緊了，她不停地在我耳邊說：『保重，妹妹，保重！』我看著姐姐被單位那位女士又一次強拉著離開了！姐姐幾乎是一步一回頭，流著眼淚，淒淒慘慘地離開的。」

「那一晚，我也是一路哭著回到賓館，哭著入睡。第二天，律師朋友把我送到了機場，我第一次帶著一種絕望的悽楚，飛離烏魯木齊——我出生、長大的城市，孤獨地回到了哈薩克。但我忘不了，和姐姐告別的那個悽楚場面！姐姐那輕輕的耳語！」

（本文發表於 2019 年 1 月 31 日維吾爾人權項目博客）

65 ‖ 好了傷疤忘了疼

上海人想去新疆旅遊，因為現在很安全

今天早上，我到單位不久，遇到了一位很久不見到的華人同事。稍稍寒暄之後，我問道：「有一段時間沒有見到你了。休假了？去什麼地方了嗎？」

他回答：「回了一趟家，上海。」。

「回家了！」我羨慕地回應道。

「怎麼樣，那裡好嗎？上海怎麼樣？家人都好吧？」我繼續問道，急於想得到一點有關那邊的消息，尤其是對中共大規模抓捕維吾爾人、集中營的事情，北京、上海這樣大都市平民百姓的態度如何，以及他們對香港抗爭的看法。

「一切都好，我認識的人，大多都在談論去新疆旅遊。現在去新疆旅遊是熱門，我親戚朋友都說，現在那裡特別安全，治安特別好。尤其是那些退休的老人，我父親也想去。」因為我以前和她談過維吾爾人的問題，她或多或少也瞭解一點情況，也知道我對此問題的敏感。她看看我，稍微有點尷尬，緊接著說：「當然，我們都知道為何安全。」

我有點不舒服，但也知道這位同事是一位歲月靜好者，除了過日子，她對其他一切，什麼民主、平等的政治議題，是一概不關心的。我感嘆道：「是啊，把人都抓進去了，當然安全了。街上只剩下那些，爲了遊客而安排的維吾爾老人們，儘管心裡在哭，但爲了生活、爲了兒女的安全，忍氣吞聲和那些遊客拍照。」

她以一副天眞無辜的樣子，對我說道：「那裡的人不這麼說，他們說不是抓捕，而是進學習班學習，他們以爲現在安全多了。我家裡人也想去新疆旅遊。我們說好了，下次再回國，我們也要去一趟。過去一直想去，但說聽說有恐怖分子，特危險，我們就一直沒有敢去。」

我已失去了繼續交談的興趣，也有點失望。結束了和同事的談話，回到自己的辦公室，但心情怎麼也平靜不下來，總有一種堵的感覺[1]。

歲月靜好，忘記過去文化大革命的迫害

我陷入沉思中，有點失望、也有點悲觀。

人生一大半已結束，回顧走過的路，經歷了很多，知道不少，也學到了很多。有喜樂，有痛苦，當然也不乏沉痛的教訓。

維吾爾人有句話：「就是驢，也絕不會再走掉過坑的路。」

我工作過的石河子技工教師進修學校，有很多撿回一條命的

1　**堵的感覺**：心裡焦慮不安、憤憤不平。

平反前「右派」、「反革命」知識份子，大部分是北京、上海、天津人。他們當中，除了幾個極其優秀的醒悟者，對共產暴政深惡痛絕外，大多數覺得自己平反了，還獲得了一些補發工資，也答應安排一兩個子女就業，共產黨還不算太壞，只要不再有反右、文化大革命似的運動，只要迫害不再降臨到自己頭上，歲月靜好是其唯一的祈求。

我一直就不相信一些人散佈的、「文化大革命」絕不會再來的虛幻，一直就對此抱著懷疑的態度。但我也絕未曾想到，經歷過數次共產黨血腥鎮壓的人們，居然會這麼健忘！他們健忘到，忘記了鎮壓反革命、反右、文化大革命等的政治運動，都是先針對一少部分人，再在虛假革命的狂熱中，將全體裹脅，使每個人生活在人人自危的恐怖中。

北京、上海、天津等大城市，是共產黨歷次政治運動的重災區，那裡的人們，對此更應該有清醒的認識、刻骨銘心的記憶和相應的高度警惕。但很遺憾，人們又在物質生活的虛幻中，在歲月靜好的夢幻中，忘記了過去，忘記了鎮壓反革命、反右、文化大革命等都是從身邊開始的，是從身邊的人一個個被批鬥，一個個被判刑、一個個被消失開始的。共產黨的鎮壓反革命運動，就是在他們的沉默中，在他們不假思索的默認中，在他們明哲保身的精緻利己主義中開始的。

自由和權利被惡意踐踏者而後踐踏他人

我可以試著去理解，那些年輕一代，他們在共產黨一面倒、

單向的政治宣傳洗腦中長大，沒有經歷過那些血腥歲月，不知道政治運動的殘酷。但我無法理解那些經歷過數次政治運動的老一代人，更無法理解那些還在街頭、廣場，高唱「大海航行靠舵手」、「東方紅」的人！？我不想指責他們是「牲人」，但也無法理解他們比驢子還不如的思維能力！

那些中老年人，他們當中，大多數都經歷過學習班，進過各類學習班，知道什麼是共產黨的學習班，知道進學習班意味著什麼。

當然，我不否認，共產黨這幾年利用宣傳手段，成功地醜化了維吾爾人，將全體維吾爾人，描繪成一群殘殺無辜的暴力恐怖分子。但稍有頭腦的人，稍稍回顧一下——國家主席劉少奇如何在一夜間，成為工賊、叛徒的；王光美[2]是如何成為「梅花黨」特務頭子的；還有那成千上萬無辜的右派、反革命人士，是如何因一句話，一個善意的批評，而被發配、判刑的——就應該對共產黨的說法，理所當然地產生質疑。

我無法理解，這樣的一個民族：

自上個世紀初，推翻帝制以來，就一直在血雨腥風中掙扎的民族；

一個經歷過史無前例的人為饑荒的民族，

---

2 **王光美**：中共領導人劉少奇的夫人。文化大革命和劉少奇一起被批鬥，被指控誣陷賣國、叛徒、國民黨特務等。劉少奇被折磨致死，王光美被流放僥倖活命。1976年毛澤東死後，伴隨中共政策轉向，和劉少奇一起獲得平反。

一個人類歷史上最為殘暴的、且因連續不斷的政治鬥爭，付出了一代又一代，幾千萬個無辜者生命的民族，

　　一個尊嚴和生命被任意剝奪，自由和權利被惡意踐踏的民族；

　　居然會裝聾作啞，或者是渾渾噩噩，以苟活、心安理得的姿態，將自己的歡樂，建立在踐踏他人的尊嚴上！建立在他人妻離子散的民族悲劇上！

　　嗚呼哀哉，這大概是在發揚光大中華文化：「今朝有酒今朝醉」，或者「各人自掃門前雪，莫管他人瓦上霜」！

　　　　　　　　（本文發表於 2019 年 9 月 13 日維吾爾之聲）

國家圖書館出版品預行編目（CIP）資料

維吾爾雄鷹伊利夏提：中國殖民統治下的「東突厥斯坦」/
伊利夏提作. -- 初版. -- 臺北市：前衛出版社, 2021.10
　　面；15×21公分

ISBN 978-957-801-951-5(平裝)

1. 民族獨立運動　2. 新疆維吾爾自治區

676.1　　　　　　　　　　　　　　　110009385

維吾爾雄鷹伊利夏提 1：
中國殖民統治下的「東突厥斯坦」

作　　　者　伊利夏提
主　　　編　邱斐顯
責任編輯　張笠
封面設計　Lucas
美術編輯　宸遠彩藝

出 版 者　前衛出版社
　　　　　10468 台北市中山區農安街153號4F之3
　　　　　Tel：02-25865708　Fax：02-25863758
　　　　　郵撥帳號：05625551
　　　　　購書‧業務信箱：a4791@ms15.hinet.net
　　　　　投稿‧代理信箱：avanguardbook@gmail.com
　　　　　官方網站：http://www.avanguard.com.tw
出版總監　林文欽
法律顧問　陽光百合律師事務所
總 經 銷　紅螞蟻圖書有限公司
　　　　　114066台北市內湖區舊宗路二段121巷19號
　　　　　Tel：02-27953656　Fax：02-27954100

出版日期　2021年10月初版一刷
定　　　價　新台幣450元

ISBN：9789578019515（平裝）
　　　　9789578019553（PDF）
　　　　9789578019546（E-Pub）

＊請上『前衛出版社』臉書專頁按讚，獲得更多書籍、活動資訊
　https://www.facebook.com/AVANGUARDTaiwan